AF233956

ÉTUDE

SUR

LE TRAVAIL

PAR

S. MONY

Ancien Député,

Ancien Président de la Société des ingénieurs civils,

l'un des Directeurs généraux

de la Société houillère et métallurgique

de Commentry-Fourchambault.

TOME PREMIER

TROISIÈME ÉDITION REVUE

PARIS

LIBRAIRIE HACHETTE ET Cie

79, BOULEVARD SAINT-GERMAIN, 79

—

1909

ÉTUDE

LE TRAVAIL

ÉTUDE

SUR

LE TRAVAIL

PAR

S. MONY

Ancien Député,
Ancien Président de la Société des ingénieurs civils,
l'un des Directeurs généraux
de la Société houillère et métallurgique
de Commentry-Fourchambault.

TOME PREMIER

TROISIÈME ÉDITION REVUE

PARIS

LIBRAIRIE HACHETTE ET Cⁱᵉ

79, BOULEVARD SAINT-GERMAIN, 79

1909

AU TRAVAIL

HONNÊTE ET PERSÉVÉRANT (¹)

AUX PATRONS, CHEFS, INGÉNIEURS

UN DE LEURS DOYENS

AUX OUVRIERS

UN AMI SINCÈRE, ET QUI N'A JAMAIS
ÉTÉ LEUR FLATTEUR

(¹) Formule inscrite sur la bannière des ouvriers mineurs de Commentry, ayant plus de trente ans de travail continu dans la mine.

AVANT-PROPOS
DE LA TROISIÈME ÉDITION

Nous ne pouvons mieux faire, pour présenter au public une nouvelle édition du livre de M. Mony, que de la faire précéder de la lettre suivante écrite par M. Leroy-Beaulieu au fils de l'auteur :

12 octobre 1908.

Monsieur,

J'ai lu avec un vif intérêt les deux volumes qu'a écrits Monsieur votre père et dont vous êtes en train de faire une édition nouvelle.

Vingt-quatre ans ont passé sur ces pages : elles gardent toute leur fraîcheur et tout leur enseignement.

Sous le titre modeste d'*Étude sur le Travail*, Monsieur votre père a parcouru toute l'organisation sociale ; il a exposé les attaques ou les critiques dont elle est l'objet ; il a présenté les raisons qui la justifient, en même temps qu'il signalait les moyens de perfectionnement qu'elle recèle.

C'est à coup sûr un livre de bonne foi, provenant d'un homme instruit, réfléchi, ami du progrès.

Aujourd'hui, comme il y a vingt-quatre ans, ces pages sont bonnes à lire et à méditer.

Elles répondent à des sophismes, qui renaissent identiques au fond, quoique sous des formes un peu différentes.

En les rééditant, c'est moins une œuvre de piété filiale que vous faites qu'une contribution opportune que vous apportez au maintien et au progrès de l'institution sociale.

Les hommes éclairés et prévoyants doivent vous en avoir de la reconnaissance.

Veuillez agréer, Monsieur, l'expression de mes sentiments les plus distingués,

PAUL LEROY-BEAULIEU.

PRÉFACE

Cette édition diffère assez sensiblement de celles qui l'ont précédée. Le fond des idées n'a pas changé ; des convictions, fondées sur une étude pratique et réfléchie de plus d'un demi-siècle, ne se modifient pas aisément ; mais elles peuvent varier dans leur forme et dans leur exposition, si elles doivent gagner par là en clarté et en précision.

L'organisation actuelle du travail restera donc, dans cette nouvelle édition, ce que je l'ai montrée être dans les deux premières, offrant dans toute la Chrétienté, acquise désormais presque tout entière au régime du travail libre, toutes les garanties d'améliorations et de progrès que l'on peut raisonnablement demander à une œuvre humaine, prouvant sa force et sa moralité par des résultats qui dépassent tout ce que l'on pouvait se promettre d'un régime encore bien nouveau, celui du travail libre.

Ce régime, en effet, qui remonte pour la France à 1791, n'a été complet, pour le Nouveau-Monde, que depuis la guerre de la Sécession (1865) et il n'existe, pour le centre de l'Europe, que depuis l'abolition des corporations industrielles (1860 et 1869) [1] ; encore, un retour partiel en arrière s'est-il produit récemment en Autriche, et paraît-il se préparer en Prusse.

La Chrétienté, en un mot, n'est, pour ainsi dire, encore qu'à l'état d'apprentissage pour le travail libre ; mais ce nouveau régime, malgré les pièges et les obstacles semés sous ses pas par les raisonneurs à outrance et par l'esprit jacobin, a donné de tels gages de vitalité et de progrès, qu'on peut, sans nul doute, mettre la plus ferme confiance dans son avenir.

Ces idées ne me sont aucunement particulières ; mon *Étude* ne prétend inaugurer aucun système fait de toutes pièces et *a priori* ; je n'y ai donné place qu'aux inspirations et aux leçons du bon sens, de la pratique et de l'expérience. Les convictions que j'y ai défendues me sont communes avec la plupart des penseurs qui ont étudié les phénomènes et les conditions du travail sans préjugés, sans parti pris ; elles me sont com-

---

1. La Russie fait encore exception ; mais le grand pays s'est mis manifestement sur la voie du travail libre, par la grande réforme qui s'y est accomplie avec tant d'intelligence et de courage, dans la constitution de la propriété du sol.

munes avec tous les économistes, avec tous les patrons éclairés, avec ceux-mêmes des ouvriers pour qui la dignité humaine et la liberté ne sont pas de vains mots ; c'est ce qui a été très courageusement exprimé par l'un d'eux, qui dans un congrès ouvrier récent, au nom du *socialisme rationnel*, a mis les communistes au défi de trouver un mode artificiel de rétribution du travail et de distribution de la richesse préférable à celui que fournit naturellement le régime du travail libre [1].

J'expliquerai en quelques mots comment j'ai été conduit aux modifications introduites dans cette nouvelle édition.

Parmi les critiques auxquelles tout écrivain est exposé (il serait plus juste de dire : auxquelles tout écrivain s'expose volontairement, du moment qu'il prend la plume), il en est d'un ordre tout particulier, celles qui parfaitement désintéressées en elles-mêmes, issues, non d'un parti pris, mais de convictions solides, s'expriment avec courtoisie, même avec sympathie. Ces critiques ne

1. C'est au *Congrès National du parti ouvrier socialiste révolutionnaire français*, tenu à Paris, salle Molière, à la fin de septembre 1883. La voix du *socialiste rationnel* (deux mots bien étonnés de leur association) a naturellement été couverte par des vociférations fraternelles, et M. Joffrin lui a opposé la théorie de l'égalité des salaires et de l'équivalence des fonctions, sans dissimuler d'ailleurs qu'il avait rencontré plus avancé que lui dans un anarchiste d'Amiens fort ennemi des théories, qui n'admet pas de fonctions publiques et paraît en être au célèbre décret : « *Il n'y a plus rien* ».

peuvent être que les très bien venues des auteurs, quand ils sont de bonne foi, car elles contiennent souvent une part de vérité, quelquefois la vérité elle-même.

J'ai eu le bonheur de rencontrer quelques-uns de ces écrivains, sincères, instruits, sachant ce dont ils parlent, et accordant, aux opinions qui peuvent différer des leurs, le respect auquel ils se sentent droit pour les leurs. Ils m'ont signalé, dans mon *Étude*, des lacunes, des obscurités, des défauts de méthode, qui ôtaient de la force aux conclusions. J'ai recueilli avidement et précieusement ces observations pour y faire droit quand le moment serait venu de penser à une troisième édition.

Parmi ces observations, il en était une plus souvent produite et plus importante. Il s'agissait de l'ordre même des sujets traités, et d'une certaine insuffisance logique dans leur classement. Il m'était impossible de méconnaître la justesse de cette critique, et j'y ai pourvu de mon mieux, en soumettant mon *Étude* à une méthode plus serrée et plus compréhensive, reconnaissant qu'il y a tout profit pour la clarté des idées, et pour la fermeté des conclusions, à enfermer chacun des sujets traités dans un cadre solide, où la pensée, plus soumise à l'ordre logique, soit forcément conduite à la précision nécessaire à l'exposition des vérités économiques et sociales.

C'est ainsi que ce livre se trouve divisé en parties bien distinctes les unes des autres, concourant toutes au but final. Ces parties sont les suivantes :

1° Considérations générales, économiques, sociales, politiques sur la famille, le travail, la propriété et l'héritage ;

2° Organisation actuelle du travail ;

3° Origines et causes de la misère ;

4° Lutte sociale et privée contre la misère ;

5° Moyens par lesquels l'État aide le travail ;

6° Résultats acquis dans les diverses branches de l'activité humaine agricole, industrielle et commerciale.

Je prie les écrivains, qui se sont occupés de mon livre, de recevoir ici l'expression de ma gratitude. Si cette édition est un progrès sur les précédentes, c'est à leurs conseils éclairés et souvent bienveillants qu'elle le devra. Elle sera ainsi plus digne d'être lue, et si les idées qui y sont exposées sont saines et sensées, si, se tenant également à distance de la routine et de l'utopie, ces deux éternels ennemis de la justice et du progrès, elles obtiennent d'être bien accueillies, je verrai se réaliser un de mes plus chers désirs, celui de clore ma longue carrière de travail par une œuvre utile pour les travailleurs.

S. MONY.

14 février 1884.

Nota. — Je reproduis à l'appendice A quelques considérations générales développées dans l'Avant-propos de la première édition, et qui ne trouvaient plus leur place ici.

ÉTUDE SUR LE TRAVAIL

INTRODUCTION

Le Travail, ce signe originel [1] des desseins de Dieu sur nous, cette obligation et ce frein, cette joie et cette force, cette fatigue et cette leçon, ce grand devoir et ce grand bienfait, met en jeu, développe et féconde quelques-unes de nos plus belles facultés; comme la religion, comme la famille, comme la propriété, comme l'héritage, il puise ses mobiles et ses lois dans les immuables et intimes attributs de notre nature.

Pour qui veut étudier le travail, la première condition est donc d'interroger la nature humaine, ses besoins, ses tendances, ses faiblesses, ses grandeurs; il faut, de plus, recourir sans relâche au sens commun et à l'expérience; car c'est ainsi seulement que l'on peut comprendre l'action de l'homme travaillant en société et déployant, dans le travail, son initiative, ses connaissances, son activité, ses vices et ses vertus.

Il en est de même d'ailleurs pour toutes les questions sociales; quiconque ne les a pas travaillées à cette lumière n'a rien laissé de durable.

1. *La Genèse*, chap. II, v. 5 et 15.

Telle est la règle que je me suis imposée, la croyant seule bonne pour l'étude que j'entreprenais, et il faut bien que j'ajoute que, si je l'ai entreprise, c'est qu'ayant consacré toute ma vie au travail, j'ai pu l'envisager et l'étudier sous toutes ses faces[1].

Si je joins à cela que je ne me suis mis à l'œuvre qu'avec la ferme volonté de dire, toujours et en tout, la vérité telle que ma longue carrière me l'a montrée, j'aurai exposé tous mes titres à l'attention de ceux qui voudront bien me lire.

Il a été beaucoup écrit sur ce sujet difficile et complexe du travail, du salaire, du capital, des relations du salaire et du capital. Les moralistes, les publicistes, les économistes, et, parmi eux, des hommes éminents s'en sont occupés. Nous possédons ainsi un nombre considérable d'ouvrages d'un grand et solide mérite. Notre richesse même est si grande, à cet égard, qu'on peut se demander si un livre de plus était bien nécessaire.

Au point de vue de la science, il ne l'était assurément pas ; aussi n'ai-je pas eu l'idée de faire une œuvre de science pure.

Constater par la double et parallèle étude des sentiments et des faits, des idées et des résultats acquis, la marche en avant des sociétés modernes et particulièrement de la nôtre dans les voies de la production et du travail, sur le terrain et avec l'aide de la

---

1. Depuis cinquante-huit ans, je vis parmi de nombreux ouvriers ; le travail et les travailleurs se sont ainsi montrés à moi, sous les points de vue les plus différents.

J'ai donc pu me croire quelque compétence dans les questions de travail : l'espoir de les traiter utilement a seul produit ce livre.

Liberté et de l'Esprit Chrétien[1], tel a été mon dessein. J'ai dû appeler à mon aide l'histoire, la morale, l'économie politique et la statistique. Je n'ignorais pas que je m'écartais ainsi des voies scientifiques; mais, je viens de le dire, la science n'était pas mon but.

Je me suis trompé, si j'en dois croire quelques critiques qui ont contesté la justesse et l'utilité de cette conception.

Je pourrais me défendre par d'autres témoignages plus nombreux dans le sens contraire. Mais ce mode sommaire de discussion ne saurait suffire ici. Il faut examiner l'objection en elle-même; elle se résume comme suit :

« Le travail est un fait purement économique; la science, qui traite de cet ordre de faits, a résolu tous les problèmes qu'il comporte; elle a démontré que la liberté y suffit à tout; elle n'a pas eu à recourir au sentiment religieux, à l'esprit chrétien, à la charité; c'est égarer la science que la conduire sur ce terrain qui n'est pas le sien. Le travail n'est d'au-

1. Dans la première édition, au lieu de cette grande expression : l'esprit chrétien, j'ai employé une expression plus grande encore : la charité; je la prenais dans son sens le plus large et le plus élevé, celui de saint Paul, de saint Augustin, de saint Thomas, de Bossuet, de toute l'Église.

Informés que je préparais une seconde édition, des amis, se fondant sur cette considération que, dans le langage usuel, le mot de charité a été détourné de son sens, ne s'applique plus qu'à l'aumône, et que, compris ainsi, il n'exprime pas la pensée première de ce livre, m'ont conseillé d'y substituer le mot d'esprit chrétien.

J'ai cédé, bien qu'à regret, reconnaissant que les habitudes de langage ont une force d'inertie qui ne peut être dédaignée ou vaincue que par des écrivains ayant une grande notoriété et une autorité certaine dans les lettres (*Note de la seconde édition*).

cune religion, étant de toutes ; l'économie politique ne doit donc pas être mêlée à la religion sous peine de la défigurer et de compromettre l'une et l'autre. »

En est-on bien sûr ? Pour l'honneur, le progrès et l'influence de l'économie politique, est-il bien certain que l'objection soit sans danger ? Une science qui s'occupe des intérêts matériels humains est-elle vraiment fondée à ne tenir aucun compte des sentiments moraux, des vertus sociales qui ont une si grande action sur les intérêts matériels ? N'est-ce pas l'exposer de gaieté de cœur au reproche de rigorisme étroit, d'insuffisance et d'impuissance ?

M. Mignet, ce juge si compétent, dans sa *Notice historique* sur M. de Sismondi, a dit de lui : « Cet économiste généreux qui a voulu introduire des sentiments humains dans une science jusqu'à lui inexorable comme le calcul[1]... » De telles paroles sont-elles un blâme ? Et celles-ci sur M. de Gérando, l'auteur du traité de la *Bienfaisance publique* : « Cet immense et généreux travail, où se trouvent les belles annales de la charité dans tous les temps et chez tous les peuples..., où s'apprennent les méthodes les plus propres à diminuer la souffrance sur la terre[2]... » N'est-ce pas un éloge à l'honneur de celui qui a cru que, pour être utile à l'humanité, il ne fallait pas affecter de planer au-dessus d'elle ?

Est-il vrai d'ailleurs que le travail soit exclusivement une question économique ? N'implique-t-il pas une question sociale, ou, si l'on veut éviter toute querelle de mots, une question de premier ordre au

---

1. *Notices et portraits*, t. II.
2. *Éloges historiques.*

point de vue de l'intérêt général, question dont il est facile de mesurer la gravité et la profondeur ; il suffit de se demander, en effet, ce qu'elle deviendrait le jour où elle tomberait aux mains de la démagogie triomphante ? Rappelons-nous le Luxembourg ; jusqu'où ne serait pas allée la dictature jacobine de 1848, sans les terribles et douloureuses répressions de Juin ?

Ne nous arrêtons donc pas à ces objections, qui ne sont vraiment pas à la hauteur du sujet, et abordons de face cette grande question de l'organisation actuelle du travail, et des éléments sociaux sur lesquels elle s'appuie.

La presque totalité du travail industriel s'effectue par l'alliance, vieille comme le monde, du capital et de la main-d'œuvre, de patrons possédant le numéraire et d'ouvriers salariés. Cette combinaison qui, je le répète, est de toute antiquité[1], a été accusée par les raisonneurs à outrance des premiers âges, comme elle l'est de nos jours, de conduire fatalement à l'exploitation de l'homme par l'homme : d'un côté, des possesseurs de capitaux qui ont intérêt à acheter à bas prix le plus de travail possible ; de l'autre, des ouvriers dont l'intérêt est de vendre le moins possible de leur peine au plus haut prix. Dans cet antagonisme, le capital l'emporte, dit-on, presque toujours, et, par l'âpreté avec laquelle il tire parti de ses avantages, il devient un irrésistible agent d'oppression, et n'est plus que l'*infâme capital*.

Ce tableau, — est-il besoin de le dire, — n'a rien

---

1. Le travail salarié a existé de tout temps. Il était pratiqué en face et en concurrence de l'esclavage, qu'il a vaincu, grâce au christianisme.

de vrai; l'infamie du capital et la servitude de la main-d'œuvre n'existent que dans les rêves de la démagogie et du socialisme. Mais il y a une part de vérité dans l'opposition possible des intérêts des patrons et de ceux des ouvriers, et, qu'on le remarque bien, cette opposition est devenue plus facile depuis que la liberté a été assurée au travail, car elle a pour corrélatif nécessaire la liberté assurée au capital, et si le capital est l'âpre et inintelligent agent d'oppression que l'on dit, la guerre sans trêve ni merci, partout et toujours dans les ateliers, est la conséquence infaillible de la liberté qui leur a été donnée, et qui nous mène ainsi à l'effondrement social. Est-ce là ce que ses amis ont rêvé pour elle?

N'oublions pas que, pour l'Europe seule, il s'agit de plusieurs milliers de patrons distribuant, par an, plusieurs milliards, à plusieurs dizaines de millions d'ouvriers.

Il y a donc ici, de toute évidence, une question qui n'est pas seulement économique, mais qui, par l'immensité des intérêts qui y sont engagés, devient une question de premier ordre au point de vue général. Dès lors, l'objection qui m'est faite m'oblige à rechercher s'il est vrai que la liberté seule, comme on le prétend pour elle, ait puissance de la résoudre ; si elle doit notamment et si elle peut se passer de l'alliance de l'esprit chrétien ; si, dans les questions d'homme à homme, de foule à foule, la liberté peut vraiment se fier à l'aride et dissolvant *chacun pour soi;* rejeter ainsi toute lumière, toute assistance morale ; s'il lui suffit de laisser les intérêts seuls en présence, sans conseils humains, sans action sur les cœurs; si, enfin, la loi suprême de l'amour du prochain n'a rien à dire et à faire dans ces grands conflits de besoins et de passions [1].

Portons nos vues plus haut encore pour un moment; est-il une seule grande question humaine que la liberté, réduite à ses seules forces, puisse résoudre efficacement ?

Ce doute que j'exprime n'est pas partagé, je ne l'ignore pas, par l'école ultra-libérale qui attribue à la liberté ce privilège de posséder seule la baguette magique du droit, de la paix et de l'union. La contradiction est au moins singulière : attribuer un monopole à la liberté ! Certes, il est bien vrai qu'il n'y a pas de dignité humaine, pas de vraie sociabilité, pas de vertu même, sans liberté ; mais il est absolu-

1. M. O. d'Haussonville, cet écrivain ingénieux et élégant, ce moraliste auquel on doit déjà beaucoup de travaux excellents, termine comme il suit un remarquable article sur les *Salaires à Paris*, inséré dans la *Revue des Deux Mondes* (avril 1883) :

« Je sais que la nature est sourde, qu'elle ne connaît point la pitié et qu'elle a souci, non pas du bonheur, mais de l'existence seulement. » Oui, la nature est sourde et elle ne connaît point la pitié, mais l'homme, du moins, connaît ce sentiment qui est la partie divine de son être, et ce « roi des animaux », puisque la science se complaît à l'appeler ainsi, conserve en ce point sur ses sujets une supériorité que toutes les ingénieuses observations de l'histoire naturelle ne parviendront pas à lui enlever. C'est donc sur sa pitié que doivent exclusivement compter ceux que l'insuffisance de leur salaire condamne à une existence misérable et met chaque jour à la merci du besoin. A leurs souffrances le principal remède sera toujours l'assistance de de leurs semblables, non point l'assistance aveugle et irréfléchie, mais l'assistance rationnelle et intelligente s'exerçant, suivant les cas, tantôt sous la forme de secours directs, tantôt, et de préférence, sous celle d'institutions prévoyantes. La conclusion à laquelle conduit invinciblement une étude attentive de la question des salaires serait donc la justification économique de la charité, et puisque aujourd'hui la charité a besoin d'être réhabilitée, il n'était peut-être pas inutile de mettre en relief cette première conclusion, qui ne paraîtra peut-être pas très scientifique, mais qui, au point de vue pratique, n'en demeure pas moins, j'en suis convaincu, la seule et la vraie.

ment vrai aussi que la liberté, réduite à sa seule force, ne constitue pas toute la dignité humaine, toute la la sociabilité, toute la vertu.

La liberté n'a-t-elle pas eu ses défaillances, ses excès, ses crimes ? « O liberté, que de crimes on commet en ton nom ! » a dit une républicaine, marchant à l'échafaud, et qui, après lui avoir dévoué sa vie, la jugeait avec la clarté suprême des mourants.

Les gouvernements qui ont battu monnaie avec la guillotine, ceux qui ont persécuté la religion, se sont couverts du manteau de la liberté. Où menait-elle, où mène-t-elle encore la France dans leurs pauvres mains, si ce n'est à sombrer *dans le sang ou l'im-bécillité*[1] ! ou, ce qui est plus conforme à nos mœurs actuelles, à disparaître dans le mépris ou la honte ?

Non, la liberté, livrée à ses seules forces, n'a ni le pouvoir, ni la mission de tout concilier, de tout pacifier, de tout éclairer, de tout moraliser. Elle a son rôle très grand, très utile, très bienfaisant ; mais elle n'est pas seule grande, seule utile, seule bienfaisante. Elle n'est pas, elle ne saurait être la morale, elle n'est pas l'autorité, elle n'est pas l'esprit chrétien. Otez-lui ces lumières, ces appuis, ces vertus, ces belles et immortelles facultés de l'âme humaine, que sera-t-elle, que pourra-t-elle? Elle sera toujours la liberté, dit-on ; oui, la liberté du mal.

« C'est une erreur de mettre la liberté à part des intentions et des œuvres dont elle ne se sépare pas, à part du bon ou du mauvais usage qu'on en fait, du ma

1. Paroles de M. Thiers.

comme du bien, dont elle peut également être l'instrument. Quoique la liberté se manifeste à son plus haut degré par le bien, elle se manifeste aussi, il n'est pas possible de le méconnaître, par le mal [1]. »

Si nous nous renfermons dans l'objet spécial de ce livre, demandons-nous ce que c'est que la liberté dans le travail? Pour le capital, c'est la faculté d'aller où il lui plaît, de s'appliquer à ce qui lui convient. Pour nous tous, travailleurs intellectuels ou manuels, c'est la faculté de porter nos efforts où nous croyons qu'ils seront le plus fructueux, de choisir nos professions, de les quitter si elles ne nous procurent pas les avantages attendus, de disposer de nous, en un mot, comme nous l'entendons.

Qu'est-ce, au fond, qu'une telle situation? C'est l'indépendance individuelle, dit-on; sans doute, mais c'est aussi l'isolement; c'est l'émiettement, c'est la pulvérisation sociale; c'est l'appel à l'intérêt personnel seul dans la lutte pour l'existence, et le champ ouvert à tous les égoïsmes, à tous les antagonismes dans tous les conflits de la vie; c'est ainsi qu'avec la liberté, la lutte entre le capital et la main-d'œuvre menacerait de s'aggraver constamment si d'autres causes puissantes et qui ont leurs racines dans l'esprit chrétien n'intervenaient pas, comme nous le verrons dans le cours de ce livre, pour donner satisfaction aux prétentions justes et aux nécessités pressantes, autant qu'il est permis à l'infirmité humaine.

Les novateurs ne contestent pas tous ce point de vue général; aussi ceux d'entre eux qui n'admettent

____
1. Bouillier, *La vraie conscience*, p. 261.

pas les moyens révolutionnaires, comme la suppression du capital, ou la prise de la terre par le paysan, et de l'usine par l'ouvrier, — ce qui n'est pas la suppression, mais le vol du capital, — font-ils appel aux corporations, aux associations, aux coopératives, à tous les moyens propres à remédier à l'isolement du travailleur, et à former des groupes où les forces individuelles puissent se combiner et se grandir dans l'union. On ne saurait trop louer et trop encourager les efforts faits dans ce sens, mais à la condition pour leurs auteurs de ne jamais oublier que, dans cette voie, l'on n'aboutit qu'au vide, si les combinaisons tentées se bornent aux seules inspirations de la liberté. Sans l'esprit chrétien, sans le dévouement de tous à l'œuvre commune, sans le sacrifice enfin d'une part de la liberté de chacun, nulle association n'est viable.

Ces idées trouveront leur développement dans le cours de cet écrit.

Je passe à une autre objection :

« Pourquoi, m'a-t-on dit, avoir donné tant d'importance dans votre livre, aux sentiments affectifs et sociaux, et surtout au sentiment religieux ? Pourquoi même la première place ? car vos premiers chapitres leur sont spécialement consacrés. Il semble qu'il y ait là un parti pris, de votre part, contre le sentiment public. »

Je me sens très fort, par mes intentions, sur ce point. Dieu me garde à jamais d'un parti pris contre tout ce qui est respectable et respecté! Mais une conviction sincère n'a-t-elle plus le droit de s'exprimer, si elle s'exprime d'ailleurs avec droiture et modération? Convaincu de toutes les forces de mon âme, que le sentiment chrétien peut seul nous sauver, je déguiserais, j'atténuerais ma pensée dans un moment où, à la honte de la fin de notre siècle, on s'abandonne à la persécution religieuse! N'est-ce pas l'heure, au contraire, — j'écris ceci le 18 octobre 1880, — de dire franchement, résolument ce qu'on pense en matière religieuse[1]?

N'est-ce pas le strict devoir de quiconque aime et cherche la vérité, de l'exposer telle qu'il la voit, telle qu'il la sent?

On parle du sentiment public; mais duquel? Qui prouvera que la partie du public, dont j'exprime les idées et les tendances, soit moralement et intellectuellement inférieure à la partie du public qui les désapprouve?

S'agit-il ici d'ailleurs d'une conception nouvelle et dont je prendrais l'initiative? Aucunement. Je ne suis pas le seul ni le premier qui, de notre temps, ait fait intervenir le sentiment religieux, l'esprit chrétien dans une question économique ou sociale.

A la tribune de la seconde Constituante, de cette assemblée qui venait à peine de voter la Constitution républicaine, et dans laquelle s'agitaient tant de passions violentes et antireligieuses, M. Thiers, ayant à s'expliquer sur la valeur sociale de la propriété, s'exprime ainsi :

« On cherche si l'origine du droit de propriété est humaine ou divine, question de mots; ceux qui

---

1. Et je le pense plus que jamais, aujourd'hui (février 1884). *Note de la troisième édition.*

croient que cet univers est l'œuvre d'un être suprême
doivent dire sans hésiter qu'elle est à la fois divine
et humaine[1]. »

« Nous pensons, dit Bastiat, que la propriété est
d'ordre divin[2]. »

Et ailleurs : « Le monde social ne porte pas moins
que le monde matériel l'empreinte d'une action divine, d'où découlent la sagesse et la bonté vers lesquelles doivent s'élever notre admiration et notre
reconnaissance[3]. »

Dira-t-on que M. Thiers, à la tribune, parlait en
homme d'État et non en économiste ? Dira-t-on que
Bastiat, ce polémiste si brillant, n'a pas une autorité
scientifique de premier ordre ? Eh bien ! adressons-
nous au penseur entre les mains de qui l'économie
politique s'est presque élevée à la hauteur d'une
science exacte ; demandons à Rossi, le dialecticien le
plus jaloux de la rigueur logique, le géomètre de
l'économie politique, selon la très fine et très juste
expression de M. Mignet, son sentiment sur cette
question.

Voici sa réponse[4] :

« L'influence du christianisme sur l'éducation a
été immense, lors même que, rapetissant ce grand
sujet, on voudrait se borner à le considérer au point
de vue économique.

« Les hommes sont frères. — Le travail est un devoir, — l'oisiveté est un vice. — Celui qui a fait valoir

---

1. Thiers, *Discours sur le droit au travail*, 13 septembre 1848.
2. Bastiat, *Propriété et loi*, t. I.
3. Bastiat, *Harmonies économiques*, p. 336.
4. *Cours d'économie politique*, t. IV, v⁰ leçon.

les *talents* de son maître a bien fait ; celui qui, au lieu de les faire valoir, les a enterrés ne mérite pas de récompense. — Celle qui a entretenu sa lampe d'huile entrera et prendra part au festin ; celle qui ne l'a pas fait sera repoussée. — Voilà les maximes ; voilà les principes. — Or si l'économie politique se chargeait de faire un catéchisme, pourrait-elle, même à son point de vue particulier, dire autre chose ? Il y aurait cette différence pourtant que l'économiste, en émettant ces principes, pourrait en appeler à l'intelligence, au calcul, à l'intérêt ; la religion en appelle au cœur, au sentiment du devoir, et couronne l'édifice par une sanction que l'homme ne peut ni établir ni écarter. »

N'ai-je pas le droit de dire que cette belle page me justifie amplement de n'avoir pas méconnu la part qui appartient à la religion et à la morale dans l'économie politique ?

Et comment aurais-je pu méconnaître une vérité qui, sur l'initiative de l'Académie des Sciences morales et politiques, le plus compétent de nos corps savants en ces matières, a été enseignée *ex professo*, au Collège de France, par un de nos plus éminents économistes, M. Baudrillart ?

Ce cours a été publié et forme un livre plein des plus utiles enseignements, sous le titre des *Rapports de l'économie politique et de la morale*. Je me borne à citer les quatre dernières lignes du livre :

« Du jour où la morale se séparerait de la richesse, la source de la richesse tarirait, et le monde économique manquant de ce qui y entretient le mouvement et la vie, serait à créer à nouveau. »

Un homme de bien, simple industriel, entrepreneur de travaux, et qui ne fait pas profession d'écrire, M. Fougerousse, voulant faire connaître les associations coopératives existantes à Paris, publie un livre sur ces associations ; je copie les premières lignes de ses conclusions[1] :

« Scepticisme et égoïsme, voilà le mal dont souffre la société... Il n'y a pas à hésiter sur la nature du remède ; c'est la croyance en Dieu et l'amour du prochain... »

Mais l'on n'a pas seulement contesté cette conception générale de mon *Étude* de l'alliance nécessaire de la liberté et de l'esprit chrétien pour assurer la paix dans les champs du travail; on a contesté l'esprit chrétien lui-même, me mettant pour ainsi dire au défi d'établir son existence et sa force. L'objection est audacieuse au point de sembler puérile. J'y répondrai cependant. Il suffit d'ouvrir l'histoire.

L'histoire religieuse de l'Europe, depuis l'ère chrétienne, présente ce trait caractéristique et substantiel que, malgré les divergences dogmatiques, les diverses communions chrétiennes ont conservé entre elles des liens moraux que rien n'a affaiblis; qu'il existe un terrain commun sur lequel tous les chrétiens peuvent se rencontrer et se donner la main, et, en réalité, se rencontrent et se donnent la main ; des croyances communes qui laissent intacts et réservent le dogme et le culte de chacune d'elles, sous la suprême garantie de la liberté de conscience.

---

1. *Patrons et ouvriers de Paris*, p. 238.

« Nous nous appelons tous et toujours la chrétienté[1] ;
il y a là une unité morale et sociale qui résiste à toutes
les diversités, survit à toutes les luttes, et lie entre eux
tous les chrétiens. » Cette unité morale et sociale qui a
résisté non seulement aux hérésies et aux schismes,
mais aux luttes et aux guerres des nations entre elles, à
tous les excès du despotisme comme aux fureurs populaires, c'est l'ESPRIT CHRÉTIEN, esprit toujours vivace,
toujours présent parmi les peuples modernes, quelle
que soit d'ailleurs la diversité de leur génie national.

L'esprit chrétien, c'est la morale évangélique développée par l'Église, par les Pères, par les grands penseurs chrétiens ; c'est le sentiment toujours plus vif
et plus large de la dignité, de la responsabilité, de la
solidarité humaines ; c'est la volonté toujours plus
forte et plus générale de l'amélioration de toutes les
conditions sociales.

Pourquoi, dans nos sociétés modernes, et malgré
leurs défaillances et leurs retours en arrière, les cœurs
s'inclinent-ils, d'un mouvement toujours plus marqué,
vers la tolérance et la paix, vers l'égalité dans le mariage
et dans les droits civils et politiques, vers la liberté de
conscience, de pensée, de travail, d'enseignement ?
C'est que l'esprit chrétien occupe chez les sociétés
modernes une place qu'on n'a pas pu encore lui ravir,
et que, s'il plaît à Dieu, on ne lui enlèvera jamais[2].

---

1. Guizot, *L'Église et la société chrétienne*, p. 10.

2. « La révolution (religieuse) était faite ; les sociétés modernes en
sont sorties, pétries, si l'on peut dire, par l'esprit chrétien. Cet
esprit n'est pas seulement la forme particulière de nos sociétés, il
est l'âme même de la civilisation. Quelque transformation que
puisse subir, dans l'avenir, le monde moderne, on peut dire qu'en
dehors de cet esprit, il ne se fondera rien de grand ni de solide. »
(Aubé, *Histoire des persécutions de l'Église*. Avant-propos.)

Les autorités sont nombreuses à l'appui de cette conclusion de l'histoire moderne ; je me bornerai à en invoquer quelques-unes et d'abord celle d'un grand catholique, Msr Dupanloup, celle d'un grand protestant, M. Guizot.

Éminents tous deux comme penseurs, comme écrivains, comme orateurs, bien différents l'un de l'autre, mais semblables par l'ardeur, le courage, le talent avec lesquels ils ont combattu le mal moderne, — l'incrédulité et la démagogie, — ils ne sont pas suspects quand ils viennent rendre témoignage du progrès moral des sociétés modernes, malgré les révoltes des deux derniers siècles contre le christianisme. Écoutons-les donc.

Dans sa belle *Histoire de la civilisation en Europe*, M. Guizot établit que « tous les grands développements de l'homme intérieur ont tourné au profit de la société ; tous les grands développements de l'état social au profit de l'humanité » ; puis montrant la longueur de temps nécessaire à ces deux progrès, il ajoute : « Que de temps, que d'événements avant que la régénération de l'homme moral par le christianisme ait exercé sur la régénération de l'homme social, sa grande et légitime influence ! ELLE Y A RÉUSSI POURTANT ; QUI PEUT LE MÉCONNAITRE AUJOURD'HUI [1] ? »

Msr Dupanloup, dans sa première lettre sur le centenaire de Voltaire, a écrit ces belles lignes : « Quels que soient les reproches que mérite notre époque, LE SENS MORAL A GRANDI CHEZ NOUS ; LA CONSCIENCE PUBLIQUE S'EST ÉLEVÉE » (page 17). Sous la plume d'un évêque,

---

1. *Histoire de la civilisation en Europe*, 1re leçon.

qu'est-ce que le sens moral,. la conscience publique, si ce n'est l'esprit chrétien ?

Un autre évêque fortifiera ce témoignage si autorisé. Dans un discours prononcé par lui à la Chambre des députés, le 22 mai 1883, Mgr Freppel, s'expliquant sur la prétendue infériorité morale de notre temps, a dit :

« Sans vouloir nous borner à une comparaison toujours odieuse et souvent impossible, entre des âges dont le silence couvrait plus ou moins les fautes et une époque où rien n'échappe aux regards du public, nous avons le droit de ne pas accepter, pour notre temps, cette marque d'infériorité.

« Non, quels que soient nos défauts ou nos vices, je ne saurais me résoudre à imprimer le stigmate de la décadence morale au front d'un siècle où le travail est honoré et l'oisiveté flétrie ; où il n'y a pas de misère qui ne trouve un soulagement ni d'infortune qui ne provoque un sacrifice ; où tous rivalisent d'énergie et d'intelligence pour élever au-dessus d'elles-mêmes les classes nécessiteuses ; où le dévouement réciproque enveloppe la société d'un immense réseau de services et de bienfaits.

« Il m'est impossible de ne pas voir une application des principes évangéliques, dans un état social où la loi couvre d'une égale protection tous les droits et tous les intérêts légitimes ; où le premier privilège de la naissance est celui d'honorer un beau nom par de plus grands mérites ; où toutes les fonctions sont devenues accessibles à chacun, comme les charges publiques se répartissent entre tous.

« Je regarderais comme une injustice de méconnaître le progrès moral dans l'esprit d'un siècle où des pénalités barbares ont fait place à une répression plus douce et non moins efficace : où les controverses pacifiques, qui produisent des convertis, ont succédé aux guerres de religion qui ne font le plus souvent que des vaincus ; où la conscience publique devenue plus sévère a des exigences qui croissent avec le rang et le pouvoir ; où enfin le sentiment de la dignité personnelle et le respect de la vie humaine se refusent de plus en plus à décerner la gloire à qui verse injustement le sang des peuples. »

Quand Rossi écrit : « L'influence du christianisme sur l'éducation morale des peuples est le grand fait des temps modernes [1] ; »

Quand lord Macaulay écrit : « Plus nous étudions l'histoire du temps passé, plus nous trouvons de raisons pour différer d'opinion avec ceux qui prétendent que notre époque enfante de nouvelles misères sociales. La vérité est que, presque sans exception, ces misères ont existé dans le passé ; ce qui appartient en propre à notre époque, c'est l'intelligence, qui les discerne et l'humanité qui les soulage [2] ; »

Quand M. Courcelle-Seneuil écrit : « On croit généralement que la société actuelle est très âprement égoïste, beaucoup plus égoïste que celles qui l'ont précédée... Nous pensons qu'il n'en est rien et qu'aucune des sociétés qui nous a précédés sur la terre n'a été aussi disposée que la nôtre aux dépenses désintéressées et d'intérêt collectif [3] ; »

1. *Cours d'économie politique*, t. IV, p. 404.
2. *Histoire d'Angleterre*, chap. III.
3. *Liberté et socialisme*, p. 212.

Quand M. Mignet écrit : « Je ne suis pas de ceux qui craignent qu'en se perfectionnant le monde se rapproche de sa dissolution, et que le mieux doive être le commencement du pire. Je ne crois pas que la famille souffre de l'affectueuse égalité établie entre les enfants ; que la société éprouve moins de sécurité là où l'individu jouit de plus de bien-être ; et que plus d'équité dans les rapports privés conduise l'État à plus de désordre. Non, la liberté acquise au travail, la protection accordée à la faiblesse, la justice assurée au bon droit, l'essence des contrats mieux connue et plus respectée, l'égalité dans les partages solidement établie, la propriété plus répandue, la richesse mieux distribuée, la famille plus unie, la nation plus homogène, doivent augmenter la force du pays et accroître cette profonde et universelle paix civile qui est la force et le bienfait des lois. Nous serions aveugles et ingrats si l'inconstance de nos désirs et l'inquiétude de notre esprit nous faisaient posséder avec désenchantement ce que nos pères ont recherché avec enthousiasme[1] ; »

Que font ces quatre écrivains, si ce n'est donner une preuve différente, mais également profonde, du progrès social de notre temps?

Dans les faits, on trouve des preuves, pour ainsi dire à chaque pas. Attachons-nous seulement à quelques-uns de ceux qui offrent un caractère décisif.

Il s'en présente un d'abord à qui ce caractère ne saurait être refusé : c'est la statistique de la criminalité.

---

1. *Notices et portraits*, t. I, Vie de M. Merlin.

La statistique criminelle a été souvent invoquée à propos du progrès, ou de la décroissance de la moralité publique; c'est, en général, un instrument délicat, souvent trompeur que la statistique; on peut lui faire dire bien des contre-vérités.

Ainsi, si l'on prend deux années consécutives et que l'on compare le nombre des crimes et délits pour chacune d'elles, il peut se présenter des différences notables de l'une à l'autre. La conclusion que l'on en tirera sur l'amélioration ou l'abaissement de la moralité publique aura-t-elle quelque valeur? Assurément non; on ne peut tirer de conséquences sérieuses que de calculs faits sur un long espace de temps.

Le relevé des préventions criminelles et des condamnations que l'on trouvera à l'appendice B présente éminemment ce caractère : il porte sur une période de cinquante années, divisée en dix périodes de cinq années chacune; il va de 1826 à 1875, et notre prodigalité en matière de révolutions est telle que ce demi-siècle en a vu quatre : 1830, 1848, 1852, 1870, la guerre, l'invasion, le démembrement, causes actives et certaines de troubles profonds dans les esprits, de grands relâchements des liens sociaux. On pourrait donc craindre une aggravation de la criminalité dans cette période si singulièrement agitée; c'est le contraire qui arrive.

Je donne à l'appendice B les développements nécessaires sur ce relevé si digne d'une sérieuse attention, et duquel il résulte, d'une manière indéniable, que, depuis un demi-siècle, la criminalité chez nous a baissé de près d'un quart. Je ne parle pas des délits;

leur nombre reste à peu près stationnaire. On en trouvera la démonstration dans le document B.

D'autres faits nous fourniront des preuves d'un autre genre.

On sait quel a été l'abaissement moral de l'Angleterre au xvi⁰ siècle et les trois révolutions religieuses subies par elle sans murmure, sur l'ordre de trois de ses rois! De pareils excès pourraient-ils se reproduire aujourd'hui? Des souverains tels que Henri VIII[1] et Marie (*The bloody Mary*) seraient-ils possibles? Quelle nation les supporterait?

On a maintes fois signalé la différence considérable qui sépare l'esprit du xviii⁰ siècle de celui du xix⁰, dans la littérature et l'histoire. Je n'en citerai qu'un exemple :

Il n'y a pas, dans nos annales, de figure plus haute, plus touchante, plus patriotique que celle de Jeanne d'Arc. Il n'est pas de héros, de bienfaiteur, de sauveur, qui, se dévouant pour une nation, ait plus manifestement agi sous la main de la Providence que cette miraculeuse vierge. Elle a sauvé la France alors que tout était désespéré. Devant cette sublime incarnation de la patrie, la France a pris conscience d'elle-même, et n'a plus reculé dans le travail de la formation de son unité nationale. Du martyre de Jeanne date l'ère de cette œuvre glorieuse.

Les siècles qui l'ont suivie semblaient l'avoir presque entièrement oubliée. Au xviii⁰ siècle, on la voit sortir de cet oubli sans nom, et comment? Pour être mé-

---

1. « Henri VIII approche du modèle idéal d'une monstruosité parfaite. » Mac Kintosh, *Histoire d'Angleterre ;* de Bonnechose, *Histoire d'Angleterre*, t. II, p. 325.

connue, insultée dans l'odieux poème de la *Pucelle*[1],
cette *débauche du talent, ce crime du génie*[2].

Avec le xixe siècle, le christianisme, que la Terreur
a persécuté et décimé sans l'anéantir, reprend ses
droits. Avec lui, renaissent les études sérieuses ; l'histoire recouvre sa grande place dans l'œuvre littéraire
de la France. De nombreux et éminents écrivains se
succèdent pour le récit de nos annales ; pas un qui ne
comprenne qu'insulter Jeanne, ce serait insulter la
France, dont ils sentent tous qu'elle est la plus pure
image. Chateaubriand, de Barante[3], Guizot[4], Tro-
gnon[5], Dareste[6], Wallon[7], Ozanneaux[8], Lavallée[9],
Henri Martin[10], Michelet[11], Quicherat[12], Baudrillart[13],
Mennechet[14], les uns ayant pleine foi, et le disant, dans
la mission de Jeanne, les autres voyant en elle l'*épopée*

---

1. Voltaire ne s'est pas déshonoré seulement comme Français et
comme écrivain dans ce poème qu'il n'a présenté à ses contemporains que comme un badinage sans conséquence. Il n'a pas voulu
qu'on pût se méprendre sur sa pensée, et il l'a reproduite dans son
Essai sur les mœurs, son œuvre historique la plus travaillée. Jeanne
y est présentée comme complice volontaire d'une imposture, ayant
eu *assez d'esprit* pour jouer son rôle.

2. Chateaubriand, *Analyse de l'histoire de France* et *Mélanges litté-
raires.*

3. *Histoire des ducs de Bourgogne*, t. V, liv. II et III.

4. *Histoire de France*, t. II, chap. xxii.

5. *Histoire de France*, t. II, chap. xxix.

6. *Histoire de France*, t. III, liv. XVI, chap. vii.

7. *Histoire de Jeanne d'Arc.*

8. *Histoire de France*, t. I, xve siècle.

9. *Histoire des Français*, t. I, sect. II, chap. iii.

10. *Histoire de France*, t. VI, liv. XXV.

11. *Histoire de France*, t. V, liv. X, chap. iii et iv. .

12. *Aperçus nouveaux sur l'histoire de Jeanne d'Arc.* Les deux
procès de Jeanne d'Arc, en condamnation et réhabilitation, ont été
imprimés sur les manuscrits de la Bibliothèque de Paris, Renouard,
cinq volumes.

13. *Histoire du luxe*, t. III, p. 207.

14. *Histoire de France*, chap. lv et lvi.

vivante, l'ange du patriotisme, un *Messie féminin.* Les pages consacrées à Jeanne sont au nombre des plus émues et des plus éloquentes que plusieurs de ces auteurs aient écrites.

La littérature en général est l'expression de l'état des idées d'une nation, aux diverses périodes de son existence ; mais la littérature historique en est certainement l'expression la plus élevée et la plus caractéristique. Le progrès actuel du siècle social sur le siècle précédent n'est donc pas contestable.

Nous serions le dernier des peuples s'il en était autrement, si, religieusement et moralement, nous ne valions pas mieux aujourd'hui qu'au xviiie siècle. Quelle nation, dans les cent dernières années écoulées, a subi plus de bouleversements, plus de violences, plus de malheurs que la nôtre ? Quel peuple s'est trouvé à plus dure école, et a dû, plus souvent, demander, dans son âme, secours à Dieu ? Nous avons eu la Terreur et la Convention, le règne des fous furieux, le Directoire, ses corruptions et ses hontes, le despotisme militaire dont les triomphes enivrants nous ont conduits à Moscou, à Leipzig, à Waterloo, à Sedan ; nous avons eu deux guerres civiles, trois invasions, deux démembrements, onze révolutions, je ne compte pas les émeutes ; nous avons assisté enfin au plus grand crime de l'histoire : la Commune, essayée sous les yeux de l'ennemi vainqueur et à portée de ses canons.

Et il se pourrait que la vraie nation, la partie honnête, sensée, éclairée, fût restée sourde à ces terribles enseignements et n'eût pas compris qu'il fallait

à notre pays plus de sagesse, plus de morale, plus
de religion !

Ah ! sans doute, les temps actuels, loin de mettre
ces progrès en évidence, nous montrent, surtout
dans les pouvoirs publics, des défaillances intellectuelles et morales qui autoriseraient les plus sombres
pronostics ! Sous l'aveugle empire du suffrage universel, l'élection politique perd en hauteur tout ce
qu'elle a gagné en surface ; la lie monte à la surface ;
la médiocrité, les ambitions basses et cupides envahis-
sent la scène politique, sèment partout la corruption
et l'affaissement moral. Le pays enfin est à peine
reconnaissable, même aux yeux de ceux qui gardent
pieusement leur respect et leur amour pour lui, et
qui ne se laissent ni duper par les mensonges et les
excès de la démagogie, ni éblouir par les charlatans
et leurs succès passagers.

C'est ce généreux sentiment qui doit dominer tous
les autres ; il ne faut jamais oublier que notre cher
pays s'est toujours et habilement relevé des abîmes
où l'histoire nous l'a montré plusieurs fois tombé, et
bien profondément.

Il reste deux objections sur lesquelles il faut dire
un mot.

« Ce que l'on appelle progrès de la raison publique
n'est, dit-on, qu'une illusion ; il ne faut y voir que
l'effet de l'abaissement des âmes et des caractères, qui
se tiennent également éloignés des grandes violences
et des grandes vertus. De là, ces perspectives sans
relief de l'état présent ; tout se nivelle et s'aplatit ;
plus d'abîmes, mais plus de cimes. »

Toutes les époques ont porté d'elles-mêmes ce

même jugement; pessimistes sur leur présent, optimistes pour le passé. Si l'on les jugeait cependant sur leurs témoignages successifs, le monde rétrograderait vers une décadence sans terme et sans espoir. Il suffit de jeter les yeux autour de soi pour reconnaître qu'il n'en est pas ainsi.

L'autre objection est plus grave.

« Il est très vrai, dit-on, que l'admission de la multitude dans l'action politique détermine un appel constant, fatal, aux médiocrités intellectuelles et morales, et, par suite, à toutes les perversions de l'esprit public dominé par les appétits et les préjugés des foules. Mais si la réaction anti-religieuse trouve là son principal appui pour l'attaque et la destruction, ne trouve-t-elle pas aussi des auxiliaires à un autre et plus haut niveau social ? Les adeptes de nos hautes écoles ne sont-ils pas, à peu près tous, les adversaires de la morale chrétienne ? L'armée philosophique n'a-t-elle pas levé le drapeau de la révolte ? La morale contemporaine n'achève-t-elle pas de triompher de l'enseignement du Christ ? »

C'est sa prétention, je le reconnais, et à ses chants de victoire, on pourrait la croire victorieuse, en effet. Mais il ne suffit pas de se dire victorieux pour l'être, et l'esprit de mensonge et d'orgueil n'est pas si près qu'il le dit de l'emporter sur l'esprit chrétien.

Vous parlez d'armée philosophique ; où est-elle ? Nous voyons bien des chefs, ou prétendant l'être ; nous voyons bien une série de novateurs enchérissant d'audace les uns sur les autres ; mais où sont les soldats ? Surtout, où est la doctrine ? Est-ce la France qui la possède, ou l'Angleterre, ou l'Allemagne ? Y a-t-il deux philosophes anglais d'accord, deux français, deux allemands ?

M. Stuart Mill était-il d'accord avec M. Darwin ? Locke et Bentham avec M. Herbert Spencer ?

Qu'y a-t-il de commun entre Kant et MM. Büchner et Schopenhauer, qui sont loin d'être d'accord entre eux ?

M. Taine signerait-il les livres de M. Havet, et celui-ci ceux de M. Renan, et celui-ci ceux de M. Littré, et les articles de M. Fouillée, qui les critique les uns et les autres ?

Où est le principe commun, si ce n'est la haine de l'idée religieuse ? Quelle vertu nouvelle ont découverte ces prétendus novateurs ? Qu'ont-ils appris au monde qui ne soit dans l'Évangile ? Quelqu'un d'entre eux est-il prêt à donner sa vie pour sa foi ? La réponse est connue à l'avance. Il ne s'agit pas en effet ici de fonder une religion nouvelle, mais de détruire l'ancienne. Enlever à l'humanité son idéal, détruire en elle l'espoir, le recours à l'infini, c'est si peu de chose ! Cela vaut-il un sacrifice ? Et puis un sacrifice, quelle serait cette folie ?

Il est certain que ces morales nouvelles n'enseignent ni le sacrifice, ni l'abnégation ; où en trouveraient-elles le mobile et la récompense ?

Morale naturelle, morale indépendante, morale utilitaire, morale de l'évolution, et tant d'autres qui n'ont de commun entre elles que leur oubli de Dieu, où est leur critérium, leur frein, leur idéal ? Qu'y a-t-il dans toutes ces conceptions qui parle au cœur de l'homme et de la femme, qui soit intelligible à l'enfant, sensible au vieillard? Qu'y a-t-il pour la douleur, pour le repentir? Ah! sycophantes aux cœurs fermés, que le ciel vous préserve de la perte d'un être aimé! Ce n'est ni la morale de l'utilité, ni celle de l'évolution qui vous consoleront!

L'utilité! il y a donc une morale de l'utilité? En vérité, oui, et l'aberration humaine a pu aller, est allée jusqu'à ce point que ce sont des hommes modérés et honorables, des esprits au-dessus du médiocre qui en sont les pères! Quelle est donc cette morale?

J'ouvre son Évangile : la *Déontologie* (science des devoirs) et j'y trouve ce qui suit, dès la première page :

« L'objet que nous nous proposons dans cet ouvrage, c'est de faire ressortir les rapports qui unissent l'intérêt au devoir dans toutes les choses de la vie. Plus l'on examinera attentivement ce sujet, plus *l'homogénéité de l'intérêt et du devoir apparaîtra évidente.* Toute loi qui aura pour objet le bonheur des gouvernés devra tendre à ce qu'ils trouvent leur intérêt à faire ce dont on leur impose le devoir. EN SAINE MORALE, LE DEVOIR D'UN HOMME NE SAURAIT JAMAIS CONSISTER A FAIRE CE QU'IL EST DE SON INTÉRÊT DE NE PAS FAIRE... »

Dans le cours de l'ouvrage, on lit :

« La nature naïve et sans art porte l'homme à rechercher le plaisir immédiat, à éviter la peine immédiate. Ce que peut faire sa raison, c'est d'empêcher le sacrifice d'un plaisir éloigné plus grand, l'infliction d'une peine éloignée plus grande, en échange de la peine et du plaisir présents, en un mot, d'empêcher une *erreur de calcul* dans la somme de bonheur. C'est aussi *en cela que consiste* TOUTE LA VERTU...

« Au prix de quelle peine future, de quel sacrifice de plaisir à venir, le plaisir actuel est-il acheté? Par quel plaisir futur peut-on espérer que la peine actuelle sera récompensée? LA MORALITÉ DOIT SORTIR DE CET EXAMEN. »

Traduisons ces maximes en langage moins abstrait.

Il est utile à l'homme d'être sobre et tempérant, dans l'intérêt de sa santé. L'homme qui, par dévouement, compromet sa santé, fait donc un acte illogique et mal calculé au point de vue de la morale utilitaire.

Il est utile à l'homme de bien vivre avec ses voisins dans l'intérêt de sa tranquillité et de son bien-être; mais, s'il aperçoit un incendie, s'il y court, s'il combat les flammes au péril de sa vie, quel est cet emportement bizarre? quel est ce mauvais calcul?

Il est utile à l'homme de travailler pour satisfaire à ses besoins. Mais si sa fortune est supérieure à ses besoins, et s'il applique le surplus de ses revenus à faire travailler, comment justifiera-t-il cette prodigalité, sans profit équivalent pour lui à ce qu'il pourrait gagner ailleurs?

Sacrifice, abnégation, charité, mots vides de sens en morale utilitaire; elle a fait de longs efforts pour expliquer ces nobles et impérissables penchants de l'âme humaine; efforts infructueux et souvent puérils.

Bentham et Stuart Mill, les pères de cette doctrine, n'étaient cependant pas des penseurs ordinaires; on n'a jamais contesté ni leur talent, ni la pureté de leur vie et de leurs intentions; mais ils ont oublié l'infirmité de la raison humaine, qui ne peut trouver en elle-même, en elle seule, sa règle, son frein, sa lumière morale.

On trouvera la confirmation de ce jugement sur Stuart Mill dans le passage qu'on va lire, et que j'emprunte au beau livre de M. Ollé-Laprune, sur *la Certitude morale*, chapitre v.

Après avoir dit que M. Stuart ne conteste pas l'utilité d'un certain sentiment religieux, mais qu'en définitive sa religion consiste dans l'amélioration de la vie humaine, il ajoute : « C'est faire une pure métaphore que de parler de religion dans une doctrine où le mieux est de ne reconnaître aucune réalité supérieure à l'humanité même, et, en dépit des plus nobles efforts, la morale utilitaire ne vaudra jamais, pour réfréner l'égoïsme, la morale de la charité… Là où l'amour de l'homme pour l'homme a pour modèle l'amour de Dieu pour l'homme, pour principe l'amour de l'homme pour Dieu, pour fin les souveraines perfections de Dieu, bien absolu, c'est là que le dévouement est vraiment religieux, c'est là qu'il a une incomparable pureté et qu'il inspire un incomparable héroïsme. Répétons ce que nous disions tout à l'heure. Stuart Mill, parlant en termes presque mystiques du devoir et du bonheur de faire du bien aux hommes, semble près des plus hautes doctrines ; mais, entre elles et sa théorie, il y a un abîme. »

Parlerons-nous de la morale de l'évolution ou du transformisme? Ce ne sera vraiment pas sans quelque répugnance. Elle est à la mode sans doute ; mais les nouvelles modes ne sont pas toujours exemptes d'infatuation et de ridicule.

Un savant naturaliste anglais, M. Darwin, rejetant absolument toute idée de création divine, a cherché dans la matière seule l'origine de tous les êtres animés. Mais il ne pouvait pas ne pas reculer devant leur variété infinie; les demander spontanément à la matière, c'eût été lui croire trop d'esprit. Il a donc supposé un seul germe vivant. — D'où venait cette vie? Question oiseuse pour un matérialiste. — Puis, appelant à son aide des millions de siècles, il a supposé la matière abandonnée à elle-même, et de l'action aveugle des germes qui se multiplient et se mêlent au hasard il admet qu'il peut sortir tantôt un oiseau, tantôt un quadrupède, ou un mollusque, ou un infusoire, ou un mammouth!...

L'histoire naturelle n'a pas de loi mieux établie, plus avérée que celle de la permanence et de la fixité des espèces et des races. On n'a rien pu produire de sérieux contre cette loi. Le transformisme n'a pas été plus heureux à cet égard que le système de la génération spontanée. Jamais on n'a pu montrer un seul être sans père ni mère, pas plus qu'un être en train de se transformer. On a accumulé des sophismes et des hypothèses, mais des faits, pas un!

Mais quoi! détruire la création, n'est-ce pas saper dans son fondement la croyance en Dieu? Quelle victoire, et, pour un tel but, un peu d'audace n'est-elle pas permise?

Du moment qu'on niait la création, celle de l'homme ne pouvait échapper à la proscription générale.

« Est-ce que la raison peut admettre, a-t-on dit, un être créé avec un âge qu'il n'a pas, la formation

spontanée d'un adulte ? Mensonge et superstition !
La nature veut que tout être, l'homme tout le premier,
ait une mère pour avoir une nourrice, qui pourvoie à
l'alimentation et à la protection de la frêle créature
venue au monde. »

Cette mère, cette nourrice, il a fallu la trouver.
S'appuyant sur l'analogie des formes, M. Darwin a eu
le courage de sa découverte, et nous a crûment donné
la guenon pour ancêtre. Il est vrai que ses traducteurs
français ont senti la nécessité d'adoucir l'expression ;
ils nous ont appris que nous descendions d'une *forme
simiesque*. C'est bien plus honorable, et plus idéal.

Mais comment le phénomène s'est-il accompli ? C'est
d'une simplicité antique.

Une guenon, — je me trompe, — une forme simiesque a donné le jour à un petit être, dont le cerveau a subi une *variation accidentelle* qui l'a rendu
propre à percevoir quelques idées supérieures aux
instincts de la mère. Puis cet être produit d'un acci-
dent en a, à son tour, engendré un dans lequel le
progrès s'est un peu plus marqué, et c'est ainsi que,
d'accidents en accidents, *tous dans le même sens* (mais
on ne s'embarrasse pas pour si peu), l'animal incons-
cient et qui n'obéit qu'à des forces automatiques a
donné au monde l'être conscient, qui se connaît lui-
même et connaît son créateur, qui distingue le bien
du mal, et les choisit et les pratique dans sa liberté,
l'homme !

Est-ce assez d'audace et de mépris de la raison et
de la science au nom desquelles cependant on prétend
parler ?

On ne s'est pas arrêté là, et, comme un système

philosophique qui ne prouve pas sa force et sa vitalité par une morale nouvelle est mort-né, il a fallu chercher la morale de l'évolution.

Je ne ferai pas violence à la patience de mes lecteurs, en leur imposant l'exposé de ces élucubrations séparées de la morale chrétienne et du bon sens, de toute la distance qui sépare l'homme de sa mère à la forme simiesque. Un seul exemple suffira.

Comment expliquer en morale évolutionniste les grandes vertus du sacrifice, du dévouement, du désintéressement? Nous avons dit le piteux échec de la morale utilitaire, cherchant en vain dans l'intérêt personnel le mobile des plus nobles sentiments chrétiens.

L'on va voir si le transformisme a été plus heureux. Je cite textuellement (*Revue des Deux Mondes*, 15 août 1880) :

« En général, les sentiments sympathiques ne sont que des sentiments égoïstes réveillés par une contagion intellectuelle ou nerveuse, et, pour ainsi dire, électrisés par induction. Aimer, disait Leibniz, c'est être heureux de la félicité d'autrui ; mais la félicité d'autrui n'est qu'un intermédiaire par lequel nous poursuivons encore, avec ou sans conscience, notre propre félicité. — Et le sacrifice du bonheur, le sacrifice de la vie pour les autres, demandera-t-on? Au point de vue du darwinisme, répondrons-nous, le sacrifice est comme une boussole dont quelque puissante influence a renversé l'orientation : elle ne cesse pas de suivre le courant universel; seulement les deux pôles, *moi* et *toi*, sont intervertis[1]. »

Un enfant tombe à l'eau ; un étranger ému de pitié

s'élance, lutte contre les flots et le ramène sain et sauf. Tout le monde le félicite ; mais ces compliments le gênent, bien que sa conscience lui dise qu'ils sont mérités. « Je ne puis, dit-il, accepter vos félicitations pour un acte indépendant de ma volonté. C'est uniquement la faute de ma boussole dont je ne sais quelle influence occulte a renversé l'orientation et m'a fait commettre cette sottise. »

Sa conscience continue probablement à lui tenir un autre langage. En tout cas, un des assistants a pu lui dire : « Ne vous disculpez pas tant, mon bon monsieur ; cette influence occulte qui, dites-vous, a renversé l'orientation de votre boussole, c'est tout simplement celle de Dieu qui vous a mis dans le bon chemin. Allez donc en paix, vous avez fait une bonne action. »

L'erreur de tous les fondateurs des morales contemporaines est la même ; ils méconnaissent la nature humaine quand ils cherchent dans le domaine de l'idéal à s'appuyer sur notre seule raison. Cette raison, faillible en toutes choses, l'est surtout quand elle entreprend de s'affranchir de cette force si active, de cette seconde vue que nous trouvons dans notre cœur, seule source des grandes aspirations, des grandes vertus. C'est là la force et la beauté du christianisme, qui, sans abaisser la raison, a enseigné aux hommes cette immortelle vérité : le siège du sentiment religieux est dans le cœur humain et n'est pas ailleurs.

Le cœur seul comprend et pratique le précepte : Aimez-vous les uns les autres. Filles de l'immortalité de l'âme et portées sur les ailes de la charité, les

vertus chrétiennes élèvent l'homme au-dessus de lui-
même et le rapprochent de Dieu.

Mais enfin, nous dit-on, tout se réduit pour l'homme
à savoir qu'il est fait pour vivre en société, avec ses
semblables et que son devoir est de bien vivre avec
eux ; soit ; mais qu'est-ce que la vie en société, si ce
n'est pas la lutte de tous les jours pour l'existence,
pour le bien-être, pour la domination ? Dans le pêle-
mêle des devoirs, des besoins, des passions, où sera
la règle, le frein, le devoir ? L'esprit chrétien les
trouve dans les grandes vertus chrétiennes ; les
morales nouvelles les cherchent dans l'utilité ou dans
d'autres motifs humains.

Ainsi, c'est l'homme qui est son propre législateur
moral, et qui nourrit cet orgueil puéril de croire qu'il
restera toujours soumis à ces lois qu'il peut changer
tous les jours puisqu'elles sont son œuvre, à ces lois
dépourvues de sanction et d'espérance !

Demandez aux femmes, nos premières initiatrices
morales, ce qu'elles en pensent ; elles vous répondront
avec Pascal : « Le cœur a ses raisons que la raison
ne connaît pas... C'est le cœur qui sent Dieu, et non
la raison. Voilà ce que c'est que la foi : Dieu sensible
au cœur [1]. »

L'un des motifs principaux, allégués par l'incrédulité pour renier toute religion, consiste en ce qu'il est
contraire à la dignité humaine et révoltant pour la
conscience dans sa liberté, de croire ce qui n'est pas
démontré par et pour la raison. Les Mystères sont
odieux à ces fortes intelligences et leur orgueil n'ad-

1. Pascal, *Pensées*, art. IX.

met pas que l'infini ait pour elles quelques voiles, quelques obscurités. La conséquence logique de ces prétentions, c'est que ces esprits si virils ne croient que ce qu'ils comprennent, ce qui leur est absolument démontré.

Eh bien ! voilà la définition de l'AME donnée par le *Dictionnaire de Médecine* de MM. Littré et Robin, édition de 1877.

« L'âme, en biologie, est l'ensemble des facultés intellectuelles et morales. Cet ensemble de facultés est le résultat des fonctions encéphaliques d'après le dogme scientifique actuel qui n'admet ni propriété ni force sans matière, ni matière sans propriété ou force, tout en déclarant ignorer absolument ce que c'est en soi que force et matière, et pourquoi la sensibilité et la pensée se manifestent dans la substance nerveuse. »

Ainsi, dans cette définition de l'âme, MM. Littré et Robin qui ne sont pas les premiers venus, mais des chefs, en athéisme et en matérialisme, signalent, avouent deux inconnues, deux mystères, et ils croient à leur théorie, théorie qui a ses mystères comme le foi chrétienne, mais qui, au contraire de cette foi, tarit en nous la source des plus nobles facultés, et nous laisse à nous-mêmes, sans recours à l'idéal, sans aspirations vers l'infini !

Il y a des esprits faibles et ignorants qui ne croient pas à l'atmosphère physique parce qu'ils ne la voient pas ; ils lui donnent des noms empiriques : le vent, le chaud, le froid, mais ils ne soupçonnent pas qu'ils vivent baignés dans un fluide qui contient la vie, qu'ils perdraient à l'instant si le fluide se retirait, si seulement il se modifiait.

Aussi faibles et aussi ignorants sont ces lettrés, ces penseurs, ces savants qui nient l'atmosphère morale dans laquelle ils sont entrés, dès les premiers jours de la vie, où ils ont puisé tout ce qu'ils ont de bon, de sociable, de charitable, tout ce que leur conscience sent de droit et de généreux. Quoi qu'ils fassent, quoi qu'ils disent, ce n'est que par l'esprit chrétien qu'ils remplissent leurs devoirs d'époux, de pères, de citoyens. Que cet esprit se retire des âmes, et la nuit morale s'étendra sur le monde.

Dans un banquet offert à quelques chefs du parti actuellement au pouvoir, l'un d'eux a dit :

« Dans les interruptions que m'ont adressées à la Chambre les adversaires de la République, on m'a crié : « Et la charité ? — La charité, messieurs, la démocratie et la France n'en veulent plus. Ce qu'elles veulent, c'est ce que vous voulez vous-même; c'est la solidarité, c'est l'assistance réciproque, c'est la fraternité. »

Je ne cherche pas où l'orateur a pris le droit de parler au nom de la France et de la démocratie. La prétention est bien haute, surtout pour exprimer une pensée qui est une véritable puérilité.

Qu'est-ce, en effet, que la solidarité, l'assistance réciproque, la fraternité, si ce n'est de bons et nobles sentiments, tous issus de la charité, qui les contient tous et dont ils ne sont que l'expression affaiblie. L'orateur n'a certainement pas compris le sens vrai et profond de ces mots, car il n'aurait pu se dissimuler qu'ils n'expriment rien autre chose que la vertu donnée au monde par l'Évangile : l'amour du prochain, la charité.

Je connais peu d'exemples de la force intime et

irrésistible de l'esprit chrétien aussi caractéristique que celui de ce libre-penseur faisant profession de charité, tout en l'insultant. Donner des noms nouveaux à une vertu bien ancienne, puisqu'elle date de l'ère chrétienne, ce n'est pas prouver contre cette vertu, mais contre soi et contre ses auditeurs, s'ils ont applaudi, comme c'est d'usage dans ces réjouissances démagogiques.

Dans un tout autre esprit, mais par une erreur analogue, un ami me disait un jour : « Au lieu des mots : esprit chrétien, mettez esprit de justice, et je suis entièrement avec vous ». — La justice? Laquelle? Est-ce celle des lois de Dracon, ou celle des Douze Tables, ou celle du droit strict (et lequel?) ou celle même de nos Codes, tout christianisés qu'ils soient? Non, dites-vous; vous voulez parler de ce sentiment de justice éternelle qui est en nous, et nous dicte notre devoir. Eh bien ! interrogez à fond votre conscience, et vous reconnaîtrez avec elle que, pour les rapports d'homme à homme, ce sentiment profond de justice qui est en tous, s'éclaire et s'inspire par la miséricorde, par la charité; or, justice et charité, c'est l'esprit chrétien.

Écoutez ce qui suit :

« Le christianisme ne pouvait sauver le droit romain qu'en le modifiant, pour l'approprier aux conditions nouvelles du monde ; car le Préteur avait encore laissé beaucoup à faire à l'Évangile. Il ne suffit pas de l'équité, il faut encore la miséricorde pour que la justice ne pèse pas d'un fardeau trop lourd sur la faiblesse humaine[1]. »

1. De Broglie, *L'Église et l'Empire romain*, t. II, p. 275.

Écoutez encore ceci :

« Préoccupée de faire régner la justice, l'économie politique n'a pas assez reconnu que le sentiment strict du droit, si fortement implanté dans le cœur humain, ne suffit pas à faire régner le bon ordre, même dans les transactions économiques. S'il ne s'y joint un sentiment de bienveillance mutuelle, même de tendre charité, la justice sèche révèlera bientôt ce qu'elle a d'insuffisant et risquera même de dégénérer en injustice par la malveillance réciproque des parties intéressées, donnant ainsi raison à l'axiome : *summum jus, summa injuria*[1]. »

Dans la négation des sources du bien et du bon, la science a des reproches particuliers à se faire, la science qui se laisse traiter en idole et qui permet de dire d'elle qu'elle a, dans ses mains, la régénération sociale.

Les services rendus par la science sont grands ; mais ils ne justifient ni l'orgueil des savants, ni leurs tendances à l'incrédulité. Il ne suffit pas, pour être athée, d'avoir découvert quelque loi physique ou naturelle. Newton, Képler, Lavoisier, Cuvier, à qui l'on doit les plus importantes, étaient chrétiens, et s'honoraient de l'être.

Comment la science ne sent-elle pas son impuissance, quand elle se place, pour le comprendre et l'expliquer, en face du mystère de la vie, devant ce phénomène insondable à nos organes, inaccessible à notre intelligence ? Elle a calculé la marche et les volumes des astres ; mais elle n'a jamais pu produire,

---

1. Baudrillart, *Des rapports de la morale avec l'économie politique.*

ni même seulement définir philosophiquement la vie.

Bichat, ce grand maître, ayant à traiter ce sujet pour un de ses plus beaux ouvrages[1], n'a su et pu donner de la vie qu'une définition négative : « La vie est l'ensemble des phénomènes qui résistent à la mort », définition d'une physiologie correcte peut-être, mais d'une bien pauvre et inerte psychologie. Il avait cherché la vie avec passion dans les creusets du chimiste, avec les appareils du physicien, sous le scalpel du chirurgien, d'où, ni lui ni d'autres n'ont jamais pu faire sortir une seule parcelle vivante ; de là, cette définition négative qui, dans sa conscience, a dû se traduire ainsi : « La vie est un secret pour l'homme ; c'est le secret de l'infini. »

Triste phénomène à observer que la tendance matérialiste des hommes adonnés aux sciences naturelles, et que leurs études semblent mettre, plus que d'autres, face à face avec Dieu. Mais cette étonnante contradiction ne peut aller loin ni durer longtemps. Non, il n'est pas conforme à la raison que la contemplation assidue, intime des œuvres de Dieu, conduise à la négation de Dieu.

Le grand philosophe Fichte s'exprime ainsi dans sa belle invocation à Dieu :

« Tu te plais avec l'homme de bien, simple d'esprit, mais pur de cœur..., Mais tu ne parles jamais aux esprits superbes, orgueilleux de leur science ; tu dédaignes de te manifester à eux ; ils ne te connaissent pas... »

---

1. *Recherches physiologiques sur la vie et sur la mort.*

Quoique ces paroles soient belles, elles ne font peut-être pas sa juste part à la bonté de Dieu.

Écoutons donc sur ce même sujet une voix qui a droit à l'attention et au respect de tous :

« Bacon de Vérulam, qui s'illustra dans la culture des sciences physiques, a écrit qu'un peu de science éloigne de Dieu, mais que beaucoup de science y ramène. Cette parole d'or est toujours vraie... »

« Si le cœur de quelque savant célèbre s'éloigne de Dieu en étudiant la nature, c'est un signe que le cœur de cet égaré était déjà atteint du poison de l'incrédulité... Il n'est pas devenu athée parce qu'il a cultivé la science, mais il l'est devenu malgré la science qui doit aboutir à de plus nobles résultats... »

« Ce serait une folie de nier un fait qui frappe nos regards, à savoir que la science, à force d'études continues, d'habiles expériences, s'est emparée de beaucoup de forces dans la nature, qui n'étaient pas connues de l'homme, ou échappaient à sa domination ; ces forces employées avec beaucoup d'art, à l'aide de machines ingénieuses, ont rendu la production plus rapide, les objets produits moins coûteux, et par conséquent, la satisfaction des besoins plus facile, et moins rude la vie de celui qui ne peut dépenser beaucoup... »

« Si l'univers est un livre, à chaque page duquel sont écrits le nom et la sagesse de Dieu, il est certain que celui-là en sortira plus rempli d'amour pour Dieu, qui aura lu le plus avant et le plus clairement dans ce livre. S'il suffit d'avoir deux yeux au front pour reconnaître que le firmament raconte la gloire du Créateur, s'il suffit d'avoir des oreilles pour entendre la parole de louange que le jour répète au jour et les secrets de la science divine que la nuit transmet à la nuit (Psaume XVIII, 2, 3), avec combien plus d'éclat se manifestera la puissance, la sagesse de la divinité aux regards de celui qui scrutera les cieux et les profondeurs de la terre, qui observera les astres lumineux et l'atome, les plantes et l'arbrisseau, qui réunira dans sa main les preuves constatant que la pensée suprême a tout ordonné avec poids et mesure ? (*Livre de la sagesse*, V, 21.) »

D'où viennent ces belles paroles, exprimant de si hautes pensées? Je les trouve dans les mandements du cardinal-archevêque de Pérouse, datés, l'un de 1877, l'autre de 1878, quelques jours avant l'exaltation du cardinal au trône pontifical. Elles sont, en un mot, de Mᵍʳ Pecci, aujourd'hui Léon XIII, souverain Pontife.

Je terminerai par une objection qui appelle un examen sérieux dont la place me semble être ici.

L'objection porte sur le danger qu'il peut y avoir d'ébranler les croyances religieuses par une trop grande tolérance philosophique, et quelques personnes ont trouvé cet excès de tolérance dans la distinction que j'ai admise entre les dogmes et la morale. Montrer que les dogmes peuvent être divergents, et la morale rester commune, n'est-ce pas, dit-on, risquer d'affaiblir l'autorité des dogmes, et donner la première place à ce qui n'est pas l'essentiel ; car l'essentiel, c'est le dogme.

Je reconnais pleinement que, pour chacun de nous, les dogmes de la religion dans laquelle il est né, ou qu'il a embrassée, sont l'essentiel pour le cœur et la

raison. Aucun penseur religieux ne peut hésiter à cet
égard. Quand on se convertit à une nouvelle religion,
ce n'est pas la morale de la première que l'on abjure,
mais ses dogmes.

Mais tout est-il dit, tout est-il fait, quand on a reconnu cette vérité capitale ? En quoi sera-t-elle compromise parce que l'on aura constaté cette seconde
vérité que, entre les diverses communions chrétiennes,
il y a des aspirations sociales, des lois morales communes, et que cette communauté de pensées morales
et sociales forme ce terrain si beau, si large que les
penseurs religieux les plus autorisés ont appelé l'esprit chrétien ?

Il y a là un fait indéniable. Pourquoi le nier ?

J'étudie le travail. On accorde bien sans doute qu'aucune des communions chrétiennes n'en a le privilège
exclusif ; toutes le pratiquent et toutes l'honorent ; il
y a, — personne ne le niera, — dans chacune d'elles,
de bons et méritants travailleurs, patrons et ouvriers.
N'ont-ils pas des principes de conduite communs, une
loi morale semblable, un même esprit chrétien ? Cette
communauté de sentiments n'affaiblit en eux ni le
respect ni l'amour pour leurs dogmes.

Mais, en même temps, c'est par cette communauté
de sentiments que l'on peut agir sur tous et sur chacun, quand il s'agit de leur parler du travail, de ses
lois et de ses obligations, obligations et lois communes à tous les travailleurs, qu'ils soient orthodoxes
ou schismatiques.

Je vais plus loin ; je crois qu'il est de l'intérêt même
de la religion de proclamer cette vérité.

N'est-il pas vrai que chacune des communions chrétiennes se croit en possession de la vérité, et que son vœu le plus cher est de voir chacune des autres se réunir à elle ? N'est-il pas vrai que toutes désirent l'unité de la foi, surtout l'Église catholique, cette mère de toutes les autres ? Elles ne discutent pas entre elles sur la première loi divine : aimer Dieu, aimer le prochain. Pour toutes, c'est là le fondement de la foi ; mais c'est aussi le fondement de la morale ; ce lien persistant entre les diverses communions chrétiennes, n'est-il pas la préparation la plus sûre à l'unité de la foi ?

Chrétiens de toutes les communions, gardons précieusement notre unité morale. Elle nous conduira, quand l'heure sera venue, et selon les voies de la Providence, à l'unité de la foi, à l'accomplissement de la prière donnée au monde par Jésus : PATER NOSTER... ADVENIAT REGNUM TUUM.

Dans cet ordre d'idées, un grand exemple de charité et de tolérance a été récemment donné (novembre 1880).

La *Société de l'Église anglaise* (protestante) a adressé à Mgr le cardinal archevêque de Paris une protestation contre les décrets relatifs aux congrégations, et contre leur exécution.

J'ai la réponse de Mgr Guibert sous les yeux ; j'en extrais les passages suivants :

« Cette marque d'intérêt de votre part a, pour nous, d'autant plus de prix qu'elle nous vient des membres d'une communion religieuse qui diffère en plusieurs points de l'Église catholique. Ces divergences s'effaceront avec le temps, et j'appelle de tout mon cœur, le moment où il n'y aura plus qu'un pasteur et qu'un troupeau.

« En attendant, défendons tous, avec un zèle égal, la liberté de la religion, qui est la première et la plus précieuse de toutes les libertés. »

PREMIÈRE PARTIE
CONSIDÉRATIONS GÉNÉRALES, ÉCONOMIQUES ET POLITIQUES

CHAPITRE I
VUE GÉNÉRALE DU SUJET

> La religion chrétienne est le premier bien.
>
> MONTESQUIEU, *Esprit des Lois,*
> Liv. XXIV, chap. I et XXV.

L'institution de la famille et la loi du travail sont le fondement sur lequel reposent les sociétés humaines. De la famille et du travail naissent virtuellement la propriété et l'héritage.

Ce sont là les grandes forces sociales. Elles sont liées à la nature humaine par des attaches si puissantes qu'à moins de nier la création, on est obligé de reconnaître que Dieu, dans sa prévoyance et sa bonté infinies, a voulu les donner à l'homme destiné par lui à vivre dans la société de ses semblables. Elles sont donc d'institution divine, instruments à la fois et preuves de la marche en avant de l'homme dans les voies de la civilisation, c'est-à-dire, de l'accession d'un nombre toujours croissant d'êtres humains à la lumière intellectuelle et morale et au bien-être.

L'antiquité ne leur a pas été étrangère ; elle les a connues et pratiquées, mais avec l'imperfection et l'infirmité de ses croyances religieuses, d'où la charité était absente, et qui toléraient le travail servile. Le pouvoir absolu de l'homme sur la femme, sur l'enfant, sur l'esclave, conduisait le monde païen à la dissolution morale ; il roulait vers l'abîme, et ne pouvait être sauvé que par un secours inattendu. C'est ainsi que Jésus a paru sur la terre.

Le Christianisme n'a pas seulement relevé et annobli la famille et le mariage par l'indissolubilité du lien conjugal, et par l'égalité des droits de l'homme et de la femme. Il a relevé et annobli le travail en lui donnant la liberté.

Nous avons, depuis longtemps, perdu le souvenir, et nous n'avons pas gardé la reconnaissance de l'immense révolution qui date de l'ère chrétienne, et dont les générations actuelles ont senti les derniers grands ébranlements : l'avènement final du travail libre et les dernières luttes de l'esclavage. Il y a utilité autant que justice à rappeler que cette révolution a creusé un abîme profond entre l'organisation païenne et l'organisation moderne du travail.

La première nous montre un maître, ayant tous les privilèges du citoyen, armé d'un pouvoir illimité sur l'esclave, qui n'a ni le droit de cité, ni aucun autre droit, pas même celui d'être respecté comme époux et comme père. Aux yeux du maître, ces affections sont comme si elles n'étaient pas. L'esclave est sa chose ; il a sur lui le droit de vie et de mort, et il en use sans scrupule.

La seconde, la nôtre, met en face l'un de l'autre un

patron et un ouvrier, tous deux citoyens libres, tous deux chrétiens, jouissant également de leurs droits civils, et pouvant discuter leurs intérêts réciproques, librement et chrétiennement.

Telle est, pour le travail, l'œuvre du Christianisme ; c'est l'un des plus grands bienfaits qui soient tombés pour nous de la main de Dieu ; c'est un point culminant dans les annales humaines. Ce que n'avaient pu faire, ce que n'avaient pas même osé rêver les fondateurs de religions et les plus grands philosophes du paganisme : le Bouddha, Socrate, Platon, Confucius, Mahomet, Jésus l'a fait, en donnant au monde sa vie, et à l'âme humaine, ces deux sentiments nouveaux, la charité et l'amour du prochain. C'est sur ce roc inébranlable qu'a été plantée la Croix, et c'est de là que l'Évangile rayonne, immortel, sur le monde.

Comment l'organisation moderne du travail a-t-elle justifié son origine et son éclatante supériorité morale sur l'organisation païenne ? Les faits répondent éloquemment ; les résultats sont merveilleux, et les progrès inespérés. Le génie du travail a résolument abordé l'étude et la conquête de la Terre et des forces naturelles, visibles ou invisibles, qui lui ont été prodiguées. Chacune d'elles vient successivement nous livrer ses secrets, et nous soumettre sa puissance. Telle qui était, pour le païen, l'objet d'une terreur insurmontable, devient, pour le moderne, une source intarissable de biens et de richesses.

Et, cependant, cette organisation, véritable corne d'abondance des temps nouveaux, ne nous a donné, ni partout, ni toujours la paix sociale. Nous marchons à la conquête du Monde et le désordre semble se mettre dans nos rangs. Faut-il s'en étonner? Faut-il surtout s'en effrayer? N'est-ce pas la condition de toute œuvre humaine de contenir une part de mal? Comment la plus générale, la plus importante de toutes, le travail, en serait-elle exempte?

Mais nous ne sommes pas dans un temps où l'on se contente de raisons de ce genre, d'autant plus fortes cependant qu'elles sont plus simples, et plus directement puisées aux sources du bon sens et de l'expérience.

S'il fallait en croire, en effet, des exagérations inspirées par un tout autre esprit que celui du travail et du bien, des terreurs propagées à dessein par les ennemis de la paix sociale, le travail serait empoisonné jusque dans ses sources vitales; l'Europe, la chrétienté toute entière serait prochainement menacée d'un effondrement général produit par les revendications ouvrières non satisfaites.

J'ai exposé ailleurs (*Introduction*) et je compléterai aux chapitres VIII et IX, les fortes et nombreuses considérations qui établissent l'inanité de ces exagérations, les mensonges de ces terreurs, et qui, socialement et politiquement, ne permettent pas de craindre que nos sociétés modernes s'abandonnent elles-mêmes et laissent honteusement consommer leur ruine au seul profit des raisonneurs à outrance.

Ici, et me plaçant seulement au point de vue économique, je me propose d'établir que l'organisation actuelle du travail porte en soi toutes les ressources nécessaires pour durer et prospérer et que le germe de mal qu'elle contient, comme tout ce qui est humain, doit céder devant des forces supérieures.

Le mal, en lui-même, n'est pas contestable ; dans notre organisation actuelle du travail, toute chrétienne qu'elle soit, il y a un germe de conflit permanent et peut-être irréductible ; c'est le conflit pour le salaire, cette forme aiguë de la lutte pour l'existence. Il semble que le patron a un intérêt constant, irrésistible, à la baisse du salaire, et qu'ainsi, dans le champ du travail sévit une guerre civile sans paix ni trêve.

Une première et bien simple réflexion se présente. S'il en était ainsi, comment expliquer les progrès merveilleux du travail, le nombre toujours croissant des travailleurs, chefs et ouvriers, leurs conquêtes incessantes, et cette magnifique marche en avant qui pénètre d'admiration les esprits timides comme les esprits les plus hardis !

C'est qu'à côté et au-dessus de cette possibilité de conflit, de lutte, qui, en économie politique, a le nom de loi de l'offre et de la demande, il y a d'autres nécessités et par suite, d'autres lois qui, si elles ne sont pas inscrites dans nos codes, sont, par la force et la nature des choses, supérieures aux infirmités humaines, aux entraînements de la cupidité et de l'envie, et forment une des harmonies sociales les plus fortes et les plus fécondes.

Ces nécessités, ces lois peuvent se résumer en quelques formules très simples :

Point de travail industriel possible sans capital et sans main d'œuvre ; d'où, nécessité d'un accord entre le capital et la main d'œuvre.

Point de travail industriel possible sans intelligence

et sans main d'œuvre; d'où, nécessité de patrons pour les ouvriers, d'ouvriers pour les patrons.

Point de travail industriel possible sans cohésion et entente des forces ; d'où nécessité, dans l'armée industrielle, de supérieurs, de sous-chefs, de soldats, nécessité de hiérarchie, de discipline, de règlements.

Ces lois nécessaires qui embrassent tous les phénomènes du travail, et qui, je le répète, ont leurs indestructibles racines dans la nature même des choses, contiennent tout le secret de la vitalité, de la perpétuité du travail. Il n'y a pas de convoitises, il n'y a pas d'esprit d'envie et de violence, il n'y a pas d'utopies, il n'y a pas de raisonnements à outrance, qui ne doivent finalement s'incliner et se soumettre, devant ces lois, devant ces inévitables nécessités.

C'est à établir la réalité, la vérité, la solidité des lois nécessaires du travail que cet écrit est consacré.

CHAPITRE II

LA FAMILLE

Le christianisme, qui a tant fait pour la société en contenant l'homme, en l'obligeant à immoler ses penchants, à respecter la faiblesse de la femme, comme celle de l'esclave, a constitué la famille telle qu'elle est.

THIERS, *De la Propriété.*

La famille, si on la considère au point de vue le plus général, est l'élément constitutif des sociétés humaines; elle est la première école de la vie en commun, et de l'association. De cette communauté simple, forte, naturelle, sort la tribu ou la commune, puis la cité, puis la patrie. La patrie est l'agrégation, sur un territoire défini, de familles parlant la même langue, ayant les mêmes aspirations religieuses et morales, les mêmes lois, les mêmes mœurs, une histoire commune, enfin soumises en commun à ces influences mystérieuses et insondables qui régissent les grands faits humains, et font et défont les nations, selon les plans de la Providence. Telle est la grandeur sociale et générale de la famille.

La famille, si on la considère en elle-même, donne à l'homme sa plus douce et sa plus pénétrante éducation morale ; elle a surtout cet admirable privilège de transformer et de purifier le plus désordonné et le plus redoutable de nos penchants. Elle l'élève en le liant par le devoir, jusqu'à l'amour conjugal, d'où émane l'amour paternel et maternel [1], l'amour filial, l'amour fraternel, pures et saintes affections que Dieu seul a pu mettre au cœur de l'homme. Il n'est pas besoin d'une autre preuve de l'immortalité de l'âme que ces dons, les plus précieux qui aient été faits à l'homme, qui l'initient sûrement à la connaissance de Dieu. Telle est la beauté morale de l'institution de la famille. Elle est d'ordre divin.

La famille, l'union de l'homme et de la femme, pour constituer, selon les mœurs et selon la loi, un groupe familial, dont les enfants viennent resserrer les liens, et dans lequel se développent les plus nobles et les plus actives facultés de sentiment, de prévoyance, de gouvernement, la famille, dis-je, remonte aux premiers jours du monde. Dieu crée l'homme, puis il tire la femme de l'une de ses côtes, et leur donne sa loi : « L'homme s'attachera à sa femme, et ils seront deux dans une seule chair [2]. » La Judée a gardé le précepte

---

1. L'école matérialiste a essayé de ravaler la famille, en montrant chez les animaux le même et aussi vif sentiment maternel que chez la femme. Il n'est que juste de dire des auteurs de pareilles théories qu'ils n'ont jamais compris ni aimé leur mère.

Oui, il est bien vrai que, dans l'intérêt de la conservation des êtres, Dieu a voulu que le petit animal fût entouré par sa mère des soins les plus vigilants, protégé, défendu par elle avec une sollicitude qui s'élève quelquefois jusqu'au sacrifice d'elle-même. Mais cette étincelle divine, signe visible de la Providence, s'éteint à l'instant précis où le petit animal n'a plus besoin de sa mère. Qu'il est loin d'en être ainsi pour notre race. L'amour maternel et paternel est de toute la vie. Il résiste aux fautes, à l'abandon de l'enfant ; il résiste même à sa mort.

2. *Genèse*, chap. II, v. 21 à 24.

du mariage, et le Décalogue en fait un précepte [1].

Mais le paganisme a ignoré ou méconnu la grandeur de la loi morale du mariage, son indissolubilité, d'où naît, pour la femme, l'égalité avec l'homme. La famille païenne a notablement différé de la famille juive, et plus encore de la famille moderne, telle que l'ont faite les enseignements de l'Évangile. Le père, seul représentant de la famille, avait droit de mort chez lui ; il y était haut et seul justicier.

Le sacrifice d'Iphigénie par son père n'est pas prouvé comme fait historique ; mais il est absolument conforme aux mœurs grecques. Euripide en a fait l'objet d'une de ses tragédies, Eschyle et Sophocle l'ont admis, et ces grands tragiques savaient bien que la terreur et la pitié ne s'obtiennent pas en dehors de la vraisemblance, et ne doivent pas contredire aux idées du temps.

Quand Brutus condamnait à mort ses fils demeurés fidèles aux Tarquins, il n'agissait pas comme consul, mais comme père, et cette magistrature ne croyait même pas nécessaire de se couvrir des formes judiciaires [2].

Quant à la femme, sa situation ne s'éloignait pas beaucoup de celle d'une esclave.

« A Rome, dans ce sanctuaire des grands et nobles sentiments, mais des sentiments rudes, surtout avant que le christianisme eût élevé et attendri les cœurs, le lien conjugal était loin d'être aussi étroit qu'il l'est

---

1. *Genèse*, chap. iii, v. 17.

2. PLUTARQUE, *Vie de Publicola*. « J'ai suffi, dit Brutus, pour juger mes fils ; quant aux autres, le peuple est libre de donner son suffrage. »

devenu. Le mariage avait des degrés ; du concubinage à l'union définitive, il y avait des états intermédiaires admis et reconnus par la loi[1]. Le divorce enfin était facile ; une Romaine passait souvent d'une maison dans une autre. La famille consistait dans le père et bien moins dans la mère. Un noble orgueil de race était beaucoup plus que la tendresse, le principe, l'âme de la famille. Ce saint orgueil était poussé si loin, que les Scipion, ayant un fils indigne d'eux, allaient demander à Paul-Émile de leur céder un enfant qu'on donnait à élever à Polybe, et qui devenait Scipion l'Émilien. La grandeur de Rome appuyée sur la grandeur des familles dominait le monde. Mais la mère manquait souvent, et la tendresse était absente. La mère des Gracques est une exception.[2] »

Un grand juriconsulte complètera ce tableau[3].

« Qu'est-ce que la famille romaine ? A-t-elle pour fondement le sang et la nature ? Non. C'est le lien civil de la puissance qui unit ses membres et maintient leur agrégation. C'est ce lien d'emprunt qui est leur signe de reconnaissance et leur point de ralliement. On n'est pas dans la famille parce que l'on est fils, ou épouse, ou parent, mais parce que l'on est fils en puissance, épouse en puissance, parent par la soumission à une puissance actuellement commune..... En un mot, la famille romaine, création singulière d'un peuple né pour le pouvoir, n'est pas autre chose que l'ensemblée

---

1. C'est ce que les Romains appelaient les *justes noces* ; l'autre état de mariage reconnu par la loi, mais sans effets civils pour les enfants, était le concubinat (Pothier, *Du contrat de mariage*, nº 6).

2. THIERS, *De la propriété.*

3. TROPLONG, *De l'influence du Christianisme.*

des individus reconnaissant la puissance d'un seul chef... »

« Aussi voyez les conséquences de ce droit : le mariage, de lui seul, n'est qu'un lien insuffisant pour faire entrer l'épouse dans la famille de son mari ; elle reste donc dans sa propre famille, sous le nom de *matrona* ; elle y reste étrangère à celle de ses propres enfants. Mais si les noces sont suivies d'une année de possession de la femme par le mari..., alors la femme passe sous la puissance du mari ; elle devient *materfamilias*: cette puissance (le mot est arrivé jusqu'à nous, sans la chose) frappe surtout l'esprit par son caractère de hauteur sévère, car le mari est le juge de son épouse ; il peut, seul dans les premiers temps, plus tard dans un tribunal domestique où ses proches sont appelés, la condamner à mort ; il est le maître de sa personne et de ses biens ; à peu près comme si la conquête l'avait mise dans ses mains ; terrible réminiscence du rapt des vierges sabines. »

Et plus loin : « Le cri du sang trouve Rome sourde et impassible. »

Après ces tableaux, on comprend aisément le Sénat romain, la hauteur et la dureté de sa domination, la suite et la profondeur de sa politique. Elles furent la conséquence inévitable de cette constitution de la famille, où tout était fait pour la grandeur de l'homme et son pouvoir ; mais quelle a été la fin de ce régime où la nature humaine était si profondément méconnue ? L'Empire, Tibère, Néron, Caracalla, Domitien, Héliogabale, les orgies du despotisme devenu fou, les Barbares, Rome saccagée trois fois, et ses ruines s'amoncelant, et formant un sol épais de débris, sous lequel s'exerce, depuis des siècles, la science des antiquaires. La Rome ancienne, cette Niobé des nations, a parcouru, plus qu'aucune autre cité du monde, la série complète des grandeurs et des misères humaines.

Le christianisme a exercé sur la famille cette action profonde et sociale qui appartient à la vraie notion de Dieu, de sa puissance et de sa bonté. La famille a été transformée.

Le mariage est devenu indissoluble. Les droits de la femme ont été reconnus et consacrés ; dans la famille, elle est l'égale du mari ; la loi civile lui donne tout ce qui est nécessaire à sa dignité d'épouse et de mère. L'égalité des enfants est consacrée par la loi : aussi le respect et la tendresse sont-ils devenus le lien le plus fort des familles. Ce progrès, qui s'est ainsi accompli chez nous, — à travers et malgré la féodalité, dont les mœurs étaient encore dures et violentes, — à travers la Renaissance et malgré son penchant vers le passé, — à travers le grand siècle, et malgré les exemples déplorables et le double adultère du Roi, — à travers le xviii° siècle et malgré ses incertitudes, ses bizarreries et l'abandon apparent fait par la bourgeoisie de ses bonnes et fortes mœurs, — enfin à travers la Révolution et malgré ses crimes ; ce progrès, dis-je, est un des signes les plus consolants, les plus rassurants de notre temps et une des preuves les plus indiscutables de la marche en avant de l'esprit chrétien parmi nous.

La femme chrétienne n'a pas seulement gardé les vertus qui vivaient à l'ombre des gynécées grecs ou romains, et continué à mériter l'éloge que Xénophon a mis dans la bouche de Socrate[1] ; son rôle dans la famille et dans la société s'est, comme je l'ai dit tout à l'heure, agrandi, et ce rôle est considérable.

L'épouse chrétienne, la mère chrétienne, sont, dans la famille, les colonnes de l'ordre, du respect de la hiérarchie, du maintien et de l'affermissement des croyances religieuses.

L'épouse chrétienne veille à la dignité et à l'ordre moral de la maison conjugale. Ferme dans sa foi, mais tolérante pour tous, elle donne l'exemple de la prière et de l'accomplissement des devoirs religieux. Chaque matin, chaque soir, son mari la voit, simple, modeste et priant pour les siens : enseignement silencieux et fort qui, comme la goutte d'eau tombant sur le rocher, finit sûrement par traverser le roc si dur de l'apathie religieuse chez le sceptique ou le matérialiste.

Et nos mères ? N'est-ce pas sur leurs genoux que nous avons appris les premières prières ? En nous initiant à ces actes de foi et d'obéissance, elles nous ont enseigné le respect et l'amour de Dieu, et quand nous sommes passés de leurs douces mains dans les mains viriles, nos âmes et nos esprits avaient été préparés, inclinés, par leur tendresse et leur simplicité de cœur, à la soumission devant les mystères, à l'obéissance aux lois du devoir et de la morale.

---

1. « Je pense, dit Socrate, qu'une bonne ménagère contribue autant que le mari au succès des affaires ; c'est ordinairement par les labeurs de l'homme que les gains entrent au logis; ils se consomment, le plus souvent, par les mains de la femme.

« Quand ces deux points vont ensemble, les maisons réussissent ; quand ils vont mal, elles tombent en décadence. »

Quel est l'homme qui ne se rappelle, avec un attendrissement profond, sa mère le suivant du regard et de toute son âme au moment de sa première communion ? Ces germes ne périssent pas ; quelque jour ils se retrouvent vivants et tout-puissants.

Les sceptiques s'étonnent devant la vitalité indestructible du christianisme ; ils en cherchent le secret, et vont bien loin, font bien des efforts pour le trouver. Ne cherchez pas si loin ; regardez autour de vous, chez vous peut-être. L'esprit chrétien est là, gardé par l'épouse et par la mère.

Les familles tenues, sous l'inspiration de l'esprit chrétien, dans l'ordre, dans le respect des enfants pour le père et la mère, dans le respect du père et de la mère pour l'honneur et le travail, sont la force et la vraie richesse de l'État. La femme, et c'est sa grandeur, en même temps que son devoir, y exerce un rôle aussi important que celui du mari. C'est l'honneur de la chrétienté ; rien de pareil chez les nations non chrétiennes.

Les diverses conditions sociales ont bien évidemment les mêmes devoirs de famille ; la morale n'a pas deux codes ; mais, dans les familles des travailleurs, patrons et ouvriers, il y a quelques particularités à observer. Nous les rencontrerons dans le cours de cette *Étude*, et nous nous y arrêterons. Ici je ne veux signaler que quelques points principaux.

Dans le commerce et dans certaines fabrications, la femme du patron est très souvent l'associée du travail de son mari. Quand une jeune femme se décide à accepter ce labeur toujours le même et de tous les jours, où rien n'est donné à l'imagination, c'est qu'elle est profondément pénétrée du sentiment du devoir. Elle a trouvé devant elle une voie ouverte pour se soustraire à la vie oisive et à ses entraînements, et elle y est bravement entrée, au grand honneur de son cœur et de son esprit.

Les grandes villes surtout présentent de nombreux exemples de ce travail en commun si moral, et d'un exemple si moralisateur.

Chez les ouvriers, la situation la plus ordinaire, c'est que la femme garde et soigne les enfants et le ménage. Elle est ainsi dans son rôle naturel, et elle peut y développer les plus précieuses, les plus honorables et les plus aimables vertus. Par son activité, par sa vigilance, par son économie, par sa sérénité, elle peut assurer la paix, l'honneur, le bonheur du foyer.

Beaucoup plus aujourd'hui qu'autrefois, les jeunes femmes de condition ouvrière savent lire, écrire et compter. Avec ces éléments d'instruction bien employés la femme est presque toujours maîtresse chez elle, au grand profit du ménage. Qu'elle y apporte de plus le sentiment religieux avec douceur, simplicité, persévérance, et si le mari n'a pas perdu tout sentiment de dignité et de courage, cette famille est sûre de l'avenir et d'une vieillesse honorée.

Le travail en famille présente une autre combinaison dans laquelle la femme prend part elle-même au travail de son mari. Nous en rencontrerons de nombreux exemples ; des moralistes, des économistes préconisent le travail en famille comme le véritable idéal du travail industriel. Nous verrons ce qu'il faut penser de cette manière de voir où beaucoup d'exagérations se sont mêlées à la vérité; nous reconnaîtrons que, si le travail en famille ne peut pas se prêter à toutes les exigences industrielles, il reste l'une des combinaisons les plus heureuses du travail manuel.

Enfin, il se peut, — les exemples n'en sont que trop nombreux, — que, pressées par le besoin, par l'insuffisance du salaire ou par les dissipations du mari ou du père, les femmes, les filles aillent s'offrir elles-mêmes au travail manuel, et délaissent, pendant le jour, le foyer domestique. Nous nous trouvons ainsi en présence d'un des plus délicats et émouvants problèmes du travail. Nous l'étudierons avec l'attention et la sympathie qui lui sont dues.

CHAPITRE III

LE TRAVAIL

L'homme est sur la terre pour travailler. Par son intelligence ou par sa force, il doit obéissance et tribut à cette loi générale, universelle, qui est de tous les temps et de tous les pays.

A ceux qui trouvent que les choses de ce monde sont mal faites, on est en droit de demander de quoi ils rempliraient la vie humaine, s'ils en ôtaient le travail ; par quoi ils remplaceraient cette épreuve salutaire et féconde, cet enseignement viril et fortifiant.

Le travail est, pour l'homme, un des plus sûrs moyens de se connaître lui-même, de prendre, pour ainsi dire, sa mesure et d'arriver à cette estime honnête de soi, à ce légitime contentement qui est le fondement d'un des sentiments les plus préservateurs de la nature humaine : la dignité du caractère.

Le travail est l'ordre divin.

« Croissez et multipliez ; remplissez la terre et vous l'assujettissez[1]. »

1. *La Genèse*, chap. I, v. 28.

Tel est le champ offert à l'activité humaine, vaste champ, fécond, inépuisable. Mais ce bienfait n'est pas sans condition.

« Vous ne tirerez de la terre de quoi vous nourrir qu'après beaucoup de travail[1]. »

Le travail ! voilà donc la loi et la nécessité ; il faut se nourrir et nourrir sa femme et ses enfants ; il faut relever de soi-même dans cette tâche, la première de toutes ; c'est le devoir et c'est l'honneur du mari et du père.

Aussi le bon et honnête travailleur a-t-il bientôt pris rang parmi ceux qui avaient le plus de droits à l'estime des hommes. Le travail n'a pas tardé à être aussi honoré qu'il est honorable.

Le grand poète auteur des *Psaumes*, cette œuvre extraordinaire, dont la beauté lyrique n'a été égalée dans aucune littérature[2], le roi David a, dans le psaume CXXVII, tracé le tableau de la maison et de la famille du bon travailleur soumis à Dieu :

« 1. Heureux ceux qui craignent le Seigneur, et qui marchent dans ses voies.

« 2. Vous mangerez le fruit des travaux de vos mains, et, en cela, vous êtes heureux et vous le serez encore à l'avenir.

« 3. Votre femme sera dans le secret de votre maison, comme une vigne qui porte beaucoup de fruits.

« 4. Vos enfants seront autour de votre table comme de jeunes oliviers.

---

1. *La Genèse*, chap. III, v. 17.

2. « Horace et Pindare sont restés loin de cette poésie. » CHATEAU-BRIAND, *Génie du christianisme*, liv. IV, chap. III.

« 5. C'est ainsi que sera béni l'homme qui craint le Seigneur.

« 6. Que le Seigneur vous bénisse du haut de Sion afin que vous contempliez les biens de Jérusalem pendant tous les jours de votre vie.

« 7. Et que vous voyiez les enfants de vos enfants et la paix en Israël. »

Tout est dans ce poème, si court et si complet : le respect des lois divines avant tout ; le bonheur de vivre et de faire vivre les siens des fruits de son travail ; l'amour conjugal ; une femme partageant tous les secrets de la maison, donnant de bons conseils, soutenant son mari par son affection ; l'amour paternel et les enfants comparés à l'olivier, cet arbre d'autant plus fertile qu'on le cultive avec plus de soin, et qu'on l'émonde avec plus d'intelligence ; enfin, l'amour de la patrie, dans la contemplation des biens de Jérusalem, et, pour dernier mot, l'amour de la paix.

Jamais la poésie lyrique n'a tracé d'une main plus délicate, et avec une inspiration plus haute, un tableau plus vrai et plus touchant des meilleurs sentiments de la nature humaine.

Passons maintenant au Nouveau Testament.

Remarquons avons tout que Jésus a fait au travail le plus grand honneur qu'il pût recevoir, en le pratiquant lui-même[1] et en choisissant une partie de ses disciples parmi des ouvriers. Simon qui fut Pierre,

---

1. « On se souvenait, dans son Église naissante, des charrues qu'il avait faites, et la tradition s'en est conservée dans les anciens auteurs. Que ceux qui vivent d'un art mécanique se consolent et se réjouissent, Jésus-Christ est de leur corps. » Bossuet, *Élévations sur les mystères*.

André, Jacques et Jean fils de Zébédée, étaient des pêcheurs [1]. Mathieu était employé au bureau des impôts [2].

Paul travaillait à la confection des tentes [3].

L'Épître aux Éphésiens s'exprime comme il suit :

« Que celui qui dérobait ne dérobe plus, mais qu'il s'occupe en travaillant de ses mains à quelque ouvrage bon et utile, pour avoir de quoi donner à ceux qui sont dans l'indigence (ch. IV, v. 28).

« Nous vous conjurons..., de vous étudier à vivre en paix ; de vous appliquer chacun à ce que vous avez à faire ; de travailler de vos mains comme nous l'avons ordonné. » (*Épître aux Thessaloniciens*, ch. IV, v. 11.)

Ici nous arrivons à un texte dont un des versets, le dixième, isolé de ceux qui le précèdent et le suivent, a été reproché à saint Paul, comme un manquement à la charité. L'on va voir si ce reproche est juste.

« 8. Nous n'avons mangé gratuitement le pain de personne ; mais nous avons travaillé, jour et nuit, avec peine et fatigue, pour n'être à charge à aucun de vous.

« 9. Ce n'est pas que nous n'en eussions le pouvoir ; mais c'est que nous avons voulu vous donner en notre personne un modèle à imiter.

« 10. Aussi, lorsque nous étions avec vous, nous vous déclarions que celui qui ne veut point travailler ne doit point manger.

---

1. Saint Mathieu, chap. III, v. 18 à 21. Saint Marc, chap. I, v. 16 et 19.

2. Saint Mathieu, chap. IX, v. 9.

3. *Actes des apôtres*, chap. XXVIII, v. 3.

« 11. Or, nous avons appris qu'il y en a quelques-uns parmi vous dont la conduite n'est pas réglée, qui ne travaillent point, et qui se mêlent de ce qui ne les regarde pas.

« 12. Nous ordonnons à ces personnes, et nous les conjurons par Notre-Seigneur Jésus-Christ, de manger leur pain en travaillant en paix. » (2ᵉ *Épître aux Thessaloniciens*, ch. III, v. 8 à 12.)

Quelle belle et forte leçon d'un ouvrier à des ouvriers ! Quelle juste et honorable fierté de ce travailleur qui ne veut devoir son pain qu'à ses mains ! Leçon sévère sans doute, mais d'un apôtre !

Quant aux versets 11 et 12, quelles plus vraies et plus salutaires paroles pourrait-on inscrire aux portes des clubs démagogiques ! Il semble qu'elles sont d'hier et qu'on pourrait s'en servir demain.

L'Église a toujours gardé ces grandes leçons ; elle y a toujours conformé sa conduite et ses enseignements. Le travail et le travailleur ont toujours été pour elle l'objet d'une affection particulière, d'un respect qui ne s'est jamais démenti. Les Pères, les orateurs sacrés [1] nous donneraient des textes nombreux à cet égard ; mais ils viennent tous se résumer dans

---

1. Toutes les communions chrétiennes sont restées fidèles aux traditions de saint Paul sur le travail. Il n'est pas besoin d'autre preuve que cette belle page du docteur Channing : « Le travail n'est pas seulement le grand instrument qui couvre la terre de fertilité et de beauté, qui soumet l'Océan et plie la matière en mille formes agréables et utiles. Il a une mission bien plus élevée : c'est de donner de la volonté, de l'énergie, du courage, de la patience et de la persévérance. Malheur à qui n'a pas appris à travailler ! c'est une pauvre créature ; il ne se connaît pas lui-même. Il dépend d'autrui sans pouvoir lui rendre l'appui qu'il en reçoit. Et qu'il n'aille pas s'imaginer qu'il a le privilège du plaisir ! Le bien-être, le loisir, doivent au travail tout ce qu'ils ont de charmes ; nulle fatigue ne pèse autant que l'oisiveté à celui qui n'a rien pour occuper son esprit... »

des écrits émanés du pontife qui occupe aujourd'hui le Saint-Siège, et auxquels j'ai déjà emprunté de si beaux passages sur la science. Écoutons donc cette grande voix, nous disant les sentiments de l'Église pour le travail[1] :

« Est-il vrai que, dans l'Église et en suivant ses enseignements, l'homme ne puisse arriver, au point de vue du bien-être physique, à ce degré de civilisation qu'il pourrait atteindre, s'il était débarrassé de tout lien et de toute dépendance vis-à-vis d'elle ? Comme il nous est facile de répondre par les paroles d'un écrivain peu suspect de partialité pour l'Église ! « Chose admirable ! la religion chrétienne, qui ne « semble avoir d'autre objet que la félicité de l'autre « vie, fait encore notre bonheur dans celle-ci[2]. »

« En effet, remarquez-le, mes très chers diocésains, la première cause de la prospérité, c'est le travail, d'où découlent les richesses publiques et privées, les perfectionnements de la matière, et les découvertes ingénieuses. Or, le travail, qu'on le considère sous sa forme la plus humble qui est le travail manuel, ou sous sa forme la plus noble qui est l'étude de la nature pour en connaître les forces et les appliquer aux usages de la vie, qui l'a jamais mieux encouragé que la religion de Jésus-Christ conservée pure et inaltérable dans l'Église ?

« Le travail fut toujours dédaigné, et il l'est toujours là où le christianisme n'étend pas encore son bienfaisant empire. Aristote le proclamait indigne d'un

---

1. Mandements de Mgr Pecci, cardinal archevêque de Pérouse, déjà cités au chapitre I.

2. Montesquieu, *Esprit des lois*, XXIV, III.

homme libre. Platon le gratifiait de la même épithète.
Les ouvriers, qui furent toujours, de la part de
l'Église, l'objet de si tendres sollicitudes, n'étaient pas
regardés par les Grecs comme des citoyens; on les
reléguait presque au rang des esclaves...

« Cet état de choses cessa lorsque, dans le vaste
corps de la société, se fit sentir le souffle de la religion chrétienne... Toutes les belles et vraies pensées
sur le travail sont chrétiennes...

« Si donc le travail est une source de richesses, et
si la richesse publique est un signe de civilisation et
de perfectionnement humain, au point de vue du bien-
être extérieur et physique, on ne peut mettre en
doute que l'Église a des droits, historiquement incontestables, à la reconnaissance publique...[1] »

Dans quelle religion trouverait-on un pareil langage? Quel autre que Jésus a su l'inspirer et donner au
travail son véritable caractère? Mahomet et Bouddha,
qui ont rallié à leurs doctrines religieuses les nombreuses populations de l'Orient, n'ont absolument
rien du Christ sous ce rapport, l'un faisant la propa-
gande par la guerre et la conquête, l'autre, apôtre du
repos et de l'anéantissement intellectuel et moral,
ayant le lotos pour emblème[2], tous deux absolument
inconscients de la vertu moralisatrice et civilisatrice

---

1. Ce fut l'Église qui, en proclamant que Jésus était le fils d'un char-
pentier, et que ses frères étaient de simples ouvriers, fit connaître au
monde que le travail est honorable et nécessaire à l'homme. Ce
furent les moines qui le prouvèrent par leur exemple et qui contri-
buèrent ainsi à donner aux artisans la considération et la dignité
que leur avaient toujours refusées les sociétés antiques.
  Levasseur, *Histoire des classes ouvrières*, t. I, p. 136.

2. Le lotos est la fleur symbolique du sommeil et de l'anéantissement.

du travail, inspiré et fécondé par la religion. Aussi les populations de l'Orient sont-elles aujourd'hui, et depuis plusieurs siècles, à une immense distance des populations de l'Occident.

La Chine, par exemple, possède à elle seule une population qui égale et dépasse peut-être celle de l'Europe entière. Le Chinois est un excellent ouvrier, sobre, discipliné, plein d'ardeur, — et d'une ardeur soutenue, — au travail. Eh bien, ce bon travailleur est sans génie d'invention et de progrès. Il est la routine et l'imitation incarnées, et rien de fort, rien de nouveau ne sort de ces esprits indolents et fermés dont les bras sont si actifs, et les facultés intellectuelles ou morales si profondément endormies. D'où vient ce phénomène bizarre ? De ce que le Chinois porte dans son âme la nuit morale et religieuse. Ce que les observateurs les plus accrédités rapportent de l'état de la religion, de la civilisation et du profond abrutissement des multitudes de l'*Empire du Milieu* est à faire frémir[1]. La peine de mort y est le moyen le plus habituel de police ; les supplices les plus cruels y sont d'un emploi journalier, et l'on peut dire, sans exagération, que le bourreau est, en Chine, le plus occupé des fonctionnaires publics.

On prétend que la religion diminue en Europe ; je ne le crois pas ; mais avec quelle terreur ceux qui le croient doivent-ils se demander si l'avenir de la Chine nous est réservé, et si nous marchons réellement à cet abaissement !

Et combien sont insensés et criminels ceux qui

---

1. On en trouvera le détail à l'appendice C.

s'efforcent de détruire parmi nous nos croyances, et, avec elles, la dignité du genre humain !

Nous venons d'envisager le travail au point de vue religieux. Considérons-le maintenant au point de vue rationnel et social.

L'homme est doué de trois sortes de facultés : celles de l'âme, celles de l'esprit, celles du corps. Il les reçoit très diverses et très inégales, non seulement entre elles, mais par comparaison avec celles d'autrui.

Il n'est pas de fait providentiel plus visible, plus incontestable que l'inégalité naturelle des hommes entre eux, sous le rapport de leurs facultés morales, intellectuelles et physiques. L'éducation, l'instruction, la culture de l'esprit, les soins donnés au corps et à la santé peuvent diminuer l'écart quelquefois considérable qui existe d'un homme à un autre homme, mais ne l'effacent jamais.

Tout cela est rigoureusement vrai ; il est réellement inouï qu'on ait essayé de nier une vérité aussi sensible, aussi générale. Des rêveurs l'ont tenté cependant, mais ils ne méritent pas une réfutation [1].

Le philosophe qui ne veut juger des choses qu'avec ce qu'il appelle les lumières de la raison, le croyant,

---

1. M. Cabet, dans son *Icarie*, a écrit :

« On peut bien dire, dans le sens le plus général, que la nature a fait tous les hommes égaux en force. Elle les a faits même égaux en intelligence. Leurs organes étaient les mêmes en naissant et avaient la même destination... Ce n'est pas la nature, mais la société qui fait les hommes inégaux en intelligence. »

On ne réfute pas de telles aberrations, qui sont absolument le contraire de la réalité. Proudhon a soutenu l'égalité native dans son livre des *Contradictions économiques*. Mais, dans son livre postérieur sur la *Propriété*, il a déclaré qu'il ne pouvait plus partager cette doctrine.

le penseur, religieux ou non, sont d'accord sur ce point fondamental de l'inégalité native des hommes entre eux dans l'ordre triple de leurs facultés.

Mais, entendons-nous bien. Si l'inégalité des hommes entre eux est d'ordre divin, rien n'autorise l'homme à l'aggraver par un fait humain.

Ainsi, quand les hommes procèdent comme législateurs, et engagent leur responsabilité dans cet emploi assurément très haut et très difficile de leurs facultés morales et intellectuelles, ils s'appliquent, — du moins dans les sociétés civilisées, — à assurer l'égalité de tous devant la loi. L'œuvre humaine s'inspire ici de ce qu'il y a de plus pur dans la loi divine, et réalise le plan de la Providence, loin de le contrarier.

Si elle se résolvait en une inégalité devant la loi humaine, elle irait à l'encontre de l'égalité de tous devant Dieu; Dieu, ne l'oublions jamais, ne mesure pas ses récompenses ou ses peines aux facultés natives qu'il a faites inégales, dans une vue supérieure à notre entendement, mais les distribue à raison de ces facultés, selon les mérites de chacun.

Quand Descartes écrit son livre de la *Méthode*, quand Bossuet compose ses œuvres immortelles, quand Newton découvre les lois de la gravitation, et Képler, celles qui portent son nom, quand Cuvier, avec un petit fragment d'os, restitue intégralement le squelette d'un animal préhistorique, et fonde l'anatomie comparée sur une base indestructible, quand un missionnaire se dévoue à l'enseignement des sauvages, quand un médecin donne ses soins gratuits aux pauvres, ils acquièrent des titres incontestables à l'admiration ou à la reconnaissance publiques; mais, au regard de la justice divine, ont-ils plus de droits que le simple manœuvre qui, penché tout le jour vers la terre, a honnêtement donné toute sa force à son travail et à celui qui le paye? Non, assurément. Ces hommes, si divers, ont fait diversement emploi de leurs facultés morales, intellectuelles ou physiques; tous ont fait ce qu'ils ont pu; donc, sous ce rapport, ils sont égaux devant Dieu.

Cette équité rigoureuse que la société doit à tous et à chacun de ses membres inégalement doués de Dieu, est d'autant plus indispensable que, de l'inégalité native des hommes entre eux, découle, comme conséquence forcée, inéluctable, l'inégalité des conditions, c'est-à-dire, l'un des problèmes les plus agités dans tous les temps et particulièrement dans le nôtre. Il n'en est pas, selon moi, de plus simple; mais cette simplicité n'existe que pour ceux qui, croyant en Dieu, acceptent et respectent l'inexplicable dans ses desseins, et s'inclinent devant la profondeur — inaccessible aux hommes — de ses voies. Pour eux, l'inégalité des conditions est un effet, non une cause; c'est l'effet inévitable de l'inégalité native des dons de Dieu, inégalité qu'il faut bien appeler de son nom : c'est un mystère, et l'on ne peut que s'y soumettre. Mais pour les sceptiques et les athées, cette inégalité inexplicable est injuste et intolérable. Ils sont ainsi fatalement conduits à imputer à la société, comme une iniquité criante, émanant d'elle, ce mystère qui est en dehors et au-dessus de toutes les organisations humaines; mystère qu'il nous est ordonné de ne pas aggraver, qu'il nous est même possible d'adoucir dans ses effets, quand nous voulons suivre les conseils de l'esprit chrétien, mais mystère contre lequel il est puéril de se révolter. L'homme n'a pas pouvoir de révolutionner l'œuvre divine; c'est bien assez qu'il en ait quelquefois l'ambition.

La conséquence forcée de l'inégalité dans l'intelligence et la force, est l'inégalité des aptitudes dans le travail, et leur diversité, d'où naît la diversité des professions; et, par suite, l'inégalité des situations sociales. Tous les travaux, en effet, n'ont pas la même valeur intrinsèque et sociale; tous les services rendus, publics ou privés, ne sont pas égaux; donc, tous n'ont pas droit à la même rémunération. Les diverses conditions sont donc inégales, de toute nécessité, comme valeur ou comme récompense; d'où la différence et l'inégalité des situations sociales.

Tout cela est de la plus évidente vérité; aussi, dans les discussions auxquelles donne lieu aujourd'hui l'inégalité des conditions, ce n'est généralement plus le principe même que l'on conteste. Comment soutenir, en effet, l'égalité native des facultés données à chaque homme? Il n'est pas de phénomène naturel plus visible, plus manifeste, quel que soit d'ailleurs le mystère qui couvre le dessein de Dieu.

Mais ce que l'on soutient, c'est que la société doit rétablir l'égalité; qu'elle le peut et qu'elle le doit. Aberration orgueilleuse et puérile! Insolente envers Dieu, qu'on accuse d'injustice; inepte vis-à-vis de la société, à qui l'on suppose une puissance qu'elle n'a pas. Demander à la société de rétablir entre les hommes l'égalité des situations, c'est méconnaître, en effet, la nature humaine aussi bien dans ses grandeurs que dans ses faiblesses ; c'est mêler tout ce que Dieu a séparé, l'intelligence et la force musculaire ; c'est une œuvre contre nature et qu'il faudrait, en tout cas, recommencer tous les matins, l'égalité faite à la première heure du jour ayant cessé à la dernière, par l'inégal emploi des facultés de chacun. Combien d'Ésaü auraient vendu le matin leur droit, sinon pour un plat de lentilles, au moins pour une bouteille de vin, et auraient passé le jour dans l'oisiveté, sauf à insulter et à maudire demain Jacob, ce tyran, ce capitaliste, qui aurait eu l'immoralité de travailler tout le jour, de tout son cœur, de toutes ses forces, et se trouverait ainsi plus riche qu'eux, lui, pour avoir fait son devoir, eux pour l'avoir méconnu !

La vérité n'est pas dans ces aberrations ; ce que la société doit à tous et à chacun de ses membres, nous l'avons déjà dit, c'est l'égalité devant la loi, et pourquoi ? C'est que la loi est purement humaine, et qu'en créant, à son tour, des inégalités, elle risquerait de parodier et d'empoisonner l'œuvre suprême d'inégalité native dont le secret se dérobe à elle.

Assurer l'égalité devant la loi, c'est, — pour l'objet qui nous occupe, — assurer la liberté du travail, en tenir les portes bien ouvertes, les voies largement dégagées, de manière à rendre accessibles les diverses carrières du travail. Donner cette facilité aux hommes, ce n'est pas contrarier le plan de la Providence, c'est le réaliser autant qu'il est au pouvoir humain. La diversité infinie des facultés aussi générale, aussi permanente que la diversité des visages, a pour complément indispensable la liberté, au moyen de laquelle chaque homme peut le mieux développer ses dons naturels.

La liberté, sans doute, n'est pas plus ici qu'ailleurs une panacée universelle. Elle exalte l'orgueil humain bien plus souvent qu'elle ne le réduit, et l'orgueil est un conseiller aussi actif que dangereux dans le choix d'une carrière. Combien d'hommes, parfaitement et seulement propres aux travaux manuels, se croient, pour quelques lueurs d'intelligence un peu plus vives que celles de leurs camarades, appelés à un grand avenir intellectuel ! Combien, au lieu de la pioche et de la lime, prennent la plume, espérant passer des bas-fonds de la littérature ou de la presse à ces fonctions électives que l'imbécillité du suffrage universel décerne quelquefois à des énergumènes destinés à devenir la honte et le fléau des assemblées ! Combien d'individus médiocres se déclassent ainsi, et combien de ces déclassés encombrent les avenues électorales ! Spectacle lamentable et qui dégoûterait de la liberté si elle n'était pas d'ailleurs si nécessaire et si féconde, surtout pour le travail.

En donnant la liberté au travail, la société lui rend ce qu'elle lui doit. Le travail, en effet, est, avec la religion, le fondateur de la liberté civile et politique, en Europe. Je ne chercherai pas d'autre preuve que l'histoire même de notre pays.

C'est le travail qui a lentement formé les richesses au moyen desquels nos pères ont payé les premières libertés communales aux seigneurs féodaux, dont l'Église, de son côté, par ses enseignements et sa fermeté, inclinait peu à peu les cœurs vers un gouvernement plus humain, c'est-à-dire plus partagé. Nos pères, ces hommes religieux, laborieux, économes, créaient et amassaient ces capitaux qui allaient payer les guerres ou les plaisirs de leurs seigneurs, et constituaient la commune, ce premier et indispensable élément de toute liberté politique.

M. Guizot, dans sa belle *Histoire de la civilisation*[1], a montré l'importance considérable du rôle joué par le Tiers état dans notre pays.

« C'est en France, dit-il, que la population des communes, la bourgeoisie s'est développée le plus complètement, le plus efficacement, et a fini par acquérir la prépondérance la plus décidée...

« Ce fait est grand ; il est nouveau, il est national, aucune source d'importance ou d'attrait ne lui manque... »

« Où le Tiers état a-t-il pris cette force, cette persévérance qui nous le montre s'échappant à grand'peine du sein de la servitude ou d'une condition voisine de la servitude, et employant des siècles à conquérir son existence civile », puis s'élevant à la prépondérance politique ? Tout est dû au travail, et nul fait historique n'est plus honorable. Les travailleurs honnêtes et persévérants qui ont accompli leur œuvre à travers tant d'obstacles, avec tant de courage et de patience, et grâce à Dieu, avec tant de succès, ont droit à la reconnaissance et au respect des générations qui les ont suivis.

Résumons-nous :
Le travail est d'ordre divin.

1. *Histoire de la civilisation en France*, xvi⁰ leçon.

La liberté du travail est de droit naturel.

Se peut-il donc que cette loi suprême contienne en germe aussi, comme on l'en accuse, la misère sociale? Les sociétés sont-elles donc si abandonnées de la Providence, si dénuées d'entrailles, si sourdes à la voix de la justice, si aveugles sur leur propre intérêt, qu'il n'y ait qu'iniquité, violence, oppression, dans leurs divers régimes du travail? Ce monde du travail, est-ce Satan qui y règne en maître, comme le proclament ceux-là surtout qui ne croient pas en Dieu?

Il faudrait renoncer à la qualité d'homme et de chrétien, s'il en était ainsi.

Mais il n'en est pas ainsi; il n'y a là que de pures fictions démagogiques, que d'audacieuses manœuvres de l'esprit de révolution.

C'est ce que la suite de ce livre démontrera surabondamment.

CHAPITRE IV

LA PROPRIÉTÉ

> « L'homme a deux grands mobiles de sol-
> licitude et d'amour : ce sont les affections ;
> c'est la propriété. »
> ARISTOTE, *La Politique*, t. II, chap. II.

La propriété est d'ordre divin; si l'on veut user seulement de la langue scientifique, elle est de droit naturel.

Tous les penseurs — je ne parle ni des utopistes,
ni des révolutionnaires — lui ont reconnu ce double
caractère[1].

La propriété, en fait, est antérieure à la loi. Comme
principe, elle lui est supérieure. La propriété est l'un

---

1. « On cherche si l'origine du droit de propriété est humaine ou
divine ; question de mots, ceux qui croient que cet univers est
l'œuvre d'un Être suprême doivent dire sans hésiter qu'elle est à la
fois divine et humaine. » (Thiers, *Discours sur le droit au travail*,
13 septembre 1848.)

« La propriété est d'origine divine. » Glasson, *Éléments du droit
français*, t. I, p. 236. (Cet ouvrage, de publication récente, mérite
d'être lu et médité. Les origines morales, les nécessités sociales des
grands principes de justice y accompagnent toujours l'exposé de
chacune des parties essentielles de la science. C'est la réponse, et
une réponse courageuse, aux doctrines révolutionnaires avec lesquelles on essaye d'empoisonner aujourd'hui l'étude du droit.

Nous pensons que la propriété est d'institution divine. » (F. Bastiat, *Sophismes économiques*, t. I, *Propriété et loi.*)

« Dans notre civilisation chrétienne, la propriété est un droit
divin. » (Général Ambert, *L'Héroïsme en soutane*, p. 108.)

« La conscience humaine a toujours regardé la propriété comme
un droit naturel, par cela seul qu'elle a toujours regardé comme
une obligation morale le devoir de la respecter. » (Baudrillart, *Études
de philosophie morale et d'économie politique*, t. II, p. 59.)

des fondements de l'ordre social. La loi ne la crée pas ;
elle la constate et, au nom de l'intérêt général, elle la
défend contre la violence et la spoliation[1].

Mais à quoi la propriété doit-elle ce caractère éminent qui fait d'elle une des assises fondamentales des
sociétés humaines ? Elle le doit à ce qu'elle a elle-
même pour origine et pour fondement la nature
humaine, ses sentiments les plus intimes et les plus
forts, ses tendances de tous les temps, de tous les
états de société et de civilisation, sentiments d'autant
plus vivaces, tendances d'autant plus impérieuses que
l'homme s'est plus élevé en liberté, en respect de soi-
même et en moralité[2].

1. « Bien loin que la propriété ait son origine et son titre dans les combinaisons savantes de l'utile, et dans l'autorité de la loi, c'est la propriété qui préexiste à la loi ; c'est elle qui a rendu la loi nécessaire, et
qui ne cesse de lui communiquer son caractère sacré. » (Baudrillart,
Études de philosophie morale et d'économie politique, t. II, p. 61.)

« Ce n'est pas parce qu'il y a des lois qu'il y a des propriétés ;
mais parce qu'il y a des propriétés, qu'il y a des lois.

« Les économistes pensent que la propriété est un fait providentiel comme la personne. Le Code ne donne pas l'existence à l'une
plus qu'à l'autre...

« Il est si vrai que la propriété est antérieure à la loi, qu'elle est
reconnue même par les sauvages, qui n'ont pas de lois, ou, du
moins, de lois écrites. Quand un sauvage a consacré son travail à
se construire une hutte, personne ne lui en dispute la possession ou
la propriété. Sans doute, un autre sauvage plus vigoureux peut l'en
chasser ; mais ce ne sera pas sans indigner et sans alarmer la tribu
tout entière. C'est même cet abus de la force qui donne naissance à
l'association, à la convention, à *la loi*, qui met la force publique au
service de la propriété. Donc, la loi naît de la propriété, bien loin
que la propriété naisse de la loi.

« La mission de la loi est de faire respecter la propriété : ce n'est
pas la propriété qui est conventionnelle, c'est la loi. »... (F. Bastiat,
Sophismes économiques, t. I, *Propriété et loi*.)

2. La propriété est la conséquence forcée et légitime de la nature
et de la destinée de l'homme. » (Glasson, *Éléments du droit français*,
t. I, p. 236.)

« La propriété est une conséquence nécessaire de la constitution
de l'homme.

« Il y a des publicistes qui se préoccupent beaucoup de savoir com-

Pour bien se rendre compte de ces vérités essentielles, il faut définir la propriété, telle que l'ont faite faite le christianisme et le progrès successif de la raison humaine.

La propriété est la libre et sûre possession et transmission de tout ce qui est légitimement appropriable par l'homme. Ce n'est pas la seule appropriation foncière, c'est aussi toute appropriation mobilière, c'est même le produit du travail intellectuel. C'est, en un mot, tout capital, tout avoir, créés par l'homme ou à lui transmis par don régulier, ou par héritage.

C'est par une habitude erronée de langage qu'on prend généralement le mot de propriété dans le sens de propriété foncière, de bien-fonds, d'immeubles. Il n'est plus un économiste qui admette ce sens restreint du mot[1].

Les terres, les maisons, les usines, l'or, l'argent, les valeurs commerciales ou fiduciaires, les instruments et outils de travail, les machines, les fruits du travail intellectuel ou matériel, les inventions, les œuvres d'esprit ou de l'art sont appropriables et donnent ouverture au droit de propriété[2]. Il y faut

ment Dieu aurait pu faire l'homme ; pour nous, nous étudions l'homme tel que Dieu l'a fait ; nous constatons qu'il ne peut vivre sans pourvoir à ses besoins ; qu'il ne peut pourvoir à ses besoins sans travail, et qu'il ne peut travailler, s'il n'est pas sûr d'appliquer à ses besoins le fruit de son travail.

« C'est en raison de ces faits primordiaux, conséquences nécessaires de la constitution même de l'homme, que la loi intervient... » (F. Bastiat, *Sophismes économiques*, t. I, *Propriété et loi*.)

1. « J'avertis d'abord que je prends le mot de propriété dans le sens le plus général, et non au sens restreint de *propriété foncière* : je regrette, et probablement, tous les économistes regrettent avec moi que ce mot réveille involontairement chez nous l'idée de la possession du sol. » (Bastiat, livre déjà cité.)

2. « La propriété est devenue de plus en plus personnelle, et par

une condition toutefois, mais elle est indispensable, c'est que ces biens de toute nature aient été produits ou acquis par des moyens conformes aux lois. Dans ce cas, le possesseur a droit à la protection des lois, et ce droit est absolu.

Le droit de propriété sur toutes choses appropriables remonte à l'antiquité la plus reculée; nous le trouvons même chez les patriarches, et consacré par la Bible. « Abraham était très riche, et avait beaucoup d'or et d'argent... Le Seigneur lui dit : « Vous aurez pour héritier celui qui naîtra de vous[1]. »

La loi de Moïse, celle de Manou[2], qui sont postétérieures de plusieurs siècles à celle de Moïse et dont on croit retrouver les traces dans la législation grecque, cette législation, puis celle des Romains, et successivement celles de toutes les nations entrant dans la civilisation, ont reconnu le droit de propriété, et lui ont toutes assuré la protection de la loi.

Le résumé des cahiers de 89, présenté à l'Assemblée constituante, le 23 juillet 1789, contient la déclaration suivante, art. VIII : « La propriété est sacrée. »

là même, tant cette idée de personnalité est loin ici d'être un synonyme d'égoïste privilège, de plus en plus ouverte à tous, moyennant le travail qui est une propriété en puissance, et qui puise une rémunération toujours croissante dans la masse des richesses qu'il accroît indéfiniment : c'est ce qui fait qu'il y a, de nos jours et dans notre pays, plus de personnes qui possèdent, plus de choses qui sont possédées, et que ces choses le sont plus complètement : c'est ce qui fait que la propriété, la plus individuelle, celle des idées et la plus liée à l'intérêt personnel... est aussi la plus sociale ; c'est enfin ce qui explique qu'à mesure qu'elle s'est approchée, de l'idée pure du droit, elle s'est spiritualisée davantage, s'attachant de nos jours, et devant s'attacher plus encore dans l'avenir, à l'idée, aux œuvres de l'esprit, et non plus seulement à la terre, à l'argent et aux biens mobiliers... » (Baudrillart, livre déjà cité.)

1. *Genèse*, XIII, 2 et XV, 4.

2. Législateur indien qui vivait douze siècles avant Jésus-Christ.

La déclaration des droits de l'homme, 26 août 1789, reconnaît la propriété inviolable et sacrée. Les constitutions de 1791 et de 1793, contiennent cette même déclaration[1].

La Charte de 1814, celle de 1830 consacrent le même principe.

La constitution de 1848 déclare dans son préambule, § IV, que la République française... a pour base la famille, le travail, la propriété, l'ordre public, et dans son § VIII, que la République doit protéger le citoyen dans sa personne, sa famille, sa religion, sa propriété, son travail; et enfin, dans son article 14, elle déclare toutes les propriétés inviolables.

La constitution de 1852, dans son article 1er, reconnaît, confirme et garantit les grands principes proclamés en 1789.

Enfin, le Code civil définit comme suit le droit de propriété : « Art. 544. — La propriété est le droit de jouir et disposer des choses de la manière la plus absolue, pourvu qu'on n'en fasse pas usage prohibé par les lois ou règlements.

« Art. 545. Nul ne peut être contraint de céder sa propriété, si ce n'est pour cause d'utilité publique et moyennant une juste et préalable indemnité.

« Art. 546. La propriété d'une chose, soit mobilière, soit immobilière, donne droit sur tout ce qu'elle produit et sur tout ce qui s'y unit, soit naturellement, soit accessoirement. Ce droit s'appelle droit d'accession. »

---

1. Le 18 mars 1793, deux mois à peine après la mort du roi, la Convention, en présence d'émeutes qui avaient pour drapeau la loi agraire, prononça, à l'unanimité, la peine de mort contre quiconque proposerait la violation de la propriété.

On voit que, pour notre législation civile, la propriété foncière et la propriété mobilière ne sont qu'une seule et même chose : la propriété. Il n'en saurait être autrement. Le travail est surtout créateur de richesse mobilière ; cette richesse légitimement acquise n'est pas moins sacrée que la terre que j'ai reçue de mon père ou acquise avec les fruits mobiliers de mon travail.

Avant d'aller plus loin, il importe de montrer ce que la notion et le droit de propriété doivent au christianisme. Nous avons vu, dans le chapitre précédent, ce qu'il a fait pour la famille ; il a exercé une action semblable sur la propriété. Et comme c'est le droit romain qui s'est transmis directement à la chrétienté, voyons d'abord ce que le droit de propriété a été sous le paganisme.

« Le droit civil des Romains[1] a été empreint, à son origine, de cette rudesse théocratique et aristocratique inséparable de toutes les époques appelées héroïques par Vico. Il est sorti du sein d'un patriciat religieux, militaire et politique, qui a gravé en lui ses souvenirs de conquête, ses instincts d'immobilité, ce génie formaliste, jaloux, dominateur, nourri à l'école sombre et forte de la théocratie étrusque. Ne cherchons pas dans ce droit primitif l'action efficace de l'équité naturelle... La notion simple du juste et de l'injuste y est défigurée par la farouche enveloppe d'institutions qui sacrifient la nature à la nécessité

---

1. Troplong, *De l'influence du christianisme sur le droit civil des Romains*.

politique, la vérité innée aux sacrifices légaux, la liberté aux formules sacramentelles.

« Dans l'ordre civil, comme dans l'État, Rome ne vise qu'à former des citoyens, et plus elle accorde de privilèges et de grandeur à ce titre éminent, plus elle exige, de la part de celui qui le porte, de sacrifices à la patrie, voulant qu'il abdique, pour l'intérêt public, ses affections, ses volontés et jusqu'à sa raison intime... » (P. 19 et 20.)

« Le droit civil ne reconnaît pour légitime qu'un seul droit de propriété (*dominium*). C'est celui qu'il a organisé suivant les idées systématiques qui lui sont propres, et qu'il appelle le domaine par excellence, la propriété *ex jure quiritium*[1]. La propriété quiritaire donne un droit absolu ; elle permet de se poser en face des tiers, et de revendiquer la chose à l'égard de tous... » (P. 38 et 39.)

« Deux siècles écoulés, depuis la fondation de Constantinople, avaient décomposé l'élément de la cité romaine. Le monde était acquis à la foi catholique. Le temps était donc venu d'en finir avec le fétichisme du droit strict si contraire à l'esprit chrétien... Justinien l'attaqua corps à corps, et le pourchassa dans tous les replis de la jurisprudence, au profit de l'égalité... Il accommoda les textes à un droit plus simple, plus équitable, plus philosophique... Chrétien et homme de son époque, il osa trancher dans le vif les racines d'un passé aristocratique et païen ».

« De mémorables témoignages signalent cette conclu-

---

1. *Quiris*, ainsi s'appelait le citoyen romain investi de tous les droits que donnait ce titre, dont Rome était si jalouse.

sion… L'égalité s'empare des personnes et des choses ; elle efface les différences entre tous les affranchis et nivelle les rangs libres en même temps qu'elle améliore le sort des esclaves ; elle ne fait plus de différence entre la parenté masculine et la parenté par les femmes, ce qui amène la dissolution de la famille romaine. Elle met sur le même pied les choses *mancipi*[1] et les choses *nec mancipi*, ce qui est la dissolution de la propriété romaine. Par là, cessent les différences entre la propriété civile et la propriété naturelle. » (P. 140 à 142.)

« Justinien a épuré, rationalisé le droit ; il l'a élevé à un niveau que le Code civil (français) a pu seul dépasser après treize siècles de préparations et d'épreuves. Et tandis que, sous tant de rapports, la société penchait vers la barbarie, il a fait marcher en avant l'une des branches les plus importantes du gouvernement des hommes. C'est que le christianisme était l'âme de ses travaux, et qu'avec cette grande lumière, il n'y a pas d'éclipse centrale à redouter pour la civilisation. » (P. 145 et 146.)

Ainsi, d'absolument fermée qu'elle était, de cessible et transmissible à la seule et toute-puissante volonté du citoyen romain, — *civis romanus*, — la propriété s'est élargie, élevée, sous l'influence chrétienne, et est devenue ce que nous la voyons aujourd'hui, embrassant toute terre, tout capital, toute richesse, dans son

---

1. Les choses *mancipi*, c'est-à-dire assujetties, étaient : 1° les fonds de terre, les maisons de ville et de champs de la Campagne romaine, *Ager romanus*, et plus tard de toute l'Italie ; 2° les esclaves ; 3° les animaux de cheptel et de faix. On ne pouvait les acquérir qu'autant qu'on était citoyen. Les étrangers ne pouvaient pas posséder. L'aliénation n'était permise au citoyen romain que sous condition de solennités religieuses et politiques.

droit et sa transmission, accessible à tous par le travail devenu libre, ouverte à toutes les initiatives, à toutes les inventions et créations du génie de l'homme. Du quiritaire romain au propriétaire français, il y a la féconde et bienfaisante distance du paganisme au christianisme.

Aussi l'histoire confirme-t-elle les enseignements que nous devons à l'étude comparée du droit païen et du droit chrétien. On peut dire, en s'appuyant de l'expérience universelle, que la liberté civile et politique, le progrès des sciences et des arts sont en raison directe de la sûreté, de la sécurité, de la propriété individuelle, familiale, transmissible.

Partout où le principe de la propriété est purement civil et politique, où il est subordonné à la loi, au lieu de lui être supérieur, où la loi le crée au lieu de le constater ou de le défendre, la propriété tombe dans les mains de l'État, dépend du souverain, et s'avilit dans l'inquiétude et l'abandon. La Turquie, les Indes sont à cet égard des témoins irrécusables[1].

---

1. « Le sol se trouve ordinairement à l'état de propriété individuelle. C'est là un des traits caractéristiques de toute société civilisée. Demeures fixes, appropriation du sol et société régulière, ce sont là trois choses qui n'ont jamais été séparées l'une de l'autre dans l'esprit de l'homme, trois faits que l'histoire présente toujours réunis.

« Qui ne sait que la production territoriale serait à peu près nulle sans l'appropriation ?... » (Rossi, *Économie politique*, t. II, 1ʳᵉ leçon.)

On connaît la célèbre objurgation de Rousseau contre la propriété :

« Le premier qui, ayant enclos un terrain, s'est avisé de dire : « Ceci est à moi, » et a trouvé des gens assez simples pour le croire, fut le vrai fondateur de la liberté civile. Que de crimes, que de guerres, que de meurtres, que de misères et d'horreurs n'eût pas épargnés au genre humain celui qui, arrachant ces pieux et comblant ces fossés, eût dit à ses semblables : Gardez-vous d'écouter cet

Ce ne sont là ni des faits indifférents ou contestables, ni des principes abstraits ou illusoires. C'est le fond même de la question de la propriété ; si elle n'est pas antérieure ou supérieure à la loi, elle n'est pas ; car ce que la loi a fait, elle peut le défaire. Mais la loi peut-elle refaire la nature humaine ? C'était, je le sais bien, la prétention de J.-J. Rousseau, c'est-à-dire d'un homme qui a passé sa vie à mettre un désaccord honteux et odieux entre ses actes et ses paroles ; mais une telle prétention n'est assurément pas une raison.

Il n'est permis ni possible à personne de changer la nature humaine, qui est bien, elle, antérieure et supérieure à la loi ; comment donc penser à changer son principal mobile, le désir et l'instinct de la propriété, qui sont nés dans l'homme en même temps que les affections de la famille ? Et, si on ne le peut pas, comment contester à la propriété d'être un droit naturel et d'ordre divin ?

C'est du sentimentalisme, dit-on ; il importe peu, si c'est en même temps l'évidence. Mais on insiste et l'on soutient que cette manière de raisonner n'est pas scientifique et qu'il est au moins inutile d'encombrer la science de ce genre d'arguments. La nécessité de la propriété, dit-on, se déduit des faits et de la nature des choses avec tant de force, que sa justice en découle

imposteur ; vous êtes perdus si vous oubliez que les fruits sont à tous, et que la terre n'est à personne ! » *Discours sur l'inégalité des conditions parmi les hommes.*

M. Rossi répond (*Cours d'économie politique*, t. II, leçon 4ᵉ) :

« C'est un démenti donné à l'observation et à l'histoire que de présenter la prise de possession du sol comme une fantaisie : elle a été un effet de nos instincts, l'accomplissement d'une loi de notre nature. L'humanité, prise en masse, n'a pas eu heureusement à opter entre la vie sauvage et la société, entre la vie errante et l'appropriation du sol ; le choix a été l'œuvre de la Providence. »

comme un inéluctable corollaire. Que demandez-vous
de plus ? Nécessaire, donc juste ; qui songera à atta-
quer le principe, l'institution qui ont ce double et sacré
caractère ?

Un païen, — il est vrai que ce païen est Cicéron, —
nous fournit la réponse dans son traité des *Devoirs* :
« Il ne faut pas dire : Telle chose est utile, donc elle
est juste ; mais telle chose est juste, donc elle est
utile [1]. »

On peut donc affirmer que les écrivains qui ont
démontré le droit de propriété par sa nécessité et son
utilité n'en ont pas donné la preuve la plus forte, ni
la plus morale, ni la plus sociale ; n'en ont pas donné
la vraie preuve. Le droit naturel ne se démontre pas
scientifiquement, mais psychologiquement ; c'est à
l'âme qu'il faut s'adresser ; c'est la nature humaine
qui répond par ses penchants les plus nobles et les
plus vivaces.

En général, les auteurs économistes ou moralistes,
qui ont écrit sur le droit de propriété, se sont montrés préoccupés du besoin de rechercher, pour leur
thèse, les arguments spéciaux les plus propres à être
opposés, comme une digue infranchissable, aux violences dont la propriété peut être menacée par les
socialistes et les démagogues. C'est, selon moi, le
petit côté de cette grande question.

Je ne sais pas, — et qui peut le savoir ? — s'il entre
dans les plans de la Providence que les ennemis des
sociétés régulières arrivent, un jour et pour un jour,
au pouvoir ; mais s'ils y arrivent, qui les empêchera

____

1. *De officiis*, liv. III, p. 8.

de porter la main sur la propriété? Ce ne seront pas, sans doute, leurs préjugés. Seulement, du jour de cet attentat, datera leur chute. Les droits naturels sont plus forts qu'eux ; ils les engloutiront.

Ce qui doit guider ici les penseurs, c'est uniquement la vérité, parce que, si elle fait lentement son chemin dans la pensée humaine, elle l'y fait sûrement et ne recule pas ; parce que l'opinion publique s'élève ainsi à la vraie conception du bien et du vrai, par un travail latent, intime, par une transformation d'autant plus profonde qu'elle a été plus réfléchie, et parce qu'elle a mûri au seul soleil de la vérité.

L'on se rappelle le mouvement extraordinaire qui a emporté les esprits vers les questions sociales à la suite de la Révolution de 1848. Toutes les thèses furent soulevées, celle de la propriété la première et avec l'effort le plus violent. Alors apparut la célèbre formule : *La propriété, c'est le vol*. La stupéfaction fut grande ; il semblait qu'on entendît un écho de 93, et que les sinistres souvenirs de ces horribles temps se dressassent tout vivants.

Toutes les intelligences honnêtes s'éveillèrent, toutes les forces morales s'armèrent, et de ce concours généreux sortirent des écrits, brochures ou livres, où la question de la propriété fut traitée sous toutes ses formes, et une guerre courageuse fut ainsi entreprise contre les esprits malades qui en rêvaient la ruine. Au premier rang, il faut placer le livre de la *Propriété* de M. Thiers [1]. Ce livre avait été précédé d'une œuvre

---

1. On peut n'avoir pas partagé les dernières opinions politiques de M. Thiers ; mais il n'est pas un homme de bonne foi qui puisse méconnaître l'excellence de son ouvrage de la *Propriété*. Il l'a divisé

polémique de premier ordre, l'*Organisation du travail*
de M. Michel Chevalier[2]. Il faut y ajouter, un peu plus

en quatre livres : la Propriété, le Communisme, le Socialisme, l'Impôt. Dans ce large cadre, il a pu faire entrer non seulement toutes les vérités essentielles à son sujet, mais toutes les erreurs par lesquelles on a essayé de saper la propriété. La clarté est complète, et, par elle, la lecture de ces dissertations si sérieuses prend un vif attrait.

2. L'*Organisation du travail* a été la première réponse de l'Économie politique aux essais de révolution sociale qui ont suivi la Révolution de février. Le livre se compose de dix-huit lettres et d'un résumé, publiés, d'abord par le *Journal des Débats*, la première lettre en date du 24 mars 1848 ; moins d'un mois après la Révolution. C'est une lutte corps à corps avec les utopies du moment. Quelques lignes montreront avec quel courage l'auteur abordait la discussion contre un dictateur de ces tristes jours.

« Avant que le livre de M. Louis Blanc (qui avait pour titre aussi l'*Organisation du travail*), et son auteur ne fussent parvenus à leurs hautes destinées, en 1844 et 1845, j'ai eu l'honneur de soutenir, dans le *Journal des Débats*, et sur ce sujet, une discussion avec M. L. Blanc. Il jugea à propos de me dire à cette occasion que j'étais un courtisan. Je ne désespère pas de le faire revenir de cette opinion et de le convaincre de mon indépendance ; car je persiste à repousser absolument son plan, quoiqu'il soit devenu plus qu'un homme puissant, une sorte de loi vivante. »

Le système de M. L. Blanc était simple. Il ne s'agissait de rien moins que de l'accaparement du travail, dans les mains et sous l'empire de l'État, avec égalité de salaire et comme conséquence prochaine, la vie des travailleurs en commun. Ce qui attendait, dans une telle organisation, la famille et la propriété, n'était pas difficile à prévoir ; et les oracles se laissaient facilement deviner à cet égard. Ces odieuses insanités à côté desquelles la misère, — une misère affreuse, — s'appesantissait sur Paris et le pays entier, ont eu pour première conséquence et pour terme les journées de juin.

La pensée qui a inspiré les lettres de Michel Chevalier était simple aussi, et de plus profondément vraie. La misère ne peut être combattue que par l'agrandissement du travail, et le travail ne peut grandir que par la liberté et la sécurité. Ces grandes et fécondes vérités sont développées par l'auteur avec un rare talent : on peut comparer l'effet que ces lettres ont produit à celui des lettres anglaises de *Junius* dans le dernier siècle : mais *Junius* était un pseudonyme derrière lequel se cachait l'auteur encore inconnu aujourd'hui. Michel Chevalier signait les siennes.

L'économie politique n'est pas restée au-dessous de ces leçons et de ces exemples. Elle n'a pas cessé de défendre dans des œuvres magistrales les principes fondamentaux des sociétés, et notamment la propriété et la liberté du travail.

Aujourd'hui de nombreux écrivains entretiennent, dans des recueils périodiques qui égalent les meilleurs de l'étranger, une polé-

tard, les *Harmonies économiques* de M. Fr. Bastiat, le livre où il a le plus mis de sa pensée très libérale et très chrétienne.

Il faut se rendre bien compte de la difficulté particulière de ces sortes d'ouvrages où il s'agissait de remonter aux principes élémentaires, et de démontrer des vérités tenues pour palpables et mises au rang des axiomes ; mais à l'accueil fait, par le public, à ces démonstrations, il était visible qu'il éprouvait une grande satisfaction à se les assimiler. Les auteurs eux-mêmes s'étonnaient de la tâche qui leur était imposée, et s'excusaient près de leurs lecteurs [1].

mique assidue sur toutes les attaques dont ces grandes lois sont l'objet. Ici l'école libérale économique joue le premier rôle, et ne s'y épargne pas. Malgré l'incontestable talent qu'elle y déploie, je tiens pour constant qu'elle se prive volontairement d'une part notable de l'influence à laquelle elle peut prétendre, en s'interdisant tout appel aux sentiments humains comme étrangers et inutiles à la science. Les mathématiques peuvent tenir ce langage. La science de la formation et de la distribution des richesses ne le doit pas.

On ne fera pas ce reproche à une œuvre récente d'un de nos compatriotes, M. Mazeron, père, de Montluçon. Son opuscule : *Étude sur le communisme, dédiée aux classes ouvrières*, est une œuvre humaine ; c'est l'exposé complet et serré des erreurs du communisme ; le style en est clair, simple, souvent ému ; les arguments sont du choix le plus heureux, substantiels et pratiques à la fois. Il convaincra tous ceux qui le liront sans parti pris, et dans le seul désir de s'éclairer.

1. « En géométrie, dit M. Thiers, il y a les axiomes auxquels on s'arrête, en laissant éclater leur évidence.

« Nous étions là à l'égard de certaines notions morales que nous regardions comme des axiomes indémontrables à raison de leur clarté même.

« Tandis que, nous reposant sur l'évidence de certaines propositions, nous laissions le monde aller de soi, nous l'avons trouvé miné par une fausse science, et il faut, si l'on veut que la société ne périsse pas, prouver ce que, par respect pour la conscience humaine, on n'aurait jamais autrefois entrepris de démontrer, Eh bien ! soit...

« Je vais donc porter la main aux fondements sur lesquels la société repose ; je prie mes contemporains de m'aider de leur patience... Je tâcherai d'être bref, clair, péremptoire, en leur prouvant ce qu'ils n'auraient jamais cru qu'il fallût leur prouver. Voilà où nous en sommes venus aujourd'hui, et où nous ont conduits de

Les résultats sont devant nous ; la question de la propriété, éclairée de lueurs si vives, n'est plus une question aujourd'hui que pour quelques esprits malades rongés d'envie ou d'ambition, et pour les pauvres âmes qu'ils pervertissent.

Quant à la formule célèbre, quant à son auteur Proudhon, bien que ce fût un jouteur peu ordinaire, ils sont aujourd'hui bien décriés [1].

C'est à la libre discussion qu'il faut faire honneur de ce progrès évident ; nous trouverons d'autres progrès analogues dans la suite de cet écrit. Depuis un quart de siècle, une transformation sensible s'est produite dans les esprits et la lumière a commencé à s'y faire.

Il ne faut donc jamais se décourager dans la défense et la diffusion de la vérité et des principes d'éternelle

---

faux philosophes coalisés avec une multitude égarée. » (*De la propriété*, avant-propos.)

« Cette harmonie vraiment merveilleuse de l'ordre social naturel, je ne puis la décrire sans combattre des objections sans cesse renaissantes, sans tomber dans de fatigantes redites. N'importe, je me dévoue ; que le lecteur se dévoue aussi un peu de son côté... » (Bastiat, *Harmonies économiques*, chap. *Propriété, communauté*.)

1. Proudhon n'est pas le véritable auteur de la formule : *La propriété, c'est le vol.* Elle appartient à J.-J. Rousseau. La part qui y revient à Proudhon, c'est d'avoir traduit la pensée de son maître en ce style lapidaire qui donnait, sous sa plume, à des vieilleries, à des insanités, la saveur de la nouveauté.

C'est la même main qui a écrit : » *Je nie la charité : c'est du mysticisme... je nie le dévouement : c'est du mysticisme... je ne connais pas Dieu : c'est du mysticisme...* » (*Contradictions économiques*.)

C'est encore Proudhon qui a dit : *La démocratie, c'est l'envie ;* toujours le style lapidaire pour une pensée fausse. Ce n'est pas la démocratie qui est l'envie, c'est la démagogie.

Proudhon est bien le disciple de Jean-Jacques, bien qu'il ne reconnaisse ni maître ni ancêtres. Son originalité qui est grande est surtout faite d'audace ; son style est de second ordre ; il a de la verve et point d'éclat ; quelquefois de la fougue, jamais de chaleur. Proudhon, en un mot, a du talent et n'a pas d'âme. C'est bien ainsi que sont de nos jours les démagogues un peu marquants.

justice. C'est une semence qu'il ne faut pas craindre de répandre, même sur les sols pauvres et ingrats. Elle semble se perdre au milieu des ronces et des épines ; mais la nature est la plus forte ; le germe lève, se fait sa place et la récolte arrive.

La défense de la vérité puise sa force principale et sa plus grande action sur les âmes, dans l'observation des œuvres de Dieu. Le livre *De la propriété* a pour point de départ la nature humaine, telle que Dieu l'a faite et l'auteur ne quitte pas un instant ce terrain. Les *Harmonies économiques* sont une œuvre dont l'inspiration est profondément religieuse, et l'auteur la définit ainsi : « Ce n'est pas seulement la mécanique céleste, mais aussi la mécanique sociale qui révèle la sagesse de Dieu et raconte sa gloire[1]. » J'ai déjà cité ces belles lignes.

La pensée du livre est celle-ci : les intérêts humains sont harmoniques, ou tendent de plus en plus vers l'harmonie, sous la protection de la liberté de mieux en mieux comprise, et d'autant plus féconde qu'elle est plus largement appliquée. Le domaine commun — la part de plus en plus large de la fortune générale mise à la disposition de chacun — va toujours en s'agrandissant, et fournit à l'effort individuel un concours toujours et de plus en plus efficace. Cette loi se vérifie pour toute profession, pour tout travail[2].

---

1. *Cœli enarrant gloriam Dei.* Bible, psaume XVIII.)

2. Les quelques pages qui font l'objet de cette note, et que j'emprunte aux *Harmonies économiques* à l'appui de ce qui précède, ont été également citées par le P. Gratry dans son livre de la la *Loi morale de l'histoire*, et par M. Batbie, dans son *Cours d'économie politique.* Le suffrage de deux esprits éminents et si différents est une indication sûre de la beauté de ce morceau. Un moraliste a dit qu'il n'y avait rien de plus difficile à observer que ce qu'on voit tous les

Je voudrais répondre maintenant à quelques-unes des objections faites contre la propriété et qui ont survécu aux attaques générales dont elle a été l'objet. Il y en a quatre principales :

1° L'on comprend le droit du travailleur sur son travail ; qu'il en devienne propriétaire, rien de mieux, ni de plus juste. Mais ses héritiers, quels droits y ont-ils ?

2° La possession est un monopole ;

jours. Ce genre d'observations est une des forces et une des originalités de Bastiat.

« Prenons un homme appartenant à une classe modeste de la société, un menuisier de village, par exemple, et observons tous les services qu'il rend à la société et tous ceux qu'il reçoit ; nous ne tarderons pas à être frappés de l'énorme disproportion apparente.

« Cet homme passe sa journée à raboter des planches, à fabriquer des tables et des armoires, il se plaint de sa condition, et cependant que reçoit-il en réalité de cette société en échange de son travail ?

« D'abord, tous les jours, en se levant, il s'habille, et il n'a personnellement fait aucune des nombreuses pièces de son vêtement. Or, pour que ces vêtements, tout simples qu'ils sont, soient à sa disposition, il faut qu'une énorme quantité de travail, d'industrie, de transports, d'inventions ingénieuses, ait été accomplie. Il faut que des Américains aient produit du coton, des Indiens de l'indigo, des Français de la laine et du lin, des Brésiliens du cuir ; que tous ces matériaux aient été transportés en des villes diverses, qu'ils y aient été ouvrés, filés, tissés, teints, etc.

« Ensuite il déjeune. Pour que le pain qu'il mange lui arrive tous les matins, il faut que des terres aient été défrichées, closes, labourées, fumées, ensemencées ; il faut que les récoltes aient été préservées avec soin du pillage ; il faut qu'une certaine sécurité ait régné au milieu d'une innombrable multitude ; il faut que le froment ait été récolté, broyé, pétri et préparé ; il faut que le fer, l'acier, le bois, la pierre, aient été convertis par le travail en instruments de travail ; que certains hommes se soient emparés de la force des animaux, d'autres du poids d'une chute d'eau, etc. ; toutes choses dont chacune, prise isolément, suppose une masse incalculable de travail mise en jeu, non seulement dans l'espace, mais dans le temps.

« Cet homme ne passera pas sa journée sans employer un peu de sucre, un peu d'huile, sans se servir de quelques ustensiles.

« Il enverra son fils à l'école pour y recevoir une instruction, qui, quoique bornée, n'en suppose pas moins des recherches, des études antérieures, des connaissances dont l'imagination est effrayée.

« On lui conteste une propriété : il trouvera des avocats pour

3° La possession du sol donne lieu à un bénéfice illicite, attendu que ce bénéfice est obtenu sans travail ;

4° Si la propriété est d'ordre divin et du droit naturel, tous les hommes doivent être propriétaires.

La première objection qui comprend, tout à la fois, le droit à l'héritage et les lois successorales, fera l'objet du chapitre suivant. Elle comporte des développ-

défendre ses droits, des juges pour l'y maintenir, des officiers de justice pour faire exécuter la sentence ; toutes choses qui supposent des connaissances acquises ; par conséquent, des lumières et des moyens d'existence.

« Il va à l'église : elle est un monument prodigieux, et le livre qu'il y porte est un monument peut-être plus prodigieux encore de l'intelligence humaine. On lui enseigne la morale, on éclaire son esprit, on élève son âme ; et, pour que tout cela se fasse, il faut qu'un autre homme ait pu fréquenter les bibliothèques, les séminaires, puiser à toutes les sources de la tradition humaine, qu'il ait pu vivre sans s'occuper des soins de son corps.

« Si notre artisan entreprend un voyage, il trouve que, pour lui épargner du temps et diminuer sa peine, d'autres hommes ont aplani, nivelé le sol, comblé des vallées, abaissé des montagnes, joint les rives des fleuves, amoindri tous les frottements, placé des véhicules à roues sur des blocs de grès ou des bandes de fer, dompté des chevaux ou la vapeur, etc.

« Il est impossible de ne pas être frappé de la disproportion, véritablement incommensurable, qui existe entre les satisfactions que cet homme puise dans la société et celles qu'il pourrait se donner s'il était réduit à ses propres forces. J'ose dire que, dans une seule journée, il consomme des choses qu'il ne pourrait produire lui-même en dix siècles.

« Ce qui rend le phénomène plus étrange encore, c'est que tous les autres hommes sont dans le même cas que lui. Chacun de ceux qui composent la société a absorbé des millions de fois plus qu'il n'aurait pu produire ; et cependant, ils ne se sont rien dérobé mutuellement. Et si l'on regarde les choses de près, on s'aperçoit qu'il a payé en services tous les services qui lui ont été rendus. S'il tenait ses comptes avec une rigoureuse exactitude, on se convaincrait qu'il n'a rien reçu sans le payer au moyen de sa modeste industrie : que quiconque a été employé à son service, dans le temps ou dans l'espace, a reçu ou recevra sa rémunération.

« Il faut donc que le mécanisme social soit bien ingénieux, bien puissant, puisqu'il conduit à ce singulier résultat, que chaque homme, même celui que le sort a placé dans la condition la plus humble, a plus de satisfactions en un jour qu'il n'en pourrait produire en plusieurs siècles. »

pements tout à fait spéciaux, notamment sur le droit
de tester.

La seconde objection est celle-ci : La possession du
sol est un monopole, et cela est si vrai que Rossi l'a
dit.

Oui, Rossi l'a dit, et l'a dit avec raison. Mais comment l'a-t-il dit?

Dans les premières leçons de son *Cours d'économie
politique*, t. Ier, 5e et 7e leçons, cherchant à fixer les
bases de la science avec cette rigueur didactique qui
a fait de ce cours une œuvre classique, Rossi montre
que les monopoles, en général, sont contraires à la
liberté du travail et du commerce; mais il y a des
monopoles que la loi ne peut détruire, attendu qu'ils
résultent de la nature même des choses. Le génie
est un monopole, et l'auteur cite un tableau de Ra-
phaël.

Les plus courtes distances sont un monopole pour
ceux qui en profitent, à l'encontre de ceux qui sont plus
éloignés, et l'auteur cite les jardiniers des environs de
Paris au regard de ceux qui ont de grandes distances
à franchir pour apporter leurs produits à Paris.

« C'est encore un monopole, dit-il, que la propriété
des maisons dans une ville dont l'enceinte est déter-
minée; à plus forte raison si, comme cela arrive pour
les places de guerre, il est défendu d'élever aucune
construction solide, dans un certain rayon hors de la
ville. »

Puis il passe à la terre :

« Le monopole de la terre est permanent et général,
il tient à la nature même des choses. Rêvez l'égalité

absolue des partages, la mise en commun de tous les fonds de terre ; détruisez la propriété particulière pour ne reconnaître qu'un seul propriétaire, l'association générale. Enlèverez-vous à la terre ses propriétés économiques ? En ferez-vous un instrument de production autre que la nature n'a voulu nous le donner ? Son étendue sera-t-elle jamais illimitée ? Sa substance homogène également productive, également facile à exploiter ? »

Ainsi le monopole de la terre consiste en ce qu'elle est inextensible, et en ce que la différence des mauvaises terres aux bonnes ne peut être combattue que par un plus fort emploi de travail et d'argent.

L'on voit que tout ceci est de la pure discussion scientifique. Lorsque les adversaires du droit de propriété ont essayé de faire passer Rossi pour un de leurs adhérents, ils ont donc singulièrement compté sur la complaisance de leurs lecteurs [1].

La troisième objection peut se comprendre de deux manières.

On peut l'appliquer au propriétaire qui perçoit un produit de sa terre au moyen du loyer payé par le fermier, qui seul la travaille. Nous ne sommes pas encore en mesure de répondre à cette objection, il faudrait anticiper sur les chapitres suivants ; il vaut mieux y renvoyer.

Le second sens est celui-ci.

---

1. Les citations de cet écrivain éminent, faites à la page 43, démentent suffisamment cette allégation ; j'y ajoute ces quelques lignes :

« Pourrions-nous de bonne foi mettre la question de la propriété individuelle du sol au nombre des controverses sérieuses ? Au fond, la propriété n'a jamais été attaquée que par des rêveurs, ou pour l'éclat du paradoxe. » T. II, 1re leçon.

A quelles conditions produit la terre ? A la condition sans doute du travail qui y est appliqué, du fumier, des irrigations, etc. ; mais à la condition aussi de la chaleur et de l'humidité. Combien coûte au cultivateur et au propriétaire la chaleur du soleil qui réchauffe la terre, qui mûrit les grains et les fruits ? Combien la pluie qui donne, sous la forme la mieux appropriée, l'eau indispensable à toute végétation ? Combien la neige, ce manteau protecteur des céréales en herbe ? Rien, absolument rien ; donc, lorsque le cultivateur vend ses récoltes, lorsque le propriétaire y prend sa part en nature ou en argent, ils se font un bénéfice de ce qui ne leur a rien coûté. Une société bien réglée peut-elle supporter, tolérer un pareil abus ?

L'objection, je me hâte de le dire, n'est pas originaire d'un cerveau français, elle est anglaise, et plusieurs économistes de ce pays l'ont admise et soutenue ; il est bien vrai que quelques économistes français les ont suivis. Il faut se rendre compte qu'en présence de la constitution presque féodale de la propriété en en Angleterre [1], la science, elle-même entraînée à des arguments spécieux, s'est laissée dominer par une illusion, et aussi par les besoins de la lutte ; tous les arguments ont paru bons. Admettons, si l'on veut, que ce soit une excuse historique ; l'erreur n'en est pas moins manifeste.

L'intervention des forces naturelles n'est pas particulière à la culture de la terre ; elle se retrouve dans

1. La surface territoriale du Royaume-Uni (l'Angleterre, l'Écosse, l'Irlande) est de 29.186.000 hectares, sur lesquels 23.160.000 appartiennent aux propriétaires de plus de 100 hectares, au nombre de 25.840.

Le nombre total des propriétaires est de 1.173.600.

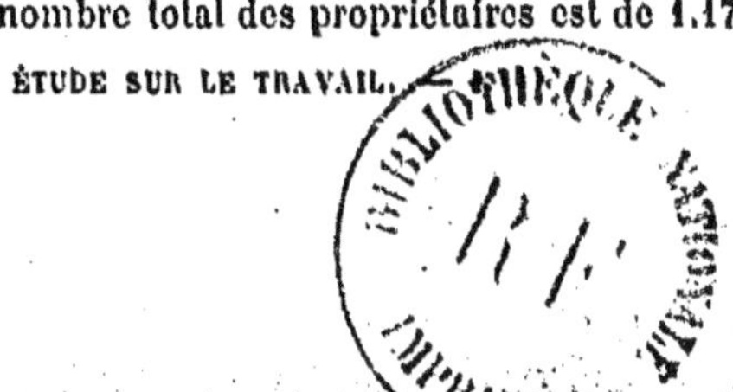

la presque totalité des travaux humains; elle ne crée pas plus de bénéfices illicites et gratuits à l'industriel qu'au cultivateur. Elle n'est un privilège pour personne; elle est un bienfait pour tout le monde; c'est, en un mot, une des plus belles harmonies sociales.

Quand nous mettons du combustible sous une chaudière pleine d'eau, mais ouverte, l'eau se transforme en vapeur qui s'échappe dans l'atmosphère sans y produire autre chose qu'une action hygrométrique. Mais l'industriel survient; il ferme hermétiquement la chaudière, sauf sur un point où il ajuste un tuyau métallique au moyen duquel il conduit la vapeur sous le piston d'un cylindre, et le piston s'élève devant elle; quelle est cette force motrice? Est-elle de main d'homme? Non, l'homme a produit la vapeur, et son art se borne là; mais pourquoi la vapeur se révèle-t-elle ici avec la puissance d'un ressort? parce que cette faculté est sa loi naturelle; c'est l'élasticité de la vapeur, force immense et qui donne l'équivalent de millions de bras à l'industrie. Est-ce que le possesseur de la machine à vapeur est un monopoleur, un privilégié qui dérobe à Dieu sa force et va la vendre au marché?

Un fabricant de produits chimiques mêle certaines matières dans ses appareils et obtient un sel ou un acide; un maître de forge jette, dans ses hauts fourneaux, du minerai de fer, de la castine et du coke, et obtient de la fonte; que font-ils tous les deux? ils emploient une des forces naturelles les plus énergiques et les plus répandues sur le globe, les affinités chimiques. Quand ils vendent leurs produits, font-ils entrer dans leurs prix de vente; outre le prix des matières et des mains-d'œuvre qu'ils ont employées, la grande force naturelle qu'ils ont mise en jeu?

Les forces naturelles, la chaleur, la pesanteur, la volatilité de l'eau, l'élasticité de la vapeur et de tous les gaz, les affinités chimiques et tant d'autres moteurs sont donnés à l'homme pour s'en servir. Son génie les dirige, les maîtrise, et fait de ces forces aveugles les auxiliaires les plus soumis et les plus puissants ; ce sont des dons de la Providence et il en fait usage, mais sans pouvoir en trafiquer ni en bénéficier[1].

Et pourquoi? parce qu'il rencontre devant lui un autre don divin, la liberté. La liberté, — ou, pour lui donner le nom qui lui appartient ici, la concurrence, — ne permet pas que l'homme se compte, comme une dépense lui donnant droit à une recette, l'emploi qu'il fait d'un don gratuit de la Providence, sans peine pour lui et sans travail.

L'homme ne peut vendre que les services qu'il rend, il ne peut acheter que les services qu'il reçoit.

1. On objectera peut-être que l'intelligence est un don gratuit fait à l'homme par la Providence, et que l'homme se sert de ce mobile si précieux pour ses succès, sa fortune, sa situation, et en tire, par conséquent, profit; l'on pourrait répondre que des forces naturelles physiques aux forces intellectuelles, il y a une telle distance, une dissemblance intrinsèque si profonde que ce qui est vrai des unes ne l'est pas des autres.

Il y a une autre réponse plus péremptoire.

L'intelligence n'est pas un don fait gratuitement à l'homme.

On ne comprend pas une injustice émanant de la souveraine puissance, de la souveraine bonté. S'il entre dans les impénétrables desseins de Dieu de répartir inégalement entre les hommes les dons intellectuels, ce ne peut pas être pour rien qu'il donne aux uns plus qu'aux autres. Les obligations sont nécessairement égalées aux bienfaits; des devoirs plus stricts sont imposés aux mieux doués, et une plus grande indulgence réservée aux moins favorisés. Où l'homme trouve-t-il cette certitude ? Dans sa conscience qui lui répond sans hésiter à cet égard, et ne lui laisse ni doute ni obscurité sur cette loi divine qui est le fondement même de la morale.

C'est ainsi que nous sommes tous solidaires, tous responsables ; c'est encore là une des grandes harmonies sociales, et cette grande et simple loi est le fond et comme le dernier mot du beau livre de Bastiat.

Je viens à la quatrième objection ; et pour ne pas risquer de l'affaiblir, j'en emprunte les termes à l'auteur qui l'a présentée avec le plus de force [1].

« La propriété est la conséquence nécessaire et la condition de la liberté... sans doute ; mais alors, tous devant être libres, tous aussi doivent être propriétaires. La propriété est la condition de la dignité individuelle ; donc il n'est pas permis d'en faire un privilège, à moins de vouloir que la masse des hommes soient avilis et asservis. »

De quelle propriété est-il ici question? Est-ce de la vraie, celle qui comprend tout ce qui est appropriable? Par quel moyen en opérera-t-on le partage, car le partage est la seule conclusion logique de l'objection? Les terres, on les voit, on les touche ; le cadastre et les registres de contributions n'en laissent rien ignorer ; mais l'or, l'argent, les valeurs? Sur le premier indice de spoliation, tout aura disparu, et, si l'on veut les faire revenir ou reparaître, il faudra, une seconde fois, battre monnaie sur la place de la Révolution. Combien de jours et pour quel résultat?

S'agit-il seulement, dans la pensée de l'auteur, de la propriété foncière? Pourquoi celle-là et non pas

---

1. M. de Laveleye, auteur de l'ouvrage : *La Propriété et ses formes primitives*. Cet ouvrage renferme des doctrines et des propositions qui méritent un examen développé. Ce sera l'objet de l'appendice D.

l'autre? Parce qu'elle est saisissable; il n'y a pas d'autre raison. Suffit-elle?

La France a plus de douze millions de propriétaires de terres ou de capitaux. Et l'on appelle privilège la propriété ainsi constituée, ainsi divisée! N'est-ce pas vraiment trop compter sur les préjugés du lecteur?

Oui, la propriété est, pour tout homme, une garantie de liberté, de dignité, de bien-être; donc il faut que les institutions sociales concourent efficacement à tenir largement ouvert l'accès de la propriété, et comme c'est aujourd'hui par le travail seul que le prolétaire peut s'élever à la propriété, — terre ou capital, — nous voyons surgir ici, et comme une nouvelle harmonie sociale, la loi de la liberté du travail.

Nous pouvons borner là la réponse à la dernière objection; mais nous reviendrons sur cette grande question de la liberté du travail.

On irait trop loin si l'on concluait de tout ce qui précède que la loi civile n'a pas à s'occuper de l'exercice du droit de propriété. La loi civile ne le crée pas, et ne pourrait le modifier dans son essence que par quelque violence passagère de la démagogie ou du césarisme; le peu de durée des pouvoirs qui auraient osé cette tentative de fous serait une nouvelle démonstration de la force impérissable du droit de la propriété.

La loi civile ne peut donc que constater ce droit en lui-même, et par rapport au propriétaire. Mais ce propriétaire a des voisins; c'est à la loi civile qu'il appartient de régler les rapports de voisinage, les servitudes, les vues, les passages, etc.

Les formes de l'expropriation pour cause d'utilité publique sont aussi du ressort de la loi civile.

Enfin, la transmission elle-même de la propriété, non quant à son droit familial, mais quant aux intérêts respectifs des membres de la famille, quant aux tiers, créanciers ou débiteurs, est aussi du ressort de la loi.

CHAPITRE V

L'HÉRITAGE

« Jamais autre loi n'a soulevé un pareil déchaînement d'opinion. » DE BROGLIE, Chambre des Pairs, *Discussion de la loi du droit d'aînesse*, 4 avril 1826.

Nous avons dit, dans le chapitre précédent, que le droit de transmission des biens à la famille était du même ordre que le droit de propriété, émanait comme lui des meilleurs et plus profonds sentiments de notre âme, et qu'il se démontrait, comme lui, par l'observation de la nature humaine et de ses indestructibles penchants.

On connaît l'objection principale faite à la transmission des biens du père à ses enfants. Le père a tiré les fruits de la terre qu'il a cultivée, soit ; mais quand il meurt, il cesse d'avoir besoin des fruits de cette terre et de cette terre elle-même ; et les enfants, qui n'y ont pas mis leur travail, n'y ont aucun droit.

Les philosophes du xviii° siècle, et avec eux Robespierre, ont fait usage de ce raisonnement ; mais dès le xvii° siècle, Leibnitz avait déjà fait remarquer que cette objection, qui remonte aux utopistes du moyen âge et même de l'antiquité, impliquait la négation de l'immortalité de l'âme, puisqu'elle supposait que la mort brisait tous les liens entre le père et les enfants et que la famille, ses droits, ses affections n'étaient qu'un vain mot.

Les défenseurs du droit d'hérédité ont, avec des formes et des développements différents, fondé la défense de ce droit sur les considérations suivantes :

La propriété est ou elle n'est pas. Avec ceux pour qui elle n'est pas, il n'y a pas à discuter ses conséquences logiques et naturelles. Le principe enlevé, tout tombe avec lui ; nous sommes dans les rêves du communisme, et nous ne pouvons que lui répéter notre défi d'y entraîner la société.

Mais ceux qui l'admettent ne peuvent se soustraire à cette irréfutable conséquence : un propriétaire a toujours le droit de donner ce qu'il possède ; qui dit : propriété, dit : faculté de don. Le droit est absolu ; si je ne puis pas donner le bien qui est à moi, je n'en suis donc qu'usufruitier ? Mais qui est le propriétaire ?

Si le droit de donner est l'irrésistible conséquence du droit de propriété, j'ai le droit de donner à mes enfants comme à tout autre ; la logique le veut et le dit, et le cœur humain va plus loin : j'ai le droit de donner à mes enfants, avant tous autres.

Si ce droit ne peut m'être contesté, si je puis transmettre mes biens, de mon vivant, à mes enfants, est-ce que mon testament n'est pas un acte de ma volonté debout et vivante ? Je puis appeler le notaire et lui dicter un acte de donation immédiate, et je ne pourrais pas lui dicter une donation à échéance ? Échéance incertaine, dites-vous. La mort n'est-elle pas la plus inévitable, et, par conséquent, la plus certaine des échéances ?

Vous faites ainsi, dit-on, des riches sans travail ! mais cette richesse, qui l'a produite ou conservée ? Celui qui donne, et pour qui l'espoir de donner, de transmettre, a été le mobile toujours présent, toujours puissant de son labeur incessant, de son économie, de ses privations, qui lui sont douces et chères par les espérances qu'il y attache et jusqu'à épuisement de ses forces.

C'est, dit-on encore, encourager l'oisiveté. C'est, au contraire, encourager le travail.

Il n'y a pas un moraliste, un économiste qui ne reconnaisse et ne proclame que l'hérédité est le complément nécessaire de la propriété, et que c'est un droit naturel comme la famille et la propriété sont des droits naturels et d'ordre divin.

Il y a, en un mot, impossibilité absolue de concevoir la propriété sans l'hérédité, et ce n'est qu'avec l'hérédité que la propriété développe tous ses bienfaits, moralisatrice et féconde comme tout ce qui affermit et favorise l'amour du travail et les affections de famille.

Dans une discussion qui a eu lieu en 1865 sur le droit de tester, au Corps législatif, M. Marie, qui n'était assurément pas suspect d'idées arriérées ou réactionnaires, a dans un beau mouvement oratoire, montré les liens étroits et sacrés qui unissent la famille, la propriété, l'hérédité.

« La propriété n'est pas viagère, mais éternelle ; elle n'appartient pas à un seul, mais à la famille tout entière ; elle ne cesse pas par la mort, mais elle se transmet par la mort, comme le sang s'était précédemment transmis par la vie, en sorte que, dans la propriété, vous avez ce qu'il y a de plus grand au monde, non pas un fait isolé, non pas un fait personnel, mais un fait collectif, une institution qui s'appelle la famille, et dont le complément, le développement, s'appelle la société[1]. »

Nous pouvons donc tenir pour absolument légitime le droit d'hérédité ; mais ce droit implique des intérêts nombreux, complexes, délicats. Qui les réglera ? La volonté seule du père ? Ce serait retourner aux Douze Tables, à cette loi romaine où la femme et les enfants étaient sans droits civils ou politiques, tant que le chef de la famille, le maître, était debout ; et même, il testait selon sa volonté. *Paterfamilias uti legassit, ita jus esto*, dit la loi des Douze Tables. Cette toute-puissance n'existe plus chez aucune nation chrétienne.

De consentement universel, toutes les nations civilisées admettent l'intervention de la loi. Les règles de la transmission des biens deviennent ainsi d'ordre civil ou politique ; mais elles doivent, de toute nécessité, s'appuyer, pour chaque nation, sur l'opinion publique et sur les mœurs, d'autant plus certaines de l'obéissance générale qu'elles se conforment mieux à ces conditions.

Les lois successorales varient donc de nation à nation, selon la différence des mœurs. Ainsi l'Anglo-Saxon, — l'Anglais, l'Américain du Nord, — donne, parmi les droits naturels, le premier rang à la liberté du père de famille ; le Français le donne à l'égalité des enfants.

1. *Moniteur universel*, 6 avril 1865.

Laquelle des deux races est le plus près de la nature et des droits naturels ? Est-ce l'Anglo-Saxon, qui laisse tous ses biens à un seul héritier choisi par lui, mais qui est généralement l'aîné? Est-ce le Français, qui fait à chaque enfant une part égale, sauf une portion réservée, variable selon le nombre des enfants [1], et dont le père a la libre disponibilité ? Les deux races obéissent ici à leur génie particulier, l'un aristocratique, et l'autre démocratique, et c'est pour cette raison que chacune d'elles est si fortement attachée à ses lois successorales.

On lit dans l'*Esprit des lois :* « C'est un malheur de la condition humaine que les législateurs soient obligés de faire des lois qui combattent les sentiments naturels mêmes [2]... »

Ce mot profond s'appliquerait avec justice au législateur anglais qui imposerait à son pays la loi successorale française ; il en serait de même si nos pouvoirs publics essayaient de donner à la France la législation successorale de l'Angleterre.

Il est important de remarquer à l'honneur de notre législation successorale que ses grands principes ont été successivement admis par toutes les races qui occupent l'Europe, sauf la race anglo-saxonne, qui seule continue à *faire des aînés*. Le code civil italien qui, en 1866, a unifié toute la législation civile de l'Italie, a admis la loi successorale, avec le partage égal au profit des enfants, et la réserve, comme consécration des droits du père.

---

1. La moitié, s'il n'y a qu'un enfant ; le tiers, s'il y en a deux ; le quart, s'il y en a trois, ou plus. Art. 913 du Code civil.

2. Liv. XXVII, chap. unique.

Tous les États italiens étaient préparés à cette réforme ; et surtout, parmi eux, les États de l'Église. Un auteur qui a donné une étude très savante du droit de tester dans les divers États de l'Europe déclare « que les papes ont toujours respecté la législation justinianienne, que l'Église l'a constamment proposée à l'admiration des peuples, qu'elle l'a soutenue dans ses conciles, que l'autorité de ses conseils ne lui a jamais fait défaut, et qu'elle l'a prêchée comme un instrument de concorde et de paix chrétienne [1].

Un publiciste éminent, M. Le Play, a consacré cependant toute une vie d'études persévérantes à démontrer que la vraie cause de la décadence de la France, — décadence certaine à ses yeux, — est dans la loi successorale édictée par le Code civil. Il y voit la négation et la destruction de l'esprit de famille, et, comme conséquence, celle de l'esprit religieux. Si l'esprit de famille et l'esprit religieux sont réellement en déclin chez nous, M. Le Play et ses amis ont raison ; il est temps et grand temps d'aviser. Mais sont-ils en déclin ?

En 1826, le gouvernement de la Restauration, cédant à des conseils de réaction, crut avoir découvert que la morale et l'esprit de famille s'affaiblissaient en France, et qu'il fallait y porter remède en fortifiant le pouvoir paternel, en lui rendant son ancienne puissance, et proposa une loi pour le rétablissement du droit d'aînesse.

L'émotion fut grande et générale dans le pays.

La loi avait été présentée à la Chambre des pairs ; la

---

1. Bonnal, *Du droit d'hérédité*, p. 273.

discussion y fut longue, approfondie, brillante. M. le duc de Broglie fut un des derniers orateurs inscrits.

Il se posa cette même question : La France est-elle en décadence sous le rapport de la morale et des mœurs ?

Voici sa réponse [1] :

« J'ose affirmer que l'état actuel de la société parmi nous ne redoute la comparaison ni avec aucune autre époque de notre histoire, ni avec aucun autre état de société en Europe. J'ose affirmer que, sur ce point, nous sommes en avant, très en avant de tous les autres peuples.

« Descendez dans l'intérieur des familles ; jamais les mœurs conjugales furent-elles plus pures ? Jamais les rapports entre les pères et les enfants furent-ils plus tendres, plus délicats, plus dévoués ? Y eut-il jamais plus d'union entre les frères et sœurs ?

« Sortons de la famille ; plaçons-nous au sein de la société.

« Qu'on me montre une population plus régulière dans ses habitudes, plus amie des lois, plus respectueuse envers les magistrats, plus exacte à s'acquitter de ses devoirs envers l'État, plus convaincue que l'indépendance personnelle est le premier des biens, plus résolue à la conquérir par le travail. »

M. Le Play connaît parfaitement, sans nul doute, l'histoire de cette discussion d'autant plus remarquable qu'elle eut pour résultat le rejet de la loi.

Mais, malgré ce grave précédent, la *Réforme sociale* n'a rien perdu de ses convictions, et les diverses publications faites par M. Le Play, sous ce nom, ont

---

1. De Broglie, *Écrits et discours*, t. II, p. 229.

vivement attiré l'attention et conquis de nombreux partisans à la nouvelle école réformatrice.

Parmi les adhésions qu'a recueillies l'œuvre de M. Le Play, il en est une singulière et remarquable ; c'est celle d'un critique éminent, libre penseur s'il en fut, adversaire, jusqu'au scandale, des choses religieuses. Séduit par la nouveauté et la hardiesse des vues de M. Le Play, par sa courageuse franchise, par sa vaste science, par ses méthodes toutes nouvelles d'investigation, M. Sainte-Beuve a donné à l'œuvre de la *Réforme sociale* des éloges à peine accompagnés de quelques restrictions, dans une étude très développée consacrée par lui à cette œuvre[1].

Nous allons le laisser parler comme un témoin qui n'est assurément pas suspect :

« Au lieu de s'en tenir aux livres et aux procédés en usage, M. Le Play voyagea, et le fit avec ordre, méthode, en tenant note et registre de chaque observation, sans rien laisser d'inexploré ou d'étudié à demi. On prendra idée de la masse des notions précises ainsi amassées par lui et passées ensuite au creuset, pour ainsi dire, de son rigoureux esprit, en sachant que, depuis 1829 jusqu'en 1853, c'est-à-dire pendant vingt-quatre ans, il fit un voyage de six mois, chaque année, et un voyage d'études, non une tournée de plaisir. L'hiver, à Paris, il faisait son cours de métallurgie, à l'École des mines, — et, l'été venu, il partait... Il visita une fois le Danemark, une fois la Suède et la Norvège, trois fois la Russie, six fois l'Angleterre, deux fois l'Espagne, trois fois l'Italie, une fois la

1. *Nouveaux lundis*, t. IX, p. 61 à 201.

Moravie, la Hongrie, la Turquie d'Europe, la Carinthie...

« Avec l'instrument de précision dont il dispose (j'appelle ainsi la forme analytique expresse qui est la sienne), M. Le Play se tourna dès lors à étudier l'ouvrier sous tous les aspects et dans toutes les conditions de son existence ; il fit ces monographies exactes et complètes qui ne laissent rien à désirer... il en est résulté son livre [1] si original et si neuf, qui a obtenu, en 1856, le prix de statistique à l'Académie des sciences.

« Ceux qui y chercheraient le pittoresque seraient trompés ; les faits seuls y sont ; mais ils parlent ; en mettant à bien les entendre et à les méditer quelque chose de la même attention et de la même patience qui les a amassés et classés si distinctement, on sent naître en soi des réflexions sans nombre.

« ... M. Le Play en vint à reconnaître que l'élément conservateur, le principe calmant et consolant, dans tous les cas qu'il avait observés, n'était pas distinct ni séparable de l'élément religieux. Dans tout état de société, partout l'élément religieux sous une forme ou sous une autre, lui a paru essentiel à la durée et à la stabilité des sociétés.

« Une des réformes qu'il propose avec le plus d'insistance et d'énergie, c'est de changer la loi des successions, et de rendre au père de famille l'entière liberté testamentaire, moyennant laquelle celui-ci pourrait

---

1. Les *Ouvriers européens*, contenant trente-six monographies. Cet ouvrage a été suivi des *Ouvriers des Deux Mondes*, trente-sept monographies.
Les autres ouvrages sont : *La Réforme sociale*, trois volumes ;
L'organisation de la famille, un volume ;
L'organisation du travail, un volume ;
La Paix sociale, un volume.

instituer un principal héritier, chargé de continuer son œuvre. La famille, prise au sens le plus sérieux et le plus large, constitue pour M. Le Play la véritable unité sociale ; or cette unité, dans l'état présent, est faible, instable, précaire et caduque ; les fortunes, par suite du partage égal forcé, se brisant à chaque génération..., il ne peut voir dans cette incessante mobilité qu'une cause d'affaiblissement pour les mœurs, pour la fécondité des mariages, pour les bonnes traditions domestiques, pour la meilleure culture des terres, pour l'exercice des vertus bienfaisantes. Il ne propose pas, comme les rédacteurs du temps de la Restauration, de rétablir le droit d'aînesse. Il ne demande que de laisser au père de famille la liberté de tester, comme cela se pratique aux États-Unis...

« Cette conception de la *famille souche*..., qui est le noyau, le pivot, la pierre angulaire de la réforme proposée par M. Le Play, excitera bien des discussions et sera fort contredite... Nul ne l'en considérera moins de ce qu'il aura tenté de relever, parmi nous, la statue du Respect... »

Ces derniers mots, et en général toute cette analyse, sont un signe certain de la profonde impression que l'œuvre de M. Le Play avait produite sur un esprit aussi indocile et aussi irréligieux que celui de Sainte-Beuve. Cette impression sera celle qu'éprouveront tous ceux qui l'étudieront, ceux surtout qui se préoccupent sérieusement des questions sociales, et pour qui, dès lors, c'est un devoir de lire ces ouvrages si fortement pensés et si courageux.

Il manque un détail essentiel à l'analyse de Sainte-

Beuve. M. Le Play ne demande pas seulement le changement de notre loi testamentaire: convaincu, et avec raison, que la loi *ab intestat* exerce une action puissante, et finalement irrésistible, sur le père de famille et sur les mœurs, il demande la suppression de l'article 745 du Code civil, et une autre loi *ab intestat* plus conforme à ses idées.

On sait que la loi *ab intestat* est celle qui règle les successions sur lesquelles le père n'a pas statué par testament.

La loi française, — article 745 du Code civil, — assure, dans ce cas, le partage égal entre tous les enfants légitimes, sans distinction d'âge ni de sexe.

La loi américaine impose aussi le partage égal entre tous les enfants, en l'absence du testament. M. Le Play nous l'apprend lui-même :

« Après la guerre de l'Indépendance, la liberté testamentaire fut respectée par tous les États de l'Union; mais une loi *ab intestat* promulguée en Virginie, contrairement à l'opinion de Washington, et adoptée par la plupart des autres États, substitua à la coutume de l'attribution à l'aîné le partage égal entre tous les enfants. A dater de ce changement, les testaments imprimèrent peu à peu une direction nouvelle à la transmission des biens. » (*Réforme sociale*, t. I, 306-22.)

La coutume anglaise *ab intestat* est très variable. Dans certaines contrées, elle impose la concentration des biens entre les mains d'un seul héritier; dans d'autres, le partage égal ; ailleurs, elle donne tous les immeubles à un seul, et fait un partage égal des valeurs mobilières. On reconnaît bien là le génie

anglais, si peu soucieux de l'unité, si religieux observateur de la coutume.

M. Le Play ne spécifie pas avec sa précision ordinaire la loi *ab intestat* qu'il voudrait pour la France :

« Le régime de succession qu'il importe de propager par l'influence lente et indirecte, mais à la longue
irrésistible, de la loi *ab intestat*, doit surtout remplir
les conditions suivantes : assurer la prospérité de la
famille, c'est-à-dire de l'être collectif se maintenant
d'âge en âge au même foyer…; contribuer autant que
possible au bonheur individuel de ceux qui la constituent ou qui en sortent pour fonder au dehors de
nouvelles maisons ; enfin, lier cette prospérité à une
forte discipline morale, inculquant à la jeunesse l'amour
du travail et le respect des parents. »

Une partie de ces vœux n'est pas du domaine de la
loi ; les autres paraissent exclusifs du principe du partage égal.

On s'est demandé si l'on ne pourrait pas sauvegar-
der le principe si cher à la France, du partage égal et
conserver aussi le principe si respectable de la liberté
du père de famille faisant son testament. Y aurait-il
vraiment, a-t-on dit, un inconvénient sérieux dans
cette liberté du testament, qui trouverait devant elle
deux obstacles également considérables, les mœurs
et la loi *ab intestat* ? Ne pourrait-on pas espérer que
les pères de famille, ainsi avertis par l'opinion publique, par la loi, par tous leurs conseils judiciaires, —
dont l'intérêt garantit l'adhésion au partage égal, —
n'useraient de leurs droits de faire des parts inégales
que pour des cas graves et dans l'intérêt bien entendu
de la famille ?

Ces idées ont été débattues devant la Commission supérieure chargée de prononcer sur l'enquête agricole de 1866, et elles ont été rejetées à la presque unanimité [1].

Ainsi l'état actuel des esprits ne permet pas de croire que les propositions de M. Le Play aient aucune chance d'être admises.

Si l'auteur de la *Réforme sociale* et ses amis ont bien jugé la situation, il semble donc qu'il ne nous reste plus qu'à rouler vers l'abîme. En sommes-nous là ? Si le tableau tracé par le duc de Broglie, en 1826, était exact, — et je le crois, — un demi-siècle a-t-il suffi pour démoraliser la France, et nous destituer de tout sentiment de religion, de famille, de devoir ? Notre pays, malgré le trouble actuel des esprits, a-t-il vraiment si complètement perdu le sens de la réalité et le sentiment de sa propre conservation, qu'il coure volontairement à sa ruine ?

J'ai déjà opposé à ces terreurs des considérations que je crois irréfutables. J'en ajouterai cependant encore une.

L'on ne peut pas nier, et l'on ne nie pas, l'immense progrès matériel que la France a accompli depuis le commencement de ce siècle, c'est-à-dire depuis la promulgation du Code civil et de nos lois successorales. Si ces lois avaient l'influence capitale, que leur accorde

---

1. On trouvera les détails dans l'*Histoire de la réserve héréditaire*, par M. Boissonnade, p. 612, ouvrage d'une érudition solide et variée, et qui s'est proposée la défense de notre loi successorale. Je ne ferai qu'un reproche à ce livre ; c'est la dureté avec laquelle il s'explique sur les écrits et les tendances de M. Le Play, dureté injuste, et dont M. Le Play n'a jamais donné l'exemple ni la réplique à ses adversaires. Voir aussi le résumé de l'enquête agricole, de 1866 à 1870, par Turot, p. 36.

l'école de la *Réforme sociale*, comment, sous leur empire, se serait-il produit ce double mouvement contraire, l'un si marqué en avant dans le travail, l'autre si marqué en arrière dans l'intelligence et la moralité de la nation ? Un progrès matériel n'est pas, dit-on, nécessairement accompagné d'un égal progrès moral. J'accorde qu'il peut bien ne pas y avoir toujours parallélisme et égalité : l'un peut marcher plus vite ou avoir des apparences plus sensibles que l'autre; mais il est certain qu'une plus grande puissance de travail est nécessairement accompagnée d'une plus grande puissance de discipline, d'économie, de soumission au devoir, vertus fondamentales de la famille, et qui sont à la fois les causes et les effets de meilleurs sentiments moraux, les preuves et les instruments d'une meilleure situation morale en même temps qu'intellectuelle.

Ces grands phénomènes, qui semblent dus à la seule impulsion de la liberté, paraissent inexplicables ou factices aux penseurs pour qui rien d'ordonné ni de durable n'est possible sans l'impulsion de l'autorité. Or l'école de la *Réforme sociale* est une école autoritaire ; et certes, je suis loin de l'en blâmer; toutes ses tendances sont pour l'ordre, la règle, la discipline, le gouvernement des familles et des ateliers sous des chefs obéis et respectés. Aussi, dans le puissant appel qu'elle fait au sentiment religieux, quel symbole choisit-elle ? Est-ce l'Évangile ? Non, c'est le Décalogue. Pourquoi cette préférence ? L'on ne s'est pas expliqué à cet égard. Mais il est facile d'en découvrir la raison ; au point de vue politique ou social, en effet, la loi de Jésus est une loi de liberté, et celle de Moïse, une loi d'autorité. Le Décalogue est le symbole d'un gouvernement théocratique et absolu.

Cela ne signifie pas sans doute que M. Le Play et ses amis soient des réactionnaires voulant nous ramener au passé.

Non, ce sont des hommes modernes, profondément imbus des idées modernes; s'il en était autrement, comment M. Le Play aurait-il écrit sur la tolérance et la liberté de discussion [1] ces belles pages qui ont arraché cet éloge à Sainte-Beuve: « Je ne sais pas de plus belles pages de moralité sociale à méditer. »

Mais ils sont autoritaires, et pourquoi? J'imagine que les bouillonnements, les enivrements, les excès, les crimes, qui semblent des émanations fatales et inévitables de la liberté, la leur rendent méconnaissable, et masquent, à leurs yeux, la puissante vitalité morale de la nation et sa force d'inertie contre le mal. L'autorité leur semble se perdre de plus en plus, et ils se dévouent à la restaurer! Grande et patriotique tâche, mais dans laquelle il ne faut pas se tromper, et je crois que l'école de la *Réforme sociale* se trompe quand, par une modification de la loi successorale, elle croit déraciner de nos mœurs la passion d'égalité qui y est si profondément ancrée. Elle se trompe encore, suivant moi, quand elle cherche à enrayer le mouvement qui emporte les sociétés modernes vers une plus grande somme de liberté.

Et cependant cette grande impulsion n'échappe pas à M. Le Play; lui-même prend soin de nous en montrer des symptômes des plus significatifs, chez l'un

1. *La Réforme sociale*, t. III, p. 315.

des peuples les moins libres d'Europe, par exemple,
dans la peinture du *mir* russe [1] :

« Ces organisations sociales présentent à l'observateur un vice radical. Les membres éminents sup-
portent, plus que les autres, les fatigues du travail et
les privations de l'épargne, tandis que, dans le partage de la richesse accumulée, ils ne sont pas mieux
traités que les moins sobres et les plus indolents. Les
personnes les plus recommandables de ces communautés sont donc naturellement portées à se soustraire
aux charges que la tradition leur impose, et à se rattacher, en ce qui concerne la propriété et le travail, au
régime individuel.

« Telle est la réforme que le gouvernement russe
opère dans la condition des paysans depuis 1863. Cette
réforme n'a pas seulement pour objet de rendre ces
paysans indépendants des seigneurs qui ont la nue
propriété du sol avec un droit de redevance; elle tend
surtout, en ce qui concerne le choix de la résidence
et la possession des immeubles, à rompre l'association
des enfants majeurs avec la famille, et celle de la
famille avec la commune. »

Ainsi la propriété individuelle s'implante au cœur
même de la Russie ; ainsi marchent vers cette institution, mère de la liberté, ces paysans, serfs il y a vingt
ans ! c'est leur gouvernement qui les conduit !

Des symptômes aussi certains nous montrent toutes
les sociétés chrétiennes marchant vers le même but:
un régime plus libre, un gouvernement plus partagé.
La tendance à des institutions plus démocratiques est

____

1. Le *mir* est la commune russe.

visible partout[1]. Un mouvement si général, si vaste, si profond n'est-il qu'un hasard, un caprice de la fortune?

Cette grande expansion de la liberté peut-elle se passer de direction, d'autorité? Assurément non, et elle peut encore moins se passer de charité, et c'est pour ce motif qu'il appartient à l'Évangile d'inspirer l'auto-. rité et non au Décalogue, qu'il ne faut pas sans doute séparer de l'Évangile, mais qu'il ne faut pas lui super-poser.

En résumé, nos lois successorales, outre qu'elles sont, quant au principe de l'égalité des enfants, admises dans toute l'Europe, sauf l'Angleterre, sont conformes au génie de la nation. Elles sont sans doute suscepti-bles de certaines améliorations; travaillons-y et n'ou-blions pas qu'une de leurs principales vertus est d'augmenter de plus en plus le nombre des propriétaires de terre et de capital ; c'est là une des œuvres les plus utiles qui soient dévolues à notre temps, avec l'espoir, bien entendu, que les nouveaux propriétaires seront de bons citoyens, et ils le seront, s'ils restent bons chrétiens.

1. Voir l'appendice E sur la démocratie.

CHAPITRE VI

CONSIDÉRATIONS POLITIQUES

Si une nation est divisée contre elle-même,
il est impossible qu'elle subsiste.
SAINT MARC, chap. 11, v. 21.

La chrétienté tout entière (je l'ai dit plus haut, et
j'ai dit aussi l'exception) est acquise au travail libre.
La liberté du travail produit partout les mêmes
effets, quelque soit le régime religieux ou politique
des diverses nations, et ces effets peuvent se résumer
en ce peu de mots : Progrès constant et considérable
de la production en quantité, en qualité, en variété,
en bon marché. Sans perdre ce qu'il y a d'original
pour chacune d'elles dans leurs aptitudes natives et
spéciales, les nations chrétiennes tendent de plus en
plus à se rapprocher, à se niveler sous le rapport
économique ; il se forme entre elles des affinités, des
liens qu'un œil attentif peut facilement discerner,
quoiqu'on ne paraisse pas en tenir compte encore dans
les régions diplomatiques.

Un autre phénomène du même ordre et très digne
de remarque, se produit en même temps chez toutes
les nations chrétiennes — catholiques, protestantes,
juives, grecques, républiques modérées ou radicales,
monarchies tempérées, gouvernements absolus. —

L'organisation du travail étant la même chez toutes les nations, les griefs démagogiques ou jacobins contre cette organisation sont partout les mêmes aussi ; c'est ainsi que les plaintes contre l'oppression du capital, contre la tyrannie des patrons sont proférées aujourd'hui, dans tous les pays chrétiens, placées en face des mêmes revendications ouvrières, voire même en Russie où le travail est encore sous le régime fermé du patriarchat, où l'industrie n'occupe pas le cinquantième de la population, et où cependant les nihilistes sont aussi ardents contre les patrons et le capital que partout ailleurs.

Cette généralisation des griefs socialistes ne doit et ne peut pas faire illusion sur la vérité et la justice des griefs socialistes. Ce phénomène économique rencontre en face de lui ce phénomène bien autrement puissant et général de l'expansion du travail libre. Tandis que ce grand créateur de richesse et de bien-être s'affirme de plus en plus par sa merveilleuse fécondité, l'autre garde la marche indélébile d'une stérilité persistante, obstinée. Ici, le progrès, l'invention, la vie ; là, l'éternelle et impuissante redite de rêves, d'utopies ou de violences qui remontent à plusieurs siècles en arrière de nous ! Aujourd'hui même où tous les excès du droit de réunion sont tolérés, où tout peut se dire, que trouve-t-on de neuf à nous apporter ? Des menaces sauvages, des appels violents à la guerre des classes, comme si les Bagaudes et les Jacques, ressuscités, étaient à nos portes. Qui croit-on effrayer par ces odieuses tentatives essayées sur des sociétés bien autrement organisées pour la lutte que ne l'étaient nos pères qui, cependant, ont vaincu ces révoltés, et avec quelles lamentables sévérités !

Mais ces essais d'intimidation ne sont qu'une habileté des meneurs ; triste et pauvre habileté et bien percée à jour ! On veut faire sortir le mal de la peur du mal ! On n'y réussira pas.

Si le nombre des ouvriers va sans cesse en augmentant, une autre force surgit en face de ces foules, et celle-ci est intelligente et calme. La somme des intérêts conservateurs créés par le travail a une énergie de résistance bien autrement forte et compacte, que ne peut l'avoir la minorité turbulente qui porte le drapeau socialiste. Plus ces bandes (car on ne peut plus leur donner d'autre nom) s'agitent et font étalage de leurs projets de bouleversement social, plus elles éveillent l'attention de tout ce qui est honnête et décidé à défendre le droit ; et plus aussi elles appellent l'attention des gouvernements, et leur enseignent la nécessité irrésistible de l'union, de la vigilance, de l'énergie.

C'est ainsi que la paix dans le travail a des rapports de première importance avec la politique ; ce que l'on appelle la question sociale devient une question de gouvernement. En laissant troubler ou pervertir le travail, l'autorité publique verrait se tarir dans ses mains toutes les sources de la richesse publique, tout ce qui fait la force et la vie des nations et ils le savent parfaitement.

La politique intéresse le travail à un autre point de vue. Il n'est pas contestable, en effet, que le travail se développe d'autant plus, et suit une voie d'autant plus féconde que les institutions assurent mieux sa liberté et sa sécurité.

Le travail, sans doute, est en dehors des formes de gouvernement; il a ce trait commun avec la religion; mais à titre de fait humain, il a des rapports plus étroits avec les institutions, et subit très directement leur influence. Il y a donc un très grand intérêt, pour le travail, à ce que les lois soient les meilleures possibles.

« La religion chrétienne, a dit Montesquieu[1], qui ordonne aux hommes de s'aimer, veut sans doute que chaque peuple ait les meilleures lois politiques et les meilleures lois civiles, parce qu'elles sont, après elle, le plus grand bien que les hommes puissent donner et recevoir ».

Quelles sont les meilleures lois civiles? Celles qui s'inspirent le mieux de l'esprit chrétien et du droit, qui consacrent l'égalité de l'homme et de la femme, et celle des enfants entre eux, le respect des droits de la famille, de la propriété et du travail, le respect et la moralité des conventions.

Et quelles sont les meilleures lois politiques? Celles qui concilient le mieux, dans l'État, et selon le génie de chaque nation, l'ordre et la liberté.

Des deux conditions indiquées par Montesquieu, nous remplissons la première : nous avons de bonnes lois civiles. Je ne crois pas exagérer en disant qu'elles égalent et peut-être surpassent les meilleures lois civiles des autres peuples.

Notre législation civile a emprunté à la législation romaine — modifiée par Justinien, — son grand sens

1. *L'Esprit des lois*, liv. XIV, chap. I.

et son sentiment profond du droit, et, au droit coutumier de nos provinces, ce qu'il contenait de plus conforme à notre génie national. Nos plus éminents légistes, nos meilleurs rois y ont mis la main; puis, lorsqu'après la Révolution, le moment est venu de rasseoir, sur ses bases, la société ébranlée, on a résolument abordé la codification civile, commerciale, pénale, en la confiant aux hommes les plus versés dans la connaissance du droit, de la jurisprudence, de la coutume; de ce travail tout moderne, s'inspirant de la science, de l'expérience, de l'usage, sont sorties nos lois civiles.

Œuvre vraiment française, par sa méthode, sa clarté, sa morale. Sa morale, dis-je; interrogez, en effet, nos anciens maîtres en droit, les Cujas, les Domat, les Pothier; consultez les maîtres modernes, les Merlin, les Pardessus, les Troplong, les Demolombe et tant d'autres; cherchez, dans leurs commentaires, la raison profonde des plus importantes prescriptions de nos codes; ils vous les montreront issues de la sagesse et de l'expérience des siècles, éclairées, dirigées, humanisées par le christianisme.

A ce point de vue, il n'y a pas d'étude plus saine et plus profitable que celle des sources et des origines de notre droit civil.

On lui impute une certaine complicité avec la Révolution; c'est assurément la pire des méthodes pour refondre une législation que de commencer par tout abattre dans les ruines et dans le sang; mais notre législation civile, édifiée sur ces ruines, est pure de ce sang; elle a été tenue, par ses auteurs, en dehors et au-dessus des violences démagogiques;

elle a rejeté tout ce que la Convention y avait introduit des sophismes de **J.-J.** Rousseau et de ses sectaires ; la nature humaine, la famille, la morale divine, y sont profondément respectées, et leur part tout entière y est faite. Si elle diffère des anciennes législations civiles de droit écrit et de droit coutumier, c'est surtout par l'abolition de tous les privilèges de la naissance ; mais il ne faut pas oublier que cette grande réforme s'est faite, dans la nuit du 4 août, par les privilégiés eux-mêmes, et plus de deux ans avant la Convention.

Aujourd'hui, elle est entrée si avant dans nos mœurs, qu'on peut la regarder comme inattaquable dans ses grandes lignes. Au nombre de ses mérites, qui l'ont faite si nationale, elle en a un bien grand, pour le sujet qui nous occupe : le travail. En donnant à la propriété sa vraie place dans l'organisme social, en consacrant pour tous l'égalité devant le droit commun, en couvrant de sa forte et tutélaire protection, les fruits du travail, elle les fait, pour ainsi dire, sortir de terre. Elle a donc une part considérable dans notre ardeur au travail ; elle en a une aussi dans cette vertu que j'ai appelée la vertu française : l'économie. La sécurité dans la possession des fruits du travail est le moteur le plus puissant de leur accumulation en vue de l'avenir de la famille.

On dit de notre législation civile, qu'au fond, elle suffisait à la partie éclairée et laborieuse de la nation, indifférente à cause d'elle et par la sécurité qu'elle y trouve, aux variations de notre régime politique. D'autres prétendent expliquer ainsi cette facilité singulière de la France, à passer d'une constitution à une autre. Ce ne seraient pas là, selon cette manière de voir, des jeux bien sérieux ni bien périlleux. On laisse faire, avec la certitude de ne pas tomber dans le vide, et avec la confiance que notre législation civile est comme une forteresse, à l'assaut de laquelle les factions ne tenteront pas de monter.

Il y a du vrai et du faux dans ces deux opinions, qui ont d'ailleurs un point commun entre elles : la confiance et l'affection qu'inspire à la nation sa législation civile.

Cette confiance et cette affection vont-elles cependant jusqu'à désintéresser de tout souci politique, les honnêtes gens, et particulièrement, parmi eux, ceux qui pratiquent le travail en l'aimant et en le comprenant. Non, ils ne désertent pas ainsi leurs droits et leurs devoirs. Quoi de plus funeste au travail que ces perturbations fréquentes, où vient sombrer, pour un temps, la production nationale? Quoi de plus funeste surtout pour la moralité publique, si essentielle au progrès du travail?

Passons maintenant aux lois politiques.

Remarquons d'abord que nous avons les premiers éléments de bonnes lois politiques pour notre pays : l'égalité devant la loi, la liberté de conscience, de la pensée, du travail; la loi civile les admet, en ce qui est de son ressort, et leur communique ainsi sa force. Mais ce sont là des germes d'organisation, non une organisation complète.

L'histoire nous met, pour l'organisation politique, de notables exemples sous les yeux.

Deux grands peuples modernes ont réalisé, dans le

gouvernement qu'ils se sont donné, l'alliance de l'ordre et de la liberté; ils ont un pouvoir modéré et fort, une liberté forte et active; le respect de la famille, de la propriété, du travail y est général, et le sentiment religieux y est considéré comme le fondement nécessaire de l'édifice social.

Diversement, mais efficacement libres, diversement, mais sincèrement religieux, les Anglais et les Américains du Nord forment deux nations puissantes et prospères, et ont, sur les affaires du monde, une grande et légitime influence.

On peut critiquer le formalisme étroit du culte anglican; on peut s'étonner que la nation anglaise qui se connaît si bien en liberté, laisse, dans la même main, le sceptre temporel et le sceptre spirituel, organisation peu favorable à la dignité du clergé et à la iberté de conscience; mais les aristocraties sont jalouses et tiennent en constante suspicion tout pouvoir qui n'émane pas d'elle, fût-ce celui du Saint-Siège.

On peut, sans doute aussi, s'étonner de la multiplicité des sectes religieuses ou utopiques aux États-Unis, et de la très grande singularité de quelques-unes d'entre elles; mais c'est l'inévitable résultat d'une liberté pour laquelle l'esprit américain n'est pas prêt encore à comprendre et à accepter des limites[1].

1. Le moment n'est probablement pas loin où l'Américain du Nord comprendra qu'il faut certaines limites à la liberté, comme il en faut à l'autorité. La corruption qui s'est glissée dans les administrations publiques et municipales des États-Unis, et qui s'est marquée par des dilapidations dont le monde civilisé a retenti, donne à ce grand et vivace pays, une leçon et un avertissement qui ne seront sûrement pas vains, si l'Amérique n'a pas perdu conscience d'elle-même.

Il est assez de mode aujourd'hui d'accuser les États-Unis de décadence dans leur politique, dans leur législation, dans leurs mœurs

Quoi qu'il en soit, la sincérité et la profondeur du sentiment religieux chez ces deux grands peuples sont de toute notoriété. Peut-on en douter devant le fait suivant :

même ; l'on tire parti de certaines des excentricités d'une infime minorité dans cette grande nation, — les mormons, les perfectionnistes, les trembleurs, les spirites, les voyantes et bien d'autres — pour descendre le peuple américain du piédestal où l'exagération libérale l'avait placé. Je crois qu'après avoir été trop loin dans l'éloge, on va trop loin aujourd'hui dans le blâme ; je crois que le mal se résume en ceci ; le peuple américain souffre d'un excès de liberté ; il s'est destitué de sa grandeur morale, en généralisant le suffrage universel, sans limite et sans contrôle, et en lui livrant l'élection des fonctions politiques, municipales et judiciaires, sauf celle des rangs élevés de la magistrature.

C'est depuis ce temps que cette terrible maladie, la corruption, qui équivaut pour une nation à celle de la moelle épinière pour l'individu, est venue s'abattre sur ce grand pays.

On connaît la sinistre prédiction de Macaulay sur le suffrage universel aux États-Unis. Là est, pour eux, le point noir.

Dans un article du *Journal des économistes* sur le *Monde américain*, très intéressant ouvrage de M. Simonin, M. H. Passy, dont tout le monde connaît la science, la rare perspicacité et la modération, s'exprime ainsi sur cette situation : « Le mal serait-il, comme l'affirment aujourd'hui quelques-uns des publicistes américains les plus célèbres, l'effet des changements législatifs qui, depuis près d'un demi-siècle, n'ont cessé d'étendre la domination de la partie de la communauté la moins éclairée, la moins apte à juger le monde et les choses, et, faute de pouvoir discerner les exigences de l'intérêt commun, la plus disposée à céder à toutes les suggestions de l'intérêt personnel ? »

La réponse n'est pas douteuse : aux fruits jugez l'arbre.

Quelques publicistes sont portés à attribuer à Jefferson, le collaborateur de Franklin et de Washington dans la déclaration de l'indépendance, et le successeur de Washington à la présidence, les doctrines ultra-libérales d'où serait sorti, aux États-Unis, le suffrage universel. Jefferson était, sans nul doute, plus imbu que son illustre et sage prédécesseur des idées théoriques du xviii° siècle ; ses écrits en font foi ; mais l'idée funeste et si absolument fausse de l'égalité de capacité politique chez tous les membres d'une nation, quels que soient leur éducation, leur instruction, leur situation, leurs intérêts, n'est jamais entrée dans la pensée de Jefferson. On en trouverait des preuves nombreuses dans ses *Mélanges*. L'extrait suivant d'une de ses lettres, écrite le 8 octobre 1813 à John Adams, suffit pour dégager son opinion des exagérations qui la travestissent.

« Je considère l'aristocratie naturelle comme le don le plus précieux que nous fasse la nature pour l'instruction de la société, pour

Le 5 juillet 1876, le lendemain même du centenaire de l'indépendance américaine, le Sénat et la Chambre des représentants des États-Unis, dans une séance commune et solennelle, adoptaient à l'*unanimité*, comme expression de la volonté nationale, la résolution suivante proposée par le général Shermann :

« Attendu qu'il a plu au Dieu tout-puissant de diriger

la direction et le maniement de ses affaires. *La meilleure forme de gouvernement est celle qui pourvoit avec efficacité à ce que les fonctions publiques soient exclusivement confiées à* ces ARISTOÏ-NATURELS. Je crois que le meilleur remède est de... laisser aux citoyens le soin de séparer, par des élections libres, les ARISTOÏ des PSEUDO-ARISTOÏ. Les hommes de nos États peuvent avec sécurité se réserver à eux-mêmes un contrôle salutaire sur les affaires publiques et un degré de liberté qui, *dans les mains de la canaille des villes d'Europe, serait bientôt employé à la destruction des intérêts publics.* » (*Mélanges politiques* de Jefferson, t. II.)

Il ne faut pas oublier que, lorsque Jefferson écrivait ces lignes si remarquables, les États-Unis jouissaient du suffrage restreint. Les grandes villes avaient sans doute leur canaille, mais elle était impuissante, et *ne pouvait s'employer à la destruction des intérêts publics.* Elle le peut aujourd'hui, à la honte et au péril de cette grande nation. Comment cette révolution s'est-elle faite ?

Le suffrage universel total s'est d'abord implanté dans les États de l'Ouest, dont la population clairsemée était toute composée de propriétaires. C'était cette vaillante race des *squatters* voués au défrichement d'un sol vierge, et qui, tous égaux par la peine et le courage, par l'instruction et les garanties morales, n'auraient pas compris d'exception ou d'inégalité dans les droits politiques. Cette égalité de droits était d'ailleurs un puissant appel pour les immigrants dans ces États du Centre américain, et du moment qu'un seul des nouveaux États offrait le suffrage universel, l'Ouest tout entier y était irrésistiblement entraîné.

Et c'est leur exemple qui a servi de texte, — facile et abondant, on le comprend, — aux déclamations des politiciens en quête de suffrages électoraux, dans les anciens États, ceux du littoral, les États fondateurs de l'indépendance ; on leur a fait honte de leur prétendue infériorité vis-à-vis des jeunes États. On leur montrait Saint-Louis (du Missouri) destiné par ses incroyables progrès, en population et en richesse, dus à l'immigration, à supplanter bientôt New-York et Philadelphie. C'est ainsi que, depuis 1831, les États-Unis sont sous le joug, toujours plus lourd, de ces foules avilies des villes, auxquelles Jefferson a donné leur vrai nom.

C'est un sentiment semblable qui a fait écrire cette pensée : « La liberté est menacée quand le suffrage n'est pas éclairé par l'éducation. » Maxime de feu M. Garfield, président des États-Unis.

et de garder les États-Unis d'Amérique, à travers un siècle de vie nationale, et de couronner notre peuple des bienfaits suprêmes de la liberté civile et religieuse,

« Le Sénat et la Chambre des représentants reconnaissent avec adoration, au nom du peuple des États-Unis, que Dieu a été la fontaine et la source, l'auteur et le donateur de tous ces bienfaits, et que nous dépendons entièrement de sa providence. »

D'autres peuples, mais d'une moindre importance, ont aussi réalisé dans leurs institutions cette précieuse alliance de l'ordre et de la liberté. La Suède, le Danemark, la Hollande, ces états protestants, ont, comme la catholique Belgique, également réussi à garder, chez elles, l'amour de la famille, de la propriété, du travail ; le sentiment religieux existe chez ces peuples à un très haut degré. On aurait pu, il y a quelques années, en dire autant de la Suisse ; mais la persécution religieuse, qui s'est si malheureusement emparée de cette nation, jette sur son avenir un nuage épais. C'est une douleur amère pour ceux qui ont, pour la Suisse, l'affection dont elle s'est montrée si digne par sa noble conduite envers notre brave armée de l'Est, si indignement oubliée par le fatal ministre d'alors de nos affaires étrangères.

La France poursuit encore l'idéal réalisé par ces peuples. Elle veut, comme eux, un pouvoir fort et modéré, une liberté forte et active ; elle aussi a l'amour de la famille, de la propriété, du travail ; chez elle, enfin, le sentiment religieux a une grande puissance, et ne se laisse ni altérer, ni diminuer par les efforts violents ou détournés de nos gouvernants actuels ; on peut même dire que ces efforts, aussi inintelligents qu'odieux, n'obtiennent qu'un effet contraire à celui qu'ils se proposent. Et cependant les hommes les plus compétents, dans l'étude de nos variations politiques, ne pensent pas que nous en ayons atteint le terme.

Mais, s'il en est ainsi, la France qui travaille est dans un état de manifeste infériorité vis-à-vis des nations qui l'entourent, et qui ne sont nullement disposées à ouvrir, chez elles, l'ère fatale et ruineuse des révolutions.

Or, il en est ainsi et les effets de notre mauvaise situation politique commencent à se faire durement sentir ; les crises industrielles, agricoles, commerciales se multiplient chez nous, et celle dont les premiers symptômes se sont fait sentir, il y a quelques mois, et vont chaque jour s'aggravant sera, pour juger des difficultés et des dangers que nous nous créons à nous-mêmes, plus démonstrative qu'aucune de celles qui l'ont précédée (ceci est écrit en novembre 1883).

Jamais, en effet, notre situation n'a été si misérable, car le mal est surtout moral ; jamais la médiocrité n'a plus envahi les pouvoirs publics et le monde des fonctionnaires ; jamais pareille pénurie d'hommes d'État et de gouvernement ne s'est produite ; jamais les passions anti-religieuses ne se sont étalées si effrontément ; jamais nos finances n'ont été administrées avec une pareille ineptie ; jamais la centralisation n'a été plus violente et plus arbitraire ; jamais le suffrage uni-

versel, plus ignorant, plus affolé, plus destructeur ;
jamais le trouble des esprits si profond ; jamais l'avenir si obscur. Et cependant, le travail n'a encore
perdu ni son courage, ni sa patience.

Cette persévérance du travailleur français est à son
honneur, à son grand honneur. En le voyant si éner-
gique et si vaillant, on se sent renaître à l'espérance,
car on ne peut pas douter des merveilles qu'il enfan-
terait, des richesses qu'il créerait, de la paix et de
l'union qu'il assurerait, s'il ne sentait pas le sol trem-
bler sous ses pas par les efforts du jacobinisme. Avec
quelle rapidité, avec quelle puissance ne verrions-
nous pas se relever la confiance générale, si nous
étions autrement gouvernés.

Patrons et chefs de l'industrie, nous avons le droit
de le dire bien haut : c'est à nous surtout que revient
l'honneur de la persévérance de notre cher pays dans
le travail ; c'est nous qui, par nos exemples, notre fermeté, contribuons à maintenir efficacement la vieille
renommée du travailleur français ; ne nous lassons
pas de ce rôle si utile et où nous trouvons satisfaction
à tous nos instincts de travail, d'union, de patriotisme.

Rappelons-nous avec orgueil que, lorsque la rançon
des cinq milliards nous a été imposée, et lorsque la
France a dû les emprunter, c'est en nous, en nous
tous, les travailleurs, que les prêteurs ont mis toute
leur confiance. Ils se sont dit que nous allions redou-
bler d'énergie pour rétablir la fortune de la France et
la mettre au niveau des nouvelles charges qu'elle
acceptait ; nous l'avons fait ; nous le faisons chaque
jour.

Ne nous décourageons donc pas, et, quelles que soient l'obscurité et la honte des temps présents, travaillons; c'est faire œuvre à la fois de bons pères de famille, et de bons citoyens, l'œuvre la plus utile à notre chère patrie.

Laboremus.

DEUXIÈME PARTIE
ORGANISATION ACTUELLE DU TRAVAIL

CHAPITRE VII
LA LIBERTÉ DU TRAVAIL

> Dieu, en donnant à l'homme des besoins, en lui rendant nécessaire la ressource du travail, a fait du droit de travailler la propriété de tout homme, et cette propriété est la première, la plus sacrée et la plus imprescriptible de toutes.
>
> Turgot, *édit. de 1776.*

Nous venons d'étudier les quatre institutions : — famille, travail, propriété, héritage, — qui, telles que le christianisme les a faites, sont les assises fondamentales des sociétés humaines.

Entrons maintenant plus directement dans l'objet de cette *Étude*. Recherchons comment, au point de vue général, le travail s'est constitué chez les modernes.

Les sociétés anciennes, les juifs, les païens, ont toutes connu et pratiqué l'esclavage ; elles ont, toujours et en même temps, gardé une part, souvent importante, au travail libre ; toutefois, l'on peut dire avec vérité qu'elles ont vécu du travail servile, et l'on peut ajouter, avec certitude, qu'elles en sont mortes.

Les modernes ont fondé le travail sur la liberté, se conformant ainsi à la loi divine qui veut le respect de la dignité humaine. Cette révolution, — car c'en est une, — ne s'est pas faite en un jour et sans combats. Il a fallu des siècles pour développer et fortifier les éléments du travail libre que l'antiquité avait gardés à côté de l'esclavage; tant d'intérêts s'étaient engagés dans le travail servile, tant d'institutions même s'y étaient façonnées !

Notre temps a été témoin des luttes soutenues par les propriétaires d'esclaves pour défendre ce qu'ils pensaient être leur droit. On sait quels efforts a coûté aux États-Unis l'abolition de l'esclavage.

Notre temps enfin a vu, à son grand honneur, les nations européennes qui, chez elles, en avaient fini depuis longtemps avec l'esclavage, le faire enfin disparaître dans leurs colonies. L'Espagne seule avait conservé des esclaves à Cuba et aux Philippines. Cuba vient d'être affranchie, et les Philippines vont l'être. On assure que la Hollande commence à reconnaître la nécessité de modifier le régime de grandes corvées et de culture forcée pour le compte de l'État, qu'elle pratique dans ses possessions des îles de la Sonde[1]. Quand cette réforme sera accomplie, l'Europe ne connaîtra plus chez elle, ni dans ses possessions lointaines, que le travail libre. En regardant alors le long et pénible chemin parcouru pour assurer partout, sous sa loi, la liberté du travail, l'Europe se rappellera que cette liberté est posée en principe depuis l'ère chré-

---

1. On sait que le Brésil, pays chrétien, a aboli l'esclavage; mais la libération s'effectue progressivement, et en nombre d'années déterminé par la loi.

tienne et que l'Église n'a pas cessé un instant de la pousser dans cette voie féconde.

J'ai dit que le travail libre avait existé, de tout temps, en face de l'esclavage. On ne peut assurément s'étonner que la Judée ait gardé le travail libre, et il y a plutôt lieu de se demander comment elle a accepté, en même temps, l'esclavage. Quoi qu'il en soit, les textes de l'Écriture sont formels. Le psaume de David, cité au chapitre précédent, s'adresse au travailleur libre, et montre en quelle estime il était tenu. Les livres de Moïse, antérieurs à l'œuvre de David de plus de six siècles, sont aussi formels. On connaît le beau texte du *Lévitique :* « Le prix du mercenaire qui vous donne son travail ne demeurera pas chez vous jusqu'au matin [1]. » Le *Deutéronome* et le livre de *Tobie* contiennent des passages aussi impératifs pour le payement de l'ouvrier libre [2].

Dans l'*Exode*, Moïse parle de deux artisans, inspirés, dit-il, de la sagesse de Dieu pour exécuter les ouvrages en métaux précieux, les tissus, les ornements des lévites, des autels et du temple. Il les nomme : l'un est Bézéléel, fils d'Uri, fils de Hur, de la tribu de Juda ; l'autre est Ooliab, fils d'Achisamech, de la tribu de Dan. Il leur adjoint plusieurs ouvriers, doués aussi, dit-il, de la sagesse, et les charge de l'exécution de l'arche d'alliance, et de tous les ornements du culte [3].

La Grèce nous offre des faits semblables.

<hr>

1. *Lévitique,* chap. XIX, v. 13.
2. *Deutéronome,* liv. XXIV, v. 14 et 15. *Tobie,* liv. IV, v. 15.
3. *Exode,* liv. XXXV et XXXVI.

Homère nomme et célèbre les artisans qui ont fabriqué l'arc de Pandanus [1], et le bouclier d'Ajax [2]. Hésiode décrit, avec des détails qui prouvent son intérêt et son respect, les travaux libres de l'agriculture, de la navigation, du commerce [3].

« Le travail libre réagissait sur les esclaves ; il en diminuait le nombre ; il pouvait aussi en modifier la valeur [4]. »

Rome avait des esclaves en grand nombre. Cependant, dès l'époque de ses rois, elle avait des corporations d'ouvriers. Servius Tullius leur avait accordé des privilèges politiques ; ces corporations avaient leurs chefs, leurs réunions, leurs règlements ; elles fournissaient à leurs dépenses par leurs cotisations, et avaient leurs cérémonies religieuses particulières [5].

Cicéron, dans sa quatrième *Catilinaire*, essayant de rassurer le Sénat sur les tentatives de désordres pratiquées par les complices de Catilina. s'exprime ainsi : « On a fait une tentative — près des ouvriers. — Mais il ne s'en est trouvé aucun assez pauvre ou assez perverti pour ne pas vouloir conserver son réduit, son modeste lit, et l'échope où il gagne son salaire de chaque jour [6]. »

Un empereur romain a rendu au travail libre un hommage d'autant plus remarquable que l'esclavage, miné par les premiers efforts du christianisme, était

1. *Iliade*, liv. IV, 10.
2. *Iliade*, liv. VII, 220.
3. *OEuvres et jours*, 616, 683.
4. Wallon, *Histoire de l'esclavage dans l'antiquité*, t. I, chap. ii.
5. Levasseur, *Histoire des classes ouvrières*, chap. i.
6. *Ibid.*

alors plus oppressif que jamais. C'était à la fin du
IIe siècle de notre ère.

L'empereur était Septime-Sévère, soldat né en
Afrique, et élevé au trône par les légions après d'écla-
tants succès. Venu en Angleterre pour combattre une
révolte, il y fut arrêté par la maladie. Se sentant
mourir, il dit à l'ami qui le veillait : *Omnia fui et nihil
expedit*[1]. Puis, voyant entrer le centurion qui venait
demander le mot d'ordre, il se leva sur son séant, et
d'une voix ferme : *laboremus*[2], dit-il, et il expira.

Après la conquête des Gaules, et pour les neuf premiers siècles de l'ère chrétienne, les documents historiques sur les corporations d'artisans sont rares ;
ils suffisent cependant pour prouver qu'elles n'ont pas
été éteintes ; à côté de l'esclavage, le travail libre a
persisté, et il fallait assurément que sa vitalité fût forte
pour qu'il ait pu lutter contre une telle concurrence.

Du Xe siècle à la Révolution, les documents abon-
dent au contraire ; les corporations, les confréries se
multiplient et se fortifient. La grande industrie apparaît avec la paix donnée à la France par Henri IV.
Colbert la protège, et par des règlements, sages alors,
parce qu'ils assuraient les débouchés en assurant la
fabrication loyale, et, par conséquent, la vente du produit, lui donne un grand essor ; la discipline s'établit
dans les ateliers ; l'apprentissage se règle enfin d'une
manière plus libérale.

Il ne faut pas oublier que les corporations modernes
sont nées sous la féodalité, et qu'elles sont contempo-

1. « J'ai joui de toutes grandeurs ; mais elles sont vaines aujour-
d'hui. »

2. « Travaillons. »

raines du grand mouvement qui s'est appelé l'affranchissement des communes ; la question, au fond, était la même pour les communes et les corps de métiers ; il s'agissait de se défendre contre l'oppression et les exactions de la féodalité.

Les corporations réunissaient en un même groupe les patrons, les apprentis, les ouvriers d'une même profession. Les intérêts pécuniaires n'y étaient pas associés ; mais il y avait un lien commun pour la défense commune ; il se formait ainsi un esprit de corps avec les sentiments moraux qu'il engendre toujours.

La conséquence la plus efficace était une grande fixité dans la profession. Les fils succédaient réglementairement aux pères ; les familles se fondaient pour longtemps dans le même travail. Les ouvriers et apprentis n'avaient pas d'autre horizon et d'autre ambition que de rester fidèles au patron et au métier.

C'était une grande force dans les temps de crise ; elles étaient nécessairement alors nombreuses et graves ; les difficultés des communications, l'irrégularité et la cherté du commerce de l'argent, les guerres si fréquentes et dont l'une s'appelle la guerre de Cent Ans, les guerres religieuses étaient des obstacles sans cesse renaissants pour le travail. Il faut rappeler la crise monétaire si profonde qui a rempli presque un demi-siècle après la découverte de l'Amérique. Une importation considérable d'or et d'argent eut lieu par le Nouveau Monde ; la valeur de la monnaie métallique s'abaissa immédiatement en Europe, et le prix des objets de consommation subit une hausse considérable [1]. Les souffrances des travailleurs furent grandes alors ; le salaire n'avait pas suivi cette brusque progression.

C'est dans ces moments que se manifestaient l'utilité et la vertu secourable des corporations. Suivant la belle et très forte expression de M. Levasseur, *on s'y serrait contre la misère*. Sans les corporations, l'industrie aurait plus d'une fois succombé.

Ces avantages des corporations, incontestables du x° au xv° siècle, ont commencé, vers le xvi°, à s'atténuer par l'excès de leurs réglementations intérieures et de leurs restrictions exclusives de toute indépendance. L'esprit de liberté qui se levait, en Europe, si marqué dans la noblesse et dans la bourgeoisie, pénétrait aussi dans les masses populaires, et battait en brèche les privilèges et les monopoles des corps de métiers, et surtout les obstacles de tout genre que leurs règles opposaient à la liberté d'invention et à la liberté de travail.

De là, le développement du compagnonnage, espèce de franc-maçonnerie ou de société secrète, où s'engageaient, à la fois, les ouvriers intelligents, qui sentaient leur force, les inventeurs et les turbulents, impatients de toute règle. C'était surtout une protestation, mais à la fin du xviii° siècle, cette protestation, appuyée sur des faits nombreux et importants, et sur-

1. Nous avons vu récemment un phénomène semblable en Allemagne. L'arrivée subite de nos cinq milliards a jeté un trouble profond dans toutes les conditions économiques de ce pays. Les spéculations folles ont pullulé ; les objets de consommation ont subi une hausse notable que la main-d'œuvre n'a pas suivie. Il en sera toujours ainsi des richesses improvisées ou qui ne seront pas le fruit d'un travail régulier.

tout sur l'opinion publique, avait acquis une force à
peu près irrésistible.

Le travail donnait ainsi la preuve que la liberté est
une de ses conditions vitales, et, quand la Révolution
s'est levée, il a été des plus ardents à abattre tout ce
qui gênait sa liberté, se souciant peu alors de détruire,
du même coup, ce qui, dans les corporations, était
l'œuvre encore efficace de l'esprit chrétien.

Les corporations, jurandes et maîtrises avaient été
abolies dès 1776, sur le rapport de Turgot. Ce rapport,
œuvre très remarquable du grand économiste et de
l'excellent administrateur, concluait à la suppression
de toutes les corporations, jurandes et maîtrises. Sauf
quelques exceptions temporaires, Turgot ne conservait rien des anciens liens entre les patrons et les
ouvriers, les laissant tous, isolés, aux prises avec une
situation toute nouvelle pour eux ; elle s'appelait, il
est vrai, la liberté, et Turgot croyait à sa souveraine
puissance. Il lui a été donné de mourir sans en avoir
vu les épouvantables excès.

On sait que les décrets de Turgot, rendus au commencement de 1776, et qui avaient dû être enregistrés
dans un lit de justice, furent retirés par le roi quelques
mois après. Ce fut la première faute de Louis XVI et
le germe de toutes les autres. En reprenant une
réforme exagérée en quelques points, mais si nécessaire d'ailleurs, il ouvrait la porte aux excès et aux
audaces de l'esprit de révolution. Il fallait garder
Turgot et le soutenir, et il n'est pas douteux que la
haute intelligence et le grand cœur de son ministre
auraient bien vite démêlé le point faible de ses

réformes radicales, et lui auraient inspiré les mesures
nécessaires pour aider la nation, et surtout la population ouvrière, dans ce brusque et rude apprentissage
de la liberté. Mais le temps et l'honneur ne lui en ont
pas été laissés.

On sait enfin qu'en 1789, le principe de l'abolition
des corporations, jurandes et maîtrises, fut proclamé,
puis définitivement confirmé en 1791. Il ne faut pas
demander si la Révolution fut plus prévoyante ou
moins radicale que Turgot. Ce n'est pas l'habitude
des révolutions de prévoir ni de modérer.

L'industrie, ses chefs, ses soldats, ont été mis ainsi,
sans transition, sans appuis, sans conseils, face à face
avec la liberté; réglementés outre mesure hier, et
libres mais isolés aujourd'hui.

Une armée entrant en campagne, sans vivres, sans
tentes, sans direction, telle est l'exacte image de l'armée industrielle de la France à la fin du dernier siècle
et au commencement de celui-ci; c'est dans ses rangs
que les grandes levées d'hommes de la Révolution et
de l'Empire ont trouvé leur principal aliment. Combien d'ouvriers, appelés sous les drapeaux, y cou-
raient avec joie, assurés désormais de trouver dans
les camps ce pain quotidien que leur travail ne pouvait
pas leur garantir. Sans les grandes levées d'hommes
de l'Empire, nous aurions assisté, dans tout le pays,
à un effondrement inouï de la main-d'œuvre. Ai-je
besoin de dire que je constate ici un fait, et que je
n'entends ni excuser, ni pallier l'ambition désordon-
née qui nous a valu ces grandes guerres, si cruelle-
ment expiées à Moscou, à Waterloo, à Sedan?

Quoi qu'il en soit, comme la liberté est l'âme même

du travail, quelque dur et difficile qu'ait été son apprentissage pour l'industrie et surtout pour l'ouvrier, le bienfait accompli depuis un siècle n'est pas contestable. L'ouvrier a grandi de toutes manières ; le travail s'est immédiatement développé ; le progrès, en tout genre, est de toute évidence.

C'est une certitude pour tous ceux qui suivent, avec l'attention qu'elles méritent, l'histoire et la vie de l'ouvrier. C'est la conclusion de l'auteur de l'*Histoire des classes ouvrières ;* voici ses paroles : « Les ouvriers salariés ont gagné aussi à cette révolution ; le régime de la liberté leur a été favorable, comme à la société tout entière [1]. »

Ainsi, les travailleurs modernes, dans tous les États parvenus à un degré supérieur de civilisation, jouissent de la liberté d'eux-mêmes. Ils n'ont à subir ni monopoles, ni privilèges [2] ; ils emploient leur intelligence, leurs capitaux, leurs bras, où et comme il leur plaît, choisissant leur profession, la quittant, passant à une autre selon leur volonté.

Et, il faut bien le reconnaître, ce régime libre du travail a produit les développements sans précédents dont nous sommes témoins aujourd'hui ; jamais le travail n'a été plus abondant, plus honoré. Cette grande conquête est l'œuvre capitale de notre xixe siècle.

Mais s'ensuit-il que ce régime soit achevé et complet ? Voyons-nous qu'il ait réuni toutes les adhésions, conquis tous les suffrages, qu'il satisfasse à toutes

---

1. T. II, p. 456.

2. Exception est faite, dans nos lois, pour les nécessités de l'impôt ; tels sont les monopoles de la fabrication des poudres et des tabacs, dans les mains de l'État ; c'est aussi, et au nom de la sécurité publique, le monopole de la circulation sur les chemins de fer.

les prétentions légitimes, qu'il assure le travail dans le présent, la sécurité dans l'avenir? Comment, s'il en était ainsi, serions-nous témoins de troubles si profonds dans le monde du travail? Je ne parle pas des excès de langage et d'aspirations des meneurs de la démagogie; mais si certain nombre les suit, est-ce sans raison? Dans ces griefs outrés, n'y a-t-il pas une part de vérité?

Ne nous faisons d'illusion, sur la toute-puissance de la liberté, ni pour le passé, ni pour l'avenir.

Dans le passé, la liberté n'a rien fait sans aide et sans appui : nos mœurs, et l'esprit chrétien qui y domine, lui ont toujours prêté, souvent imposé leur concours, lui apportant les sentiments de modération, de respect mutuel, de solidarité qui, dans les questions et les conflits d'hommes à hommes, ont tant de puissance pour la paix et l'union.

Et ce concours efficace devient plus nécessaire, à mesure que l'esprit d'égalité se développe, entraînant à sa suite ce terrible fléau, l'esprit d'envie, ce père hideux du socialisme et du communisme, cet excès et cette honte de l'égalité.

Demander à la liberté les armes propres à combattre les grandes infirmités de la nature humaine, c'est lui demander ce qu'elle n'a pas, ce qu'elle ne peut avoir. L'orgueil, la cupidité, l'égoïsme, l'envie se rient de ses efforts. L'esprit chrétien a seul ces armes; seul il possède les paroles qui vont aux cœurs; il n'y a pas d'autre force pour combattre et vaincre les passions et les mauvais penchants.

Que l'on nous comprenne bien; si nous montrons les limites naturelles, substantielles de l'action de la liberté, ce n'est pas pour arriver, comme conclusion, à la négation de la liberté. Nous n'imiterons pas ces esprits chagrins ou trembleurs qui, en face des audaces, des perversités qui se font jour dans les congrès ouvriers, en accusent la liberté ; grande erreur, car toutes ces insanités, tous ces délits, toutes ces insultes au bon sens ne se produisent qu'au mépris et en flagrante violation de la liberté et de ses lois.

Ainsi, nous ne rendons pas la liberté responsable de ces excès ; c'est dans le même esprit que nous lui contestons toute action sérieuse pour l'apaisement des conflits qui troublent le travail.

Si j'insiste sur ces considérations, c'est que, comme je l'ai déjà dit, tout n'est pas faux, tout n'est pas chimérique dans les griefs que suscite le régime actuel du travail. Il y a, dans ce monde du travail, des causes perturbatrices de plus d'un genre ; il y en a dans la production, dans l'échange, dans le salaire ; il y a les erreurs et les excès de la concurrence ; les causes naturelles elles-mêmes suscitent souvent des embarras, des engorgements, des déficits inattendus. En face de tant de motifs de troubles et d'insécurité, il ne suffit pas de l'esprit libéral de l'économiste, il faut l'esprit humain et généreux du chrétien.

Tel est le vaste champ ouvert à notre étude, et où l'on est sûr d'arriver à la vérité, si l'on veut loyalement la rencontrer.

Ce sera l'objet des chapitres qui vont suivre. Je les ferai précéder toutefois de quelques considérations générales appliquées à tous les ordres de travailleurs, les travailleurs intellectuels et les travailleurs manuels.

Nous avons vu que les diverses conditions du travail sont fondées sur la diversité des aptitudes humaines, dont la variété est grande. On peut cependant ramener les professions à deux types, les professions intellectuelles et les professions manuelles, à la condition toutefois de ne pas les renfermer dans des cadres trop étroits. Il y a, en effet, des professions intellectuelles, la chirurgie, la sculpture, où l'habileté de main est une nécessité de premier ordre. Le travail manuel, de son côté et à son grand honneur, fait un emploi souvent important d'intelligence [1].

Il y a nécessairement certaines différences dans la manière dont les professions intellectuelles ou manuelles peuvent être abordées et suivies. Mais il y a bien des ressemblances aussi, et la première de toutes est l'identité du but poursuivi. Il s'agit pour tout travailleur de *gagner sa vie*.

Gagner sa vie, assurer le présent, préparer l'avenir, par l'économie et la bonne conduite, n'est-ce pas la volonté, l'espérance de quiconque débute dans le travail? Les mêmes efforts n'y sont-ils pas nécessaires

---

1. L'antiquité avait une autre classification, également binaire : d'une part, les professions libérales; de l'autre, le travail servile. Les premières comprenaient les lettres, les sciences, les arts, le droit, la médecine. L'agriculture jouissait d'un respect particulier; les métiers étaient tolérés; tout le reste appartenait au travail servile.

Notre temps aurait pu tomber dans un excès contraire, et mesurer exclusivement l'estime due aux professions par leur seule utilité économique : il aurait pu mettre au premier rang et bien au-dessus des lettres, des sciences, des arts, l'industrie et le commerce qui offrent au travail ses plus importants éléments et contribuent dans une si large part au progrès et à la prospérité des nations. Les doctrines utilitaires étaient de force à nous égarer de la sorte.

Grâce à Dieu, il n'en a pas été ainsi.

Notre temps mesure son estime, sa reconnaissance, son admiration aux services rendus par le vrai mérite, par le vrai talent, sur quelque degré de l'échelle sociale qu'ils se rencontrent.

dans toutes les professions ? Les difficultés n'y sont-elles pas semblables, et aussi les espérances, et surtout aussi les désillusions ? Les commencements dans le commerce, dans l'industrie, dans le droit, dans la médecine, ne sont-ils pas souvent pleins d'amertumes et de sombres jours ? La faim, la misère ne frappent-elles qu'à la porte du salarié ? Du salarié ! Mais ne le sommes-nous pas tous ? Pourquoi ce travail opiniâtre, cette poursuite acharnée, traversée souvent, dans toutes les professions, par de lamentables épreuves, si ce n'est pour le pain quotidien ?

Dans certaines professions insalubres, dangereuses, on dit de leurs ouvriers, et non sans raison quelquefois, qu'ils sont les forçats du métier. Combien, parmi les camarades de ma jeunesse, n'ai-je pas vu de ces forçats de l'intelligence, montant à l'assaut — du superflu ? non, du strict nécessaire, — avec quel courage chez tous, puis, après un certain temps d'efforts et de luttes, avec quels désespoirs chez beaucoup d'entre eux, le jour où ils commençaient à reconnaître qu'ils avaient visé trop haut, et qu'ils avaient entretenu de trop hardies ambitions, séduits qu'ils avaient été par la liberté qui, en leur ouvrant toutes les portes, semblait ainsi encourager toutes les audaces.

Ce n'est pas tout. Les difficultés du début ne sont pas seules et sont les moindres. La jeunesse aide à supporter bien des déboires ; mais il n'en est plus de même à mesure qu'on avance en âge, surtout si l'on ne lutte pas pour soi seul, mais pour la famille.

Il ne suffit pas, en effet, dans les diverses professions et pour s'y frayer un accès, d'avoir fait preuve de courage et de persévérance. Il ne suffit pas, une fois classé, et pour obtenir une augmentation de salaire ou d'appointements, ou d'honoraires, — mots synonymes au point de vue général ou social du travail, — de faire preuve d'adresse, d'exactitude, d'honnêteté, de talent.

Ingénieur ou artiste, commerçant ou médecin, industriel ou légiste, artisan ou terrassier, agriculteur ou lettré, quelque carrière que l'on ait embrassée, quelle que soit la profession ou le métier, y est-on sûr, du moins, d'y trouver la durée, la sécurité ? Y est-on certain de l'avenir ? Les crises commerciales, financières, industrielles, quel moyen la société possède-t-elle pour les prévenir ou en atténuer les effets ?

Le problème de l'insécurité et des perturbations dans la rémunération est donc un problème général, issu de faits très généraux et touchant à toutes les conditions. C'est un problème de premier ordre, et qui a droit aux préoccupations de tous. Ce n'est pas trop de toutes les forces sociales pour le résoudre. Ce n'est pas trop de l'alliance de l'esprit chrétien et de la liberté. C'est l'esprit chrétien, on ne saurait trop le redire, qui, dans le passé, dans la formation improvisée du régime libre du travail, nous a sauvés des embûches de tout genre semées sous nos pas par cette audacieuse rénovation sans exemple dans l'histoire du travail. Il a été notre ancre de miséricorde ; j'emploie à dessein cette grande expression.

Que ce grand rôle continue d'être le sien, pour le salut du monde. Que l'alliance de la liberté et de l'esprit chrétien se serre de plus en plus étroitement, l'esprit chrétien donnant ses vertus, la liberté son énergie et son initiative. La formule américaine *go a head* (en avant), la formule anglaise *help yourself* (aide-toi toi-même), sont de belles formules ; mais si nous ne voulons pas que l'industrie, nouveau char de Jaggernauth, écrase ses plus fidèles serviteurs, superposons à ces formules la grande parole évangélique : *Aimez-vous les uns les autres.*

Nous pouvons entrer maintenant dans l'étude économique du capital, du salaire et de leurs relations dans le monde du travail et de la production.

CHAPITRE VIII

LE CAPITAL

> Le capital a sa racine dans trois attributs de l'homme : la prévoyance, l'intelligence et la frugalité.
>
> F. BASTIAT, *Harmonies économiques*, chap. VII.
>
> Le capital, ce grand instrument du travail est à la génération de la richesse, ce que la machine à vapeur est à la production du mouvement.
>
> MIGNET, *Notices et portraits*, Rœderer, t. I.
>
> Le capital est le thermomètre de la civilisation et de la puissance nationale.
>
> ROSSI, *Cours d'économie politique*, t. III, 6e leçon.

Le mot CAPITAL a plusieurs acceptions.

L'usage le plus général applique ce mot à l'or, à l'argent, à la monnaie métallique comme à la monnaie de papier, en un mot, au numéraire faisant l'office principal de l'échange et de la circulation dans le commerce et les diverses relations des hommes entre eux.

Le capital ainsi considéré a, dans l'économie sociale, le même rôle que le sang dans l'économie humaine. Arrêtez, suspendez la circulation du sang, et vous causez la mort. Arrêtez, suspendez la circulation du capital, et vous amènerez la ruine générale.

La seconde acception, plus étendue que la première, comprend, dans le mot capital, la propriété mobilière sous ses nombreuses et diverses formes.

Enfin, dans l'acception la plus large, le mot capital est l'équivalent du mot propriété. Tout ce qui est appropriable devient capital, et l'on arrive à ceci : que toute propriété est capital, que tout capital est propriété. Les deux mots ont, dans ce sens, la même relation avec le travail, dont ils expriment à la fois l'instrument et le produit, l'effet et la cause, également respectables, également inviolables à ce double titre.

Point de travail possible sans un capital antérieur; point de travail utile s'il n'est pas suivi d'un produit utile, c'est-à-dire d'un capital. Le travail le plus simple, le semis d'une plante suppose plusieurs capitaux antérieurs ou nécessaires, la terre, la bêche ou le rateau, l'engrais, la semence, la main-d'œuvre.

L'homme assis à son bureau et qui y écrit sous l'action de cette chose immatérielle qui s'appelle la pensée, que fait-il ? Il fait emploi d'un capital, souvent considérable, accumulé en lui et qui est sa science, son instruction, et il produit un capital-livre échangeable chez l'éditeur pour de l'argent.

Le magistrat, rendant la justice sur son siège, fait emploi du capital qu'il a accumulé, en étudiant les lois, et reçoit de l'État un capital, une rémunération qui est le prix du service qu'il rend chaque jour.

Entrons plus avant dans les diverses combinaisons d'emploi des divers capitaux.

Il arrive fréquemment que le capital avec lequel un travail est exécuté n'appartient pas à celui qui l'emploie. Ainsi une usine, avec son outillage, devient, par succession, la propriété d'une personne qui n'a pas les connaissances ou les habitudes, ou les capitaux nécessaires pour la faire marcher et en tirer profit. Voici, d'un autre côté, un industriel, qui a les connaissances et les habitudes nécessaires, mais n'a que peu ou point de capitaux. Un rapprochement se fait entre le propriétaire de l'immeuble et l'industriel, et ils conviennent d'un prix annuel représentant le loyer de l'usine. Qu'est-ce que ce loyer ? C'est le prix du service rendu à l'industriel par la remise, dans ses mains, d'une chose, d'une propriété, d'un capital qui est l'instrument immobilier indispensable de son travail. Mais tout n'est pas fait.

L'industriel a besoin d'acheter les matières premières de son travail ; il faut aussi qu'il paye ses ouvriers ; c'est l'objet d'un second traité de sa part, soit avec le propriétaire de l'usine, si celui-ci a les capitaux mobiliers nécessaires à l'industriel et s'il est disposé à les lui prêter. Sinon, c'est un banquier qui les fournit, si l'industriel lui paraît offrir les garanties nécessaires de bonne conduite et de capacité. Voici donc un autre service rendu à l'industriel. De quel prix payera-t-il ce service ? Du même qu'il a payé le premier, d'un loyer annuel qui, dans ce cas, s'appelle l'intérêt de l'argent. Entre ces deux rémunérations, l'une pour le capital immobilier, l'autre pour le capital mobilier, il y a similitude absolue, les noms diffèrent, mais ils expriment la même chose, le prix d'un service rendu.

Il reste maintenant pour l'industriel à trouver la main-d'œuvre, ce troisième élément de la production ; comment s'y prend-il ? Il n'a pour cela qu'un moyen ; la science, les mœurs, la loi, ne lui en offrent pas deux :

il assure à l'ouvrier qu'il a choisi, le connaissant généralement peu et étant aussi peu connu de lui, une somme fixe pour sa peine de chaque jour. C'est ce qu'on appelle le salaire, troisième mot exprimant, comme le loyer, comme l'intérêt, le prix d'un service rendu, et qui est, comme eux, tenu en dehors de la spéculation bonne ou mauvaise de l'industriel, qui peut se tromper. Ainsi l'industriel, dans la confiance du succès, commence par s'engager à prélever sur le produit de son travail, et généralement avant l'entrée de ce produit dans la consommation, des sommes fixes, du payement desquelles il n'est point dégagé, alors même que ses produits ne se seraient pas vendus ou ne l'auraient été qu'à perte. Il a pris des engagements, il doit les tenir; sinon il a, en face de lui, la faillite et le déshonneur moral qui la suit.

Il n'y a pas d'industrie qui ne présente ces conditions et ces situations.

Prendrons-nous comme exemple la culture de la terre ? Qu'y verrons-nous ?

L'instrument immobilier est généralement loué par un propriétaire à un fermier. Si ce fermier n'a pas le numéraire nécessaire pour se garnir d'un cheptel suffisant, il l'emprunte, et nécessairement il emprunte aussi, et à mesure des besoins, l'argent nécessaire pour les salaires de ses ouvriers à l'année, ou des ouvriers auxiliaires des moissons.

Le blé et le seigle se sèment pour la plus grande partie en automne; les menus grains, au commencement du printemps; les moissons se font l'été, et les ventes de grain ne commencent guère que vers la Tous-

saint. Voilà donc des avances de six à douze mois ;
avant que le fermier ait pu vendre un hectolitre de
grain, il a dû payer son année de loyer, son année
d'intérêt de son fonds de roulement, et toute sa main-
d'œuvre. Je ne parle pas des engrais achetés au dehors, des impôts, des assurances, etc.

Le problème sera-t-il simplifié parce que le propriétaire travaillera lui-même sa terre et avec son argent ?
Simplifié sans doute, mais, au fond, toujours le même
quant au résultat. Le propriétaire qui voudra bien
savoir s'il a eu raison de se faire son propre fermier
devra chercher, si, dans le produit total qu'il a obtenu,
il trouve :

1° La somme que sa terre lui aurait rapportée, s'il
l'avait affermée à un fermier ;

2° L'intérêt que l'argent employé à la culture lui
aurait rapporté s'il l'avait placé ;

3° Et enfin les salaires, impôts, assurances, engrais,
entretiens, etc.

S'il trouve un excédent, il aura fait une bonne spéculation ; sinon, non.

Prendrons-nous maintenant un exemple dans la
petite industrie, chez un boulanger ?

Il a le loyer de sa boutique, il a l'intérêt de la valeur
de ses approvisionnements, qu'il les ait achetés avec
son argent ou avec de l'argent emprunté. Il a le payement enfin de ses quelques ouvriers. Le produit se
vendant vite, les avances ne sont pas à long terme ;
il n'en a pas moins fallu l'instrument immobilier, l'instrument mobilier et la main-d'œuvre.

Passons à la grande industrie. Les phénomènes y

sont plus larges, mais identiques. Il faut une usine, avec tous ses accessoires et son outillage; il faut un fonds de roulement quelquefois considérable; il faut enfin de nombreux ouvriers, des ingénieurs, des contre-maîtres, c'est-à-dire, et toujours, les trois instruments de travail.

Scientifiquement l'on peut dire qu'il n'y a que deux choses dans un produit créé de main d'homme : le capital et le travail; le capital qui est l'ensemble des diverses propriétés — immobilière ou mobilière — mises au service du travail, et le travail sous ses diverses formes, travail des chefs, travail des contre-maîtres, travail des ouvriers, en d'autres termes, travail intellectuel et travail manuel.

Tel est le tableau résumé, mais fidèle, du régime actuel, du travail dans ses rapports avec le capital. Je sais bien que la démagogie prétend qu'*il faut changer tout cela, et en finir avec la tyrannie du capital.* Nous verrons plus loin ce que vaut cette prétention.

En attendant, les choses sont telles que je les ai dites, et telles, d'ailleurs, que tout le monde les sait. J'aurais même hésité à les rappeler dans les quelques pages qui précèdent, si l'ordre logique de la discussion ne l'avait absolument exigé.

Mais ici une difficulté se présente.

Je viens de montrer que le loyer d'une terre, d'une maison, d'une usine, est le prix légitime d'un service rendu; qu'il en est de même des émoluments et des salaires des travailleurs. Aux yeux de l'économie sociale, il en est incontestablement de même pour le numéraire, et l'intérêt attribué à l'argent prêté est le prix d'un service rendu, absolument au même titre que celui des deux autres agents de la production.

Mais cette troisième proposition n'a pas toujours été admise en théologie. Après une interdiction absolue du prêt à intérêt, l'Église, en présence des faits nouveaux de l'économie sociale et financière, en présence de l'importance considérable et de la généralité de ces faits, a reconnu la nécessité de quelques exceptions; puis, aujourd'hui, sur le principe même du prêt à intérêt, elle suspend son jugement. En attendant une décision dogmatique, elle ordonne qu'au tribunal de la pénitence, les consciences ne soient plus inquiétées au sujet des prêts autorisés par la loi civile, chez les diverses nations chrétiennes.

Ceci mérite évidemment que nous nous y arrêtions; comme je l'ai fait ailleurs, je consulterai d'abord les origines.

La loi juive ne permettait pas le prêt à intérêt de Juif à Juif, — la loi moïsiaque dit : de frère à frère. — Toute augmentation, toute rémunération demandée sur le capital était condamnée comme usuraire. Les prescriptions de la loi à cet égard sont précises et sévères. Le Psalmiste, les Prophètes les ont confirmées dans de nombreux passages.

Mais ce que la loi moïsiaque défendait de Juif à Juif, elle le permettait de Juif à étranger.

Cette contraediction, qui ne peut s'expliquer que par le génie exclusif de la nation juive, enlève à la prohibition de l'intérêt, considérée en principe, toute autorité. Un législateur tel que Moïse ne pouvait pas permettre le prêt à intérêt vis-à-vis de l'étranger, si l'intérêt était condamnable à ses yeux. S'il a interdit le prêt à intérêt de Juif à Juif, c'est qu'il a voulu fortifier, chez ses concitoyens, les sentiments d'affection les uns pour les autres, et réfréner leur âpre amour du gain.

La profondeur de ses desseins éclate ici avec évidence; mais sa législation, aux yeux de la logique moderne, perd sa force dans la discussion du prêt à intérêt.

Comment les enseignements du Christ ont-ils modifié cette législation ? Est-ce en généralisant l'interdiction du prêt à intérêt, comme semble l'indiquer le texte si connu : — « Prêtez et n'attendez rien de votre prêt » — au delà du principal : *Mutuum date, nihil inde sperantes.* (Saint Luc, vi, 35.)

L'interprétation admise pour ce texte, la prohibition absolue de tout intérêt pour le prêt d'argent, est excessive; ce texte, en effet, n'est pas au nombre des commandements évangéliques donnés à tous les hommes pour leur règle de tous les jours [1].

Il est certain toutefois que l'ancienne théologie a admis l'opinion contraire. Elle a considéré l'interdiction de l'intérêt dans le prêt d'argent comme absolue. Bossuet a fait de même dans son *Traité de l'usure,* en

---

1. Parmi les auteurs qui ont défendu cette opinion avec le plus de force et de compétence, je citerai M. l'abbé Corbière, supérieur du séminaire de Paris, curé de Saint-Vincent-de-Paul. Dans son traité d'*Économie politique chrétienne,* M. l'abbé Corbière traite avec tout le développement nécessaire la question du prêt à intérêt, et conclut à sa légitimité et à son immense utilité. Tout le livre mérite d'être lu. Il est d'un esprit large et ferme, d'un savant économiste et d'un respectable et bon prêtre.

M. l'abbé Vignon, curé de Buire-Courcelles, soutient la même opinion dans son livre du *Prêt à intérêt.*

réponse à Grotius, qui avait soutenu la thèse contraire.

Il est nécessaire, pour s'expliquer une sévérité qui, si elle était maintenue, impliquerait la négation de la vie sociale des nations, de se reporter, par la pensée, à ces temps de l'antiquité où l'or et l'argent étaient surtout un instrument d'oppression contre le pauvre; où l'usure était entrée si avant dans les mœurs des Juifs et des Romains qu'elle était devenue une plaie dévorante.

Dans le moyen âge, les Juifs pratiquaient l'usure au milieu de persécutions incessantes qui prenaient leur origine autant dans leur commerce d'argent que dans leur foi. Les peuples voyaient, alors et à la fois en eux, les meurtriers de Jésus-Christ et les bourreaux des pauvres, qui sont les membres de Jésus-Christ. Ainsi l'usure ne cessait d'être un objet d'horreur, et comme elle n'est, après tout, que l'excès du prêt à intérêt, ce mode d'emploi du capital restait enveloppé de la même proscription.

Mais le monde marchait : avec les progrès du travail, l'argent, cet indispensable instrument du travail, devenait un des besoins les plus impérieux de la vie des nations. Son commerce régulier, honnête, allait toujours en s'agrandissant. La loi civile le couvrait de plus en plus de sa protection, tout en conservant, par la limitation du taux de l'intérêt, les précautions encore nécessaires contre l'usure.

Cette contradiction, devenant flagrante entre la loi religieuse et la loi civile, ne pouvait manquer d'éveiller l'attention d'un gouvernement aussi sage que celui du Saint-Siège, aussi pénétré de la nécessité religieuse et sociale de ne pas troubler inopportunément

les consciences et de ne pas élever des barrières
infranchissables entre la foi religieuse et les conditions honnêtes, utiles, fécondes, de la vie civile.

Un siècle après Bossuet, le pape Benoît XIV, illustre
par sa grande science théologique, publiait la bulle
Vix pervenit[1] dans laquelle il résumait tous les arguments contre l'usure ; mais il rappelait aussi les considérations qui, dans certains cas, légitimaient l'intérêt
dans le prêt. Ces cas se sont étendus ; l'intérêt du
capital a été successivement autorisé par le Saint-Siège,
pour les caisses d'épargne, pour les monts-de-piété ;
le gouvernement pontifical lui-même a contracté des
emprunts publics à des taux supérieurs au taux légal ;
il a autorisé aussi, pour ses chemins de fer, l'émission
d'obligations portant intérêt.

Enfin l'Église a senti la nécessité de mettre un
terme à la contradiction existant entre la loi civile et
la loi religieuse.

Je trouve dans un des livres les plus autorisés de
de notre temps sur ces matières, la *Théologie morale*
de Mᵍʳ le cardinal Gousset, la règle tracée à cet égard
par le Saint-Siège aux curés et confesseurs :

« Un confesseur agirait trop sévèrement et trop
durement en refusant l'absolution à ceux qui croient
pouvoir tirer l'intérêt du prêt, sans avoir d'autre titre
que la loi civile. »

L'auteur continue : « Un curé, un confesseur, con-
sulté sur la question de savoir si on peut tirer l'intérêt
légal du prêt sans avoir d'autre titre que la loi,

1. On sait que les bulles empruntent leur dénomination aux mots
par lesquels elles commencent. Celle de Benoît XIV commence
par les mots : *Vix pervenit ad aures nostras...*

répondra prudemment, quel que soit son sentiment,
que, d'après la règle de conduite tracée par le Saint-
Siège, on peut recevoir l'absolution en s'en tenant à
la loi civile, concernant le prêt à intérêt, si l'on est
d'ailleurs disposé à s'en rapporter pour l'avenir à la
décision définitive du souverain pontife, au cas qu'elle
ait jamais lieu. »

Et il ajoute : « Il n'arrivera vraisemblablement pas
que le Pape se prononce définitivement contre la loi
qui permet l'intérêt du prêt. » Chap. xi, § 4, p. 398.

On ne manquera pas, et l'on n'a pas manqué, de
s'armer contre le Saint-Siège de ces apparences d'hésitation. Il y a là un texte abondant de déclamations
contre son esprit de retardement et de résistance au
progrès de la civilisation. Elles n'ont cependant pas
été aussi envenimées que d'habitude, parce que le
socialisme se rencontre avec l'ancienne théologie pour
condamner et proscrire le prêt à intérêt. Cet auxiliaire
n'est pas nécessaire à la cour de Rome ; elle n'a pas
besoin de ce triste concours pour se défendre et,
assurément, elle ne le recherche pas.

Il me semble facile de se rendre compte de la conduite suivie par le Saint-Siège.

Ce fait si général d'un commerce régulier, honnête
et fécond de l'argent n'existait pas, même en germe,
dans la Judée, au temps de la prédication de l'Évangile. Une effroyable usure dévorait ce pays, et c'est
à ce mal profond, invétéré, que s'est appliquée la
parole de Jésus ; le commerce honnête de l'argent
était en dehors de son enseignement. Le Christ serait
demeuré absolument incompris, s'il avait levé le voile

qui couvrait encore, et pour bien des siècles, l'une des conséquences les plus heureuses de la venue de l'esprit chrétien dans le monde, l'usure cédant sa place au commerce honnête de l'argent.

Le sentiment intime du Saint-Siège sur le prêt à intérêt ne me paraît donc pas douteux. Pourquoi ne juge-t-il pas à propos de le faire connaître encore ? Parce que l'Église, le clergé sont, avant tout, les défenseurs, les protecteurs des pauvres, et que la prohibition de l'intérêt dans le prêt lève en même temps les barrières qui s'opposent encore aux excès de l'usure.

La liberté entière donnée au trafic de l'argent n'offre pas encore au Saint-Siège toutes les garanties qu'il doit désirer pour que l'oppression du faible et de l'indigent ne reparaisse pas. C'est donc, — je me permets de le croire, — une grande pensée de charité, bien digne du Saint-Siège, et bien habituelle chez lui, qui l'a conduit à ne pas résoudre définitivement la question et à prendre une situation transitoire qui, tout à la fois, rassure les consciences sur le trafic régulier de l'argent et maintient aux pauvres la protection de l'Église et de la magistrature contre les abus de l'usure. Il ne faut pas oublier d'ailleurs que l'Église stipule pour la chrétienté entière, et partout où il y a des catholiques. Quelques nations peuvent être mûres à ses yeux pour la liberté du prêt et de l'intérêt ; mais tant que toutes les nations catholiques n'en sont pas arrivées à ce point, l'Église doit garder le silence[1].

---

1. Voir l'appendice F sur l'intérêt de l'argent.

Je sais bien que ces conclusions sont combattues par toute l'école économique, qui, au nom de la science, et depuis Bentham, qui a fortement commenté Grotius, demande la liberté totale du commerce de l'argent et la levée de toute limite au taux de l'intérêt. La liberté et la science sont de grandes et bonnes choses assurément ; mais la charité n'est-elle pas, elle aussi, une grande et bonne chose ? A qui appartient-il ici de faire le plus de bien et d'empêcher le plus de mal ? La préférence de l'Église est pour la charité. Peut-on l'en blâmer ?

Je ne puis mieux terminer cette dissertation sur l'intérêt de l'argent qu'en reproduisant un passage connu, et qui ne saurait trop l'être des œuvres de Turgot, sur les avantages de tout genre qui résultent de la baisse de l'intérêt de l'argent, baisse qui, par suite de la concurrence, s'accentue d'autant plus que le capital est plus abondant.

Voici ce passage :

« On peut regarder le taux de l'intérêt, comme une espèce de niveau, au-dessus duquel tout travail, toute culture, toute industrie, tout commerce cessent. C'est comme une mer répandue sur une vaste contrée. Les sommets des montagnes s'élèvent au-dessus des eaux et forment des îles fertiles et cultivées. Si cette mer vient à s'écouler, à mesure qu'elle descend, les terrains en pente, puis les plaines et les vallons paraissent et se couvrent de productions de toute espèce. Il suffit que l'eau monte ou baisse d'un pied pour inonder ou rendre à la culture des plages immenses. C'est l'abondance des capitaux qui anime toutes les entreprises, et le bas intérêt de l'argent est, tout à la fois, l'effet et l'indice de l'abondance des capitaux. »

Cette belle pensée est devenue classique, et il n'est pas un ouvrage sur l'économie politique qui ne l'ait reproduite. Je l'ai entendue pour la première fois dans le cours de M. J.-B. Say en 1824, au Conservatoire. M. Say, peu exalté de sa nature, commenta Turgot avec enthousiasme, et ses auditeurs répondaient à son émotion.

Le capital sous sa forme concrète, c'est-à-dire, sous forme de monnaie (cuivre, argent, or, papier) a, dans l'économie sociale, une importance particulière, celle d'instrument facile, clair, hors de discussion de tous les échanges des hommes entre eux. Pour servir de mesure commune de la valeur de toutes choses, la monnaie doit être d'un titre absolument sûr et légal, et c'est pour cela qu'elle doit être produite par l'administration publique dans les hôtels de monnaie qui frappent le métal, ou dans les établissements privés, mais contrôlés par l'État, comme la Banque de France, qui fabrique le papier fiduciaire ou papier-monnaie.

C'est comme mesure commune et nationale de valeur que la monnaie doit avoir un titre fixé par la loi et que les gouvernements qui ont altéré les monnaies ont laissé un si triste renom dans l'histoire. Quant au papier-monnaie, une dure expérience nous a appris que sa création ne doit pas être abandonnée au gouvernement ni à des établissements libres de tout contrôle; l'État et les établissements maîtres de leurs actions, sont trop enclins à se créer des ressources si faciles et si peu coûteuses. La France a reçu deux fois cette dure leçon, la première fois en 1718, par le système de Law, et la seconde, en 1793, par les assignats.

Que le capital soit supprimé comme le veulent les socialistes, la monnaie métallique, comme la monnaie de papier, toujours nécessaires comme mesures de valeur et instruments d'échange, seront dans les mains seules du gouvernement, et la nation marchera, à grands pas, vers une ruine lamentable et désespérée.

Occupons-nous maintenant des moyens par lesquels s'opère la circulation des capitaux.

Les établissements créés en vue de faciliter la circulation du numéraire se sont depuis quarante ans, multipliés et perfectionnés, au grand profit du travail et des travailleurs. Ils jouent aujourd'hui un rôle considérable dans la formation de la fortune publique. Leur nombre, leur importance, la publicité qui entoure leurs opérations, la concurrence enfin, font de ces établissements les auxiliaires les plus précieux de la production nationale.

Au premier rang, il faut placer la *Banque de France*, qui, par la grandeur de ses opérations, la sagesse de sa direction et de ses opérations, son inébranlable fidélité à la loyauté commerciale, jouit d'un crédit pour ainsi dire illimité.

La Banque de France est un établissement privé, investi d'un privilège public, celui d'émettre des billets, dits *billets de la Banque de France*. Ces billets circulent dans le public, qui les admet pour la valeur qui y est inscrite (1000 fr., 500 fr., 100 fr.), mais à la charge de remboursement par la Banque, à présentation et au porteur. Les garanties qu'offre la Banque, la commodité que présente la monnaie de papier dite aussi monnaie fiduciaire pour la garde, le transport et la rapidité de l'échange assurent au billet de banque une grande faveur, et le public le prend volontiers en échange de l'argent. La Banque de France se fait ainsi une encaisse métallique très considérable, qui, avec son capital-actions, devient la garantie de ses émissions de billets.

L'expérience a, depuis longtemps, fait reconnaître qu'une encaisse métallique égal au tiers des émissions suffit amplement pour assurer le remboursement, à bureau ouvert, des billets, même en cas de crise monétaire ou commerciale, où le public se laisse aller quelquefois à des paniques insensées, et exagère ses demandes de remboursement. Une pratique qui a plus d'un siècle pour certaines banques, celles d'Angleterre et d'Amsterdam, par exemple, ne laisse pas de doute sur la convenance de cette proportion d'un tiers de monnaie métallique.

Depuis bien des années, cette proportion d'un tiers a été beaucoup dépassée à la Banque de France. En ce moment (février 1880) le chiffre des émissions est de 2.313.000.000 francs ; celui de l'encaisse métallique est de 1.986.000.000, soit plus des trois quarts[1]. Tous les financiers, tous les économistes sont d'accord pour regretter cet état de choses, qui indique une situation financière et économique mal équilibrée, dont la cause principale paraît être une confiance insuffisante dans la situation politique.

La faculté d'émission des billets ayant cours public

---

1. J'extrais de l'*Economiste français*, le tableau suivant, qui donne, pour cinq années, les principaux chiffres du mouvement de

n'est pas indéfinie pour la Banque. La loi fixe une limite ; elle est aujourd'hui de 3.200.000.000. (Loi du 15 juillet 1872).

On se rend facilement compte de l'extrême difficulté que présenterait la fixation scientifique de ce chiffre d'émission des billets de notre grand établissement de crédit. Il existe évidemment un rapport, une proportion entre ce chiffre et l'ensemble des besoins et des ressources du travail national. Mais ce rapport, cette proportion, sont la résultante nécessaire de beaucoup de faits, pour la plupart obscurs, et de conditions presque toutes indéterminées. L'expérience et la pratique suppléent à l'imperfection des données statistiques, économiques, financières. Le chiffre des émissions est purement expérimental ; il en est de même pour leur limite ; ces chiffres sont nécessairement variables d'ailleurs, comme le sont les besoins et les ressources du travail lui-même ; mais pour la limite d'émission, il ne faut la varier qu'à de longs

la Banque. La différence entre la circulation et l'encaisse est de 415 millions, soit le cinquième de l'encaisse et le sixième de la circulation.

	10 fév. 1876.	9 fév. 1877.	7 fév. 1878.	6 fév. 1879.	5 fév. 1880.
	Millions.	Millions.	Millions.	Millions.	Millions.
Circulation.	2.481.0	2.641.9	2.430.2	2.241.5	2.312.9
Encaisse	1.735.8	2.228.7	1.976.2	2.032.7	1.986.4
Portefeuille.	515.5	475.9	567.7	498.1	766.1
Avances aux particul .	96.4	103.3	150.9	165.0	171.6
— à l'État . . .	616.4	368.8	360.8	121.8	60.0
Compt. cour. Trésor. .	166.7	104.1	157.7	128.6	253.3
— — particul .	219.0	405.3	399.3	385.8	300.9
Taux d'escompte . . .	4 0/0	3 0/0	2 0/0	3 0/0	3 0/0

(Banq. de France.)

intervalles, la stabilité étant une condition vitale d'un grand établissement financier et du vaste marché agricole, industriel, commercial dont il est le régulateur.

Les opérations que la Banque est autorisée à faire, outre les émissions de billets, sont :

1° L'escompte des effets de commerce. Ces effets doivent être à trois signatures ; mais la troisième signature peut être suppléée par un dépôt de titres agréés par la Banque ;

2° Le recouvrement des effets qui lui sont remis ;

3° La réception, en compte courant, des sommes qui lui sont versées, et le paiement des dispositions faites sur elles à concurrence des sommes reçues ;

4° La réception des dépôts volontaires de toutes les valeurs.

La Banque travaille sur son capital-actions qui est de 182.500.000 francs et avec ses billets qui lui servent à payer les escomptes ou les avances qu'elle fait. J'ai dit plus haut que le chiffre actuel des émissions était pour 1879, de 2.313.000.000. Il semble donc que la Banque travaille sur 2.500.000.000 environ. Or, ses opérations se sont élevées, en 1879, à 13.309.607.000 fr. Ainsi le travail utile de la Banque représenterait cinq fois son capital. Mais ce calcul ne donne pas une idée exacte de la puissance de travail d'un tel établissement.

En effet, si la Banque a 2.313.000.000 d'effets émis, elle a en caisse 1.986.000.000. La valeur d'échange créée à nouveau n'est donc en réalité que de 336.000.000 qui, avec le capital-actions, représentent cinq cents millions. Tel a été le véritable capital de travail de la Banque en 1879, et ce capital a été renouvelé plus de vingt-six fois en un an !

Ces chiffres donnent une idée vraie de la puissance de travail de notre premier établissement financier, et ce travail, c'est un travail utile à tout le monde.

Sur les 13.309.607.000 francs d'opérations faites, en 1879, par la Banque, les escomptes du commerce sont de 7.260.876.000

Les escomptes des bons du Trésor, de. 4.552.231.000

Les avances sur titres et remboursements. 757.500.000

Les virements de la Banque centrale aux banques départementales et réciproquement 770.000.000

On sait que la Banque centrale a son siège à Paris ; elle a, en ce moment, 90 succursales [1].

Les 7.260.276.000 d'escompte du commerce se sont faits à une moyenne de 3 1/4 pour 100.

La Banque a bien des moyens de s'assurer si sa limite d'émission est convenable; les demandes plus ou moins actives de remboursement des billets, les présentations plus ou moins importantes des bordereaux à escompter, le plus ou moins de développement des valeurs dites de circulation [2], sont des indices certains de l'état du marché. Elle a d'ailleurs, par

____

1. Soixante-treize de ces succursales sont dans des chefs-lieux de départements ; dix-sept dans des chefs-lieux d'arrondissement ou de canton. Le département du Nord a quatre succursales ; celui de la Seine-Inférieure en a deux ; celui de Saône-et-Loire n'en a pas.

2. On appelle ainsi des valeurs qui ne sont pas créées pour solder des opérations réelles, mais qui résultent d'une entente entre maisons de commerce, pour se procurer de l'argent, sous leur responsabilité commune.

ses comités d'escompte, des renseignements complets sur chaque maison en relations avec elle. Elle sait dès lors quand elle doit élargir ou diminuer ses émissions, agrandir ou resserrer ses crédits et ses avances, élever ou abaisser le taux des escomptes et de l'intérêt.

Il surgit quelquefois une fièvre de spéculations aventurées qui séduisent le public et créent de grands besoins d'argent; ou bien il se produit des crises monétaires ou commerciales, presque toujours moins intenses que ne le croit le public, mais qui amènent des encombrements au guichet de remboursement des billets. La banque pare à ces incidents en resserrant ses crédits, en diminuant ses avances, en élevant le taux des escomptes et de l'intérêt. Quelques semaines suffisent généralement pour mettre un terme à ces engouements et à ces orages financiers, dont le vrai travail, le vrai commerce, ne reçoivent ainsi que temporairement un léger contre-coup.

Cette faculté de la Banque d'agrandir ou de resserrer ses opérations a fait dire d'elle qu'elle était la maîtresse du marché financier. C'est une erreur : la Banque est un régulateur, mais ce régulateur reçoit son impulsion de la volonté publique, et n'impose pas la sienne. La Banque ne fait pas les crises; elle les subit, mais en atténue les conséquences, non seulement par les mesures qu'elle prend, mais par son exemple. On ne peut pas méconnaître qu'à cet égard son influence est grande et grandement utile.

Le caractère privé de la Banque le rend complètement solidaire du travail honnête et sérieux; les deux intérêts sont étroitement liés; plus la Banque peut multiplier ses escomptes, plus elle gagne, et elle ne les multiplie qu'en en abaissant le taux.

J'ai dit que les billets de la Banque de France étaient légalement remboursables en monnaie métallique, à bureau ouvert et au porteur. C'est la loi générale, et la Banque l'a toujours scrupuleusement observée, sauf les deux exceptions des révolutions de 1848 et de 1870. A ces deux époques, la panique financière fut telle que les guichets de la Banque ne suffisaient pas aux remboursements. L'encaisse métallique disparaissait. La loi a dû être suspendue et le gouvernement a dû décréter le *cours forcé* des billets. La banque a bien supporté ces deux épreuves si rudes pour un établissement de crédit, tout ce qui est *forcé* étant d'ordinaire une atteinte mortelle à la confiance. Le billet de la Banque de France a gardé toute sa solidité; on l'a même vu, en 1871 et 1872, au milieu de nos difficultés de tout genre, faire prime en Allemagne. La France et son premier établissement de crédit peuvent, à juste titre, se glorifier d'un tel fait, sans précédents dans l'histoire financière d'aucune nation.

Après la Banque de France viennent d'autres établissements de crédit: le Crédit foncier, le Crédit agricole, le Crédit mobilier, le Crédit lyonnais, le Crédit industriel et commercial, la Société générale, la Banque de Paris, la Banque des dépôts et comptes courants, le Comptoir d'escompte, les Banques coloniales, la Banque d'Algérie, les divers sous-comptoirs, etc.

Le capital-actions de ces divers établissements dépasse un milliard; l'on admet que leurs escomptes de papier du commerce s'élèvent de 6 à 7 milliards. Ces établissements ne sont pas aussi exigeants que la Banque pour le papier du commerce : ils l'admettent généralement à deux signatures, la leur propre formant la troisième, quand ils ont besoin de présenter des bordereaux à la Banque.

Enfin viennent, après ces divers établissements, les maisons particulières, depuis les banquiers de premier crédit jusqu'au petit escompteur. On n'a pas de données certaines sur l'importance des capitaux, mis, sur toute la surface de la France, et par ces maisons, à la disposition du public, ni sur le chiffre de leurs opérations. On estime qu'elles font autant que tous les autres établissements de crédit dans leur ensemble, et cette proportion me paraît plutôt faible que forte.

Ici encore, les conditions se simplifient; une seule signature est acceptée; les confiances deviennent plus directes et plus personnelles; il va de soi, d'ailleurs, que le taux de l'intérêt et de l'escompte s'élève avec l'amoindrissement des garanties.

Tel est, dans ses traits essentiels, le tableau de l'organisation au moyen de laquelle le capital circulant arrive au travail. On voit que, si la demande est grande, l'offre est large et proportionnée à chaque situation. Le trafic de l'argent est soumis à une concurrence plus active qu'aucun autre commerce; or, l'activité de la concurrence a une conséquence inévitable; c'est la modération toujours plus grande des prétentions et des conditions.

Il ne faut cependant pas se dissimuler qu'elles risquent d'être moins modérées, là précisément où il serait le plus désirable qu'elles le fussent davantage, c'est-à-dire du petit prêteur au petit emprunteur. Oui, le danger de l'exaction existe du côté du prêteur, parce que l'entraînement d'une illusion existe fréquemment du côté de l'emprunteur.

L'ouvrier qui se sent ou se croit capable de travailler pour son compte s'exagère généralement, et beaucoup, les bénéfices qu'il trouvera dans son travail isolé. Dès lors, il ne marchande pas les conditions du prêt qu'il demande, qu'il implore souvent. Tout disposé à bénir son prêteur aujourd'hui, demain il le maudira.

Ainsi le premier capital nécessaire à l'ouvrier qui veut s'établir est, ou risque d'être, le plus cher. Si l'ouvrier, dans son imprudente impatience ou dans son aveuglement sur lui-même, et sur le résultat possible de ses efforts, a subi des conditions trop dures, il peut voir ajournées à de longues années, peut-être indéfiniment, ses espérances de maîtrise, heureux si les engagements qu'il a pris ne dépassent pas ses forces, ou ne le laissent pas pour longtemps endetté, ce qui est la pire condition pour l'honnête homme.

Telle est la situation qui appelle au plus haut degré la sympathie chrétienne des penseurs, la surveillance active et rigoureuse de l'Administration et de la magistrature, et qui fournit un argument des plus puissants au maintien des lois contre l'usure, pour un certain temps encore.

Je ne discute pas ces insanités qu'on a appelées le *crédit gratuit*, les *banques du peuple*[1], expédients que

---

1. Il ne faut pas confondre ces banques, où il n'y avait qu'imagination et injustice avec les banques populaires sur lesquelles on trouvera les détails nécessaires dans le chapitre XIV : *De l'Association.*

l'on ne se donnait pas même le soin de couvrir d'un
voile léger pour cacher les spoliations qui sont le
fond de ces conceptions odieuses et folles. Qu'était-
ce que le *crédit gratuit*, si ce n'est l'argent de tout
le monde mis à la disposition de quelques-uns ? Cela
se proposait au nom du travail ! Oui, le travail était le
prétexte, mais n'étant pas le moyen, il ne pouvait
être le résultat ; le crédit qui n'a pas sa base dans un
travail honnête, le crédit qui n'a pas ses racines dans
une volonté opiniâtre et loyale, ce crédit-là est men-
teur ; il est frauduleux et ne mène qu'à la ruine.

Il y a un chemin plus court, — quoiqu'il paraisse
plus long, — et assurément plus honorable pour arriver à ce premier capital, légitime et passionnée ambition de l'honnête et capable ouvrier, c'est de se le créer
à soi-même par l'économie ; oui, par l'économie [1].

Il n'y a pas de si petit salaire sur lequel un jeune
homme non marié ne puisse faire une petite réserve,
qui lentement, obstinément accumulée, devient ce
premier capital si désiré. L'ouvrier se prouve ainsi à
lui-même qu'il a la patience, la résignation, la volonté inébranlable, la vertu, en un mot, et la persévérance qui sont le fond de tous les succès sérieux et
légitimes de ce monde. Quand il s'est donné à lui-même
cette preuve de puissance sur soi-même, quand il se
sent un homme ferme et résolu, sachant ce qu'il veut,
et le pouvant, il peut se présenter à un honnête homme faisant le trafic de l'argent, et donner avec con-

---

1. Je ne puis mieux faire ici que de recommander la lecture du livre
de l'*Économie*, par M. Mézières. « C'est un livre, dit M. Villemain,
dans son rapport à l'Académie française, comme les demandait
M. de Montyon. »

fiance pour gage de son avenir son passé, dont il lui est toujours facile de fournir les preuves; il n'est pas question d'usure alors, mais d'un prêt à conditions honnêtement et librement débattues. L'effort a été grand, mais le résultat est aussi sûr que les premiers pas ont été honorables.

Interrogez les patrons sortis des rangs des ouvriers; ils sont nombreux, et les cœurs droits, fermes et sincères ne manquent pas parmi eux. Ils reconnaîtront leur histoire dans ce tableau, et vous diront qu'il a été tracé par un ami bien informé.

Je ne me dissimule pas que l'exposé qui précède, et où j'ai cherché à établir l'utilité, la nécessité du capital, et l'importance de son rôle dans l'économie sociale, est en pleine contradiction avec les entreprises et les rêveries socialistes. Pour les sectaires de la révolution sociale, une autre démonstration conviendrait, celle qui établirait que le capital, socialement parlant, n'est qu'une superfluité, un rouage inutile et coûteux, un instrument d'oppression, et qu'en un mot, et comme résumé de tous ces griefs, c'est le capital qui engendre le prolétariat et toutes ses misères. C'est là la thèse socialiste et anarchique; j'en adoucis même les termes.

La réponse n'est que trop facile, et c'est une digression qui me la fournira.

Un ancien ouvrier, à qui j'avais eu l'occasion d'être utile, et qui, ayant recueilli une petite succession, avait préféré quitter le travail que sa santé délicate lui rendait un peu pénible, était venu me voir, l'année dernière, et m'avait demandé mon livre. Je le lui remis avec d'autant plus d'empressement que notre conversation ne m'avait pas laissé ignorer qu'il penchait assez fortement vers la révolution sociale.

J'avais eu soin de le prévenir qu'il ne trouverait que très incidemment dans mon livre quelques mots sur le socialisme. Son air étonné m'apprit assez qu'il se demandait ce qu'on pouvait bien mettre dans un livre sur le travail, si ce n'était l'exposé des idées nouvelles, nom qu'il donnait aux insanités révolutionnaires sur le travail.

Cependant, quelques mois après, il revint, et, sur ma demande instante de me faire part de ses réflexions et objections, il aborda le chapitre du capital, ne pouvant comprendre, disait il, le silence que j'avais gardé dans cette immense question de la suppression du capital.

« Pourquoi n'avoir pas abordé franchement, largement, la discusion des idées d'avenir sur ce point si intéressant ? Pourquoi n'avoir pas fait aux deux géants du socialisme, Lassalle et Karl Marx, l'honneur (dont ils sont cent fois dignes, ajoutait-il) d'une lutte corps à corps et qui aurait obligé votre bonne foi à reconnaître qu'ils possèdent la vérité ? Pourquoi surtout, dans votre chapitre du *capital*, avoir omis de mentionner le livre de Karl Marx sur ce même sujet : *le Capital ?* »

Je n'eus pas de peine à obtenir de mon interlocuteur l'aveu qu'il n'avait pas lu le livre de Karl Marx ; il ne le savait même pas traduit en français ; mais il le connaissait bien, disait-il, par les commentaires de ses amis, dont il me nomma quelques-uns, qui sont parmi les chefs actuels du socialisme anarchique et révolutionnaire français.

Puis j'ajoutai : « Je me suis imposé la tâche de lire Karl Marx et j'ai fait les plus sincères efforts pour comprendre son livre et en tirer les conclusions; je n'y suis pas parvenu; ce livre, mélange indigeste de l'obscurité allemande, de l'outrance française, du sophisme anglais, n'a pas d'autre conclusion que l'effondrement social, sans indication d'aucuns moyens pratiques, pouvant donner nature à une discussion sérieuse et utile. » Il hésitait; j'ajoutai :

« Je trouve tout naturel que vous ne vous en rapportiez pas entièrement à moi. Eh bien, écoutez ceci :

« Le 9 octobre 1878, un personnage considérable montait à la tribune du parlement Prussien pour défendre une loi destinée à assurer la défense de la société contre le socialisme; on avait parlé de ses relations anciennes avec Karl Marx; il ne les désavouait pas, et déclarait que les fréquentes conservations qu'il avait eues avec lui ne lui avaient jamais paru trop longues; puis il ajoutait que ce qu'il reprochait aux agitateurs socialistes, ce n'était pas seulement de mettre en péril la patrie allemande; c'était surtout d'égarer le peuple, de l'exaspérer pour des critiques purement négatives, *sans dire de quelle manière ils organiseraient le monde quand ils seraient les maîtres*, CAR EUX-MÊMES ILS NE LE SAVENT PAS[1]. » L'orateur était M. de Bismarck.

A cette conclusion inattendue pour lui, mon interlocuteur ne put dissimuler une surprise profonde qui se manifesta par ces mots dits avec une émotion visible : « Mais on nous trompe donc grossièrement! » Cependant il se remit, et, l'esprit de corps aidant, il

---

1. Lavollée, *Les classes ouvrières en Europe.*

me quitta, faisant bonne contenance. Depuis, je l'ai revu deux fois, et la dernière, il m'a quitté en m'annonçant qu'il ne voulait plus rester à Paris; qu'il ne s'y sentait pas de force à démêler la vérité. « Ce Prussien, disait-il, m'empêche de dormir. — Oubliez-le, lui dis-je; et dans la paix de la campagne, ne consultez que votre bon sens et votre bon cœur. »

Un mot encore pour terminer.

Ouvrons l'histoire du monde depuis son origine. Où trouve-t-on, sauf les misérables peuplades vouées à l'idolâtrie et au fétichisme, une nation travaillant sans capital? Partout, toujours, la civilisation s'est élevée en raison du capital acquis, employé, accumulé en travaux utiles; partout, toujours, la situation de l'ouvrier s'est élevée à mesure que le capital a grandi, et que l'esprit chrétien a gardé son empire; partout, le bien-être général s'est accru avec la richesse nationale. C'est aux socialistes à prouver que l'histoire n'est qu'erreur et mensonge, que nous avons à nous dépouiller des préjugés qui nous ont fait faire si fausse route, et, hommes tout nouveaux, à réédifier l'humanité sur des bases toutes nouvelles.

Quand le socialisme présentera un plan d'organisation fondé sur un peu de bon sens, et d'expérience, quand il produira des idées ayant un peu de suite, de logique, de pratique, il peut tenir pour certain que le plan et les idées seront discutés franchement, largement sans parti pris. Mais tant que, dans l'ordre des faits, on ne nous montrera que la force, la dynamite et l'échafaud, il ne faudra pas que le socialisme se plaigne de n'être justiciable que de la police et des gendarmes; et tant que, dans l'ordre des idées, on s'en tiendra à l'égalité des salaires et à l'équivalence des fonctions, il ne faudra pas que le socialisme s'étonne et se plaigne du dédain et du silence des penseurs. De telles inventions sont justiciables de la *foire aux idées*. L'on n'a pas encore perdu le souvenir de ces satires si gaies, si fines, où l'esprit gaulois disputait de verve avec l'esprit français. Dans l'une d'elles, il s'agit de montrer le ridicule d'une très récente invention, celle de la *Banque du peuple*, destinée à supprimer le capital. On voyait un Auvergnat sortir de chez lui pour faire ses provisions du matin ; il portait un gros légume sous le bras, et, s'approchant de sa laitière, il lui demandait : *pour un chou de lait*. L'excellente plaisanterie courut toute la France, et il ne fut plus question de la suppression du capital.

Ce sera le sort des idées socialistes tant qu'elles se maintiendront dans les nuages et dans l'anarchie, et surtout tant que les sociétés modernes, persévérant à s'occuper des améliorations sociales, continueront à tirer de leur cœur tout ce qu'il contient de respect du droit, d'amour du prochain et de charité, en un mot, tant que l'esprit chrétien les inspirera.

CHAPITRE IX

LE SALAIRE

Le prix de l'ouvrier qui vous donne son travail, ne restera pas chez vous jusqu'au matin.
LÉVITIQUE, XIX, 13.
Nihil æqualitate inæqualius.
PLINE LE JEUNE, *Correspondance.*

Le salaire est le prix d'un service rendu, comme le loyer d'une maison, d'une usine, d'un outil, ou d'une somme d'argent. Il est la rémunération d'une intelligence ou d'une force mises, pour le travail, à la disposition d'autrui.

L'homme qui travaille pour son compte ne se salarie pas ; il crée un produit, il le consomme ou il le vend ; il trouve ainsi le prix de son travail.

Deux ou plusieurs hommes réunissent leurs efforts pour exécuter un certain ouvrage, d'où ils tirent un certain produit. Ils se le partagent en nature, ou, après l'avoir vendu, en argent. Il n'y a pas là salaire ; il y a association aux risques et périls de ceux qui l'ont voulue et faite.

Il y a une forme de salaire qui est un commencement d'association entre le patron et l'ouvrier, et souvent entre les ouvriers eux-mêmes.

Par exemple, un entrepreneur a des travaux de terrassement à exécuter. Il trace un lot, et offre à un ou plusieurs ouvriers de le prendre à la tâche, c'est-à-dire moyennant un prix fixé d'avance par mètre cube déblayé et roulé à une distance convenue. Le prix se débat, et l'on arrive à une conclusion, c'est-à-dire à un prix accepté des deux côtés.

Le rôle des ouvriers qui ont fait cette convention s'est dès lors modifié. Ils vont travailler pour leur compte et l'on peut croire qu'ils y mettront toute leur force et leur application ; ils y sont poussés par le risque qu'ils ont assumé dans leur convention ; ils savent que, s'ils ne travaillent pas avec énergie, ils peuvent perdre, c'est-à-dire n'arriver finalement qu'à un prix de journée inférieur à leur prix ordinaire. Ils savent aussi que leur courage et leur bonne entente peuvent leur assurer un bénéfice sur ce prix de journée habituel. Il y a donc là une chance de gain, un risque de perte ; ils sont autre chose que des ouvriers salariés, ils sont des entrepreneurs.

Le travail fait, on cube avec l'entrepreneur général ; on applique au cube trouvé le prix convenu, et les ouvriers associés se partagent le total obtenu. Sauf de très rares exceptions, la rémunération ainsi gagnée est supérieure au prix habituel de journée, et il est juste qu'il en soit ainsi. Devenu tâcheron, l'ouvrier emploie mieux son temps que simple ouvrier salarié.

Ce genre d'entreprise se fait souvent sous une autre forme. Le travail est donné en *bloc* et à *forfait ;* mais au fond la convention est la même, elle contient un *aléa :* les ouvriers y sont entrepreneurs.

Le travail à la tâche associe donc le patron et l'ouvrier, puisqu'il crée entre eux un intérêt commun. Il est même à remarquer que, tandis que l'ouvrier a ainsi augmenté son prix ordinaire de journée, l'entrepreneur a obtenu un prix du mètre cube moindre que s'il avait fait travailler à la journée. Ainsi, des deux parts, on a gagné ; c'est là, certes, une bonne association.

Le travail à la tâche a un autre mérite ; c'est très généralement d'associer les ouvriers entre eux, chose excellente à tous égards.

Malgré ces avantages, le travail à la tâche a été l'objet des attaques passionnées du socialisme révolutionnaire. Son abolition était devenue le mot d'ordre de la démagogie ouvrière, en 1848, à la suite des conférences du Luxembourg, présidées, comme on sait, par un des dictateurs d'alors. Cette orgie de l'égalité[1] dans les ateliers n'a pas tenu longtemps devant le bon sens des ouvriers eux-mêmes. Le travail à la tâche a repris ses droits qui sont ceux de l'honnêteté, du courage et de l'habileté des travailleurs.

Mais il y a beaucoup d'industries qui ne peuvent pas employer le travail à la tâche ; dans celles mêmes qui l'emploient, il y a des parties qui ne peuvent être exécutées qu'à la journée.

En un mot, le travail à la journée, payé comme tel et sans *alea* pour l'ouvrier, est le fait le plus général. Considérons-le donc en lui-même.

Le fond du salaire est ceci : un homme n'a que ses bras pour vivre ; l'humanité, la justice, le bon sens, ne permettent pas qu'on associe cet homme à une opé-

---

1. *Nihil æqualitate inæqualius.* PLINE LE JEUNE. Correspondance, IX, 5.

ration qui peut être mauvaise, qu'il ne peut pas juger dans sa conception, ni attendre dans ses résultats ; il a besoin de payer son loyer chaque mois, sa nourriture chaque jour. Cela ne doit pas être à ses risques et périls ; il lui faut la sécurité du vivre et du couvert : de là, la nécessité et la moralité du salaire.

On peut dire, sans doute, que lorsqu'un ouvrier engage à un chef d'industrie sa force ou son intelligence, il se forme entre eux une association, puisque, dès lors, tous leurs efforts vont concourir au même but ; mais c'est une association qui n'est licite que dans ce cas spécial, car elle ne comporte d'*alea* que d'un seul côté. Une des parties est payée d'avance sur un produit qui se vendra peut-être mal, et qui, en tout cas, ne sera réalisé que dans quelques mois. Dans tout autre cas, une convention de ce genre serait léonine et légalement nulle.

On a dit du salaire qu'il n'était qu'une forme du servage, qui n'était lui-même qu'une forme améliorée de l'esclavage ; on a fait ainsi la série historique : esclavage, servage, salaire. Cette conception est une erreur. Nous avons démontré au chapitre sixième que le salaire est antérieur aux autres modes de payement du travail. Il a d'ailleurs ce grand mérite qu'il ne s'applique et ne peut s'appliquer qu'au travail libre.

Quelles règles président à la fixation d'une journée de travail ? Pourquoi les prix varient-ils d'une localité à une autre, d'une époque à une autre époque ? Quelles sont les causes et les effets de l'inégalité des salaires, entre ouvriers de la même profession et du même atelier ? Y a-t-il, pour la fixation des salaires, d'autre loi que celle de l'offre et de la demande ?

On sait ce que l'on entend par cette loi de l'offre et de la demande ; elle se formule comme suit dans la science économique : chère quand elle est rare, la main-d'œuvre baisse de prix, si elle est abondante.

On reproche à la science la rigidité de cette formule qui semble réduire à un simple fait la fixation des salaires, c'est-à-dire, une question qui touche à l'existence même des familles. Je passe les déclamations qu'on peut faire et qu'on a faites sur ce thème, où l'exagération masque si facilement l'ignorance.

L'économie politique ne prétend pas que la loi de l'offre et de la demande soit la règle absolue, le criterium unique pour le taux du salaire, car cette loi n'implique pas l'essentiel de la question. Le taux du salaire dérive d'une autre loi, qui est celle de la nécessité, comme nous le verrons tout à l'heure ; mais une fois le salaire constitué, il est certain que l'offre et la demande donnent le moyen le plus sûr et le plus juste de régler les variations des prix, dans la pratique des ateliers.

Qu'est-ce donc au fond que le taux du salaire ? quelle est sa base ?

Il s'agit de l'existence d'un homme, d'une famille. Il faut que l'ouvrier trouve dans son salaire, pour lui et les siens, la nourriture, le vêtement, le loyer, l'école des enfants, quelquefois les outils de sa profession, enfin un surplus pour la maladie, les chômages et l'épargne.

Le salaire qui satisfait à ces diverses nécessités est donc une résultante des prix du blé, du vin, de la viande, du poisson, des légumes, des vêtements, des loyers, etc. C'est un minimum d'ailleurs, sans lequel la vie de l'ouvrier est impossible, s'il n'a pas d'autres ressources.

Et c'est parce que les comestibles, les étoffes, les loyers varient de prix dans les diverses localités, que le taux du salaire minimum varie, selon les lieux et les nations, et selon les mœurs aussi L'Anglais consomme plus que l'Espagnol[1].

Mais comment le salaire minimum s'est-il formé dans chaque nation et dans chaque région ? Par le temps, par la pratique, par l'usage.

Il est essentiel de bien fixer nos idées sur ces divers points.

L'usage, en matière de salaire, est la conséquence d'une longue suite de faits et d'une quantité innombrable de conventions entre patrons et ouvriers ; il y a eu de nombreux tâtonnements, des oscillations fréquentes, mais enfin, l'on est arrivé à des chiffres qui sont le *cours du salaire* dans chaque région et pour chaque profession, et ce cours de salaire a une grande notoriété.

Le cours du salaire est-il généralement au moins égal au taux minimum dont nous venons de reconnaître les éléments ? L'expérience répond par l'affirmative ; nous en aurons la preuve au chapitre x.

Voyons maintenant comment fonctionne l'usage.

Le prix usuel, à la campagne, est, pour la journée de manœuvre, de 1 fr. 25 à 2 francs. Un cultivateur prend-il un ouvrier sans faire son prix avec lui ? Il

---

1. « Nous voyons, en Europe même, des différences sensibles pour l'appétit entre les peuples du Nord et ceux du Midi. Un Espagnol vivra huit jours du dîner d'un Allemand. » « J.-J. Rousseau, *Contrat Social*, liv. III, chap. VIII.

lui doit, à la paye, le même prix qu'à ses camarades. Y a-t-il désaccord? Pas un juge de paix ne prononcera autrement que selon l'usage.

Un ouvrier mécanicien-ajusteur se présente dans un atelier et demande à être occupé. Il y a, dans l'atelier, des journées variant de 3 fr. 50 à 5 francs. L'ouvrier déclare que, dans l'atelier d'où il sort, il gagnait 4 francs, et ajoute qu'il voudrait gagner 4 fr. 50. « Entrez, lui dit-on, et dans quinze jours, nous verrons si nous pouvons accepter votre demande. » Au bout de quinze jours, l'accord est fait selon l'habileté et l'exactitude dont l'ouvrier a fait preuve.

Un entrepreneur de travaux publics a instantanément besoin d'un grand nombre d'ouvriers ; il fait parcourir les localités voisines par ses agents qui annoncent le travail et une journée de 3 francs. Beaucoup d'hommes se présentent. L'entrepreneur choisit ceux qui lui conviennent et le travail commence. Au bout d'une ou deux semaines, chacun est classé selon son aptitude. Les uns ont 3 francs, d'autres 3 fr. 25 ou 3 fr. 50 ; d'autres ne sont gardés qu'à 2 fr. 75 ou 2 fr. 50. L'atelier ainsi formé s'agrandit selon le besoin ; les nouveaux venus s'y classent selon leur force et leur habileté.

Il n'y a pas d'autre mystère dans la formation des grands chantiers de terrassement ; on s'étonne de la facilité d'organisation de ces petites armées ouvrières, de leur calme, de leur discipline. L'usage a produit ce résultat, aidé de l'esprit pratique que les nécessités du travail inspirent à tous, chefs et ouvriers.

Nous venons de voir quel est le minimum de salaire.

désirable pour l'ouvrier. Il faut savoir maintenant quel est le maximum de salaire possible pour le patron.

Je me place sur le terrain de la réalité laissant aux ignorants ou aux énergumènes la thèse des bénéfices certains et considérables de tout patron qui occupe des ouvriers.

Ce patron est-il sans concurrents, soit au dedans, soit au dehors? Est-il toujours maître du cours des matières premières qu'il emploie, ou toujours à l'abri d'un nouveau procédé découvert par un confrère, et au moyen duquel les prix, selon l'expression usitée, sont momentanément écrasés? Est-il à l'abri des caprices de la mode qui se porte avec engouement tantôt au coton, tantôt à la laine, tantôt aux étoffes mélangées?

Outre la concurrence intérieure ou extérieure, n'a-t-il pas les exigences de la consommation qui veut bien donner un certain prix d'un objet, tant qu'un objet analogue n'est pas offert à meilleur marché?

De tous côtés, surgissent donc des causes de limitation dans les bénéfices de l'industrie, et la conséquence irréfragable, c'est qu'il y a, dans chaque industrie, une limite pour le salaire. Cette limite est infranchissable; car, au delà, l'industriel aurait intérêt à s'arrêter et à donner une autre direction à son intelligence et à ses capitaux.

Entre ces deux limites de minimum et de maximum, il semble qu'il y a un champ bien vaste pour l'égoïsme ou la générosité du patron. Non, ce champ n'est pas vaste; l'usage et la concurrence le tiennent renfermé dans d'étroites bornes.

En résumé, la fixation du salaire dépend de deux nécessités également fortes : l'une relative à l'ouvrier, l'autre relative à son industrie. Il faut que l'ouvrier puisse vivre ; il le faut aussi pour l'industrie.

Mais comment concilier ces deux exigences ? Elles veulent que le bénéfice de l'industrie et le salaire de l'ouvrier soient suffisants et ne soient pas exagérés. Pour amener les bénéfices industriels à cette double condition, le moyen est simple, connu et pratique ; la concurrence le donne. Mais le salaire ? Où est la base pour qu'il soit suffisant ?

Il y a des différences profondes entre tel ou tel ouvrier, telle ou telle famille. Ici, un homme laborieux et de bonne conduite ; là, un malheureux sans conduite. Qui prendra-t-on pour les régulateurs du salaire ? Qui peut-on prendre, si ce n'est les bons ?

Tel est donc le type à consulter dans la recherche du salaire minimum nécessaire ; ce type, c'est l'ouvrier rangé, laborieux, économe ; c'est le travailleur honnête et persévérant. Telle est, avec la liberté, la condition fondamentale du travail, et toutes deux sont à son honneur.

Il est absolument vrai de dire que la base du salaire minimum est la demande, ou, plus exactement, la nécessité du bon et honnête travailleur. Ce sont ces hommes qui, en donnant pour base au salaire minimum leur courage, leur moralité, leur sobriété, ont rendu le salaire si digne du respect et de la sympathie de tous, et ont fourni au travail ses auxiliaires les plus précieux, utiles ainsi, non seulement à eux-mêmes, mais à tous.

Il ne faut pas croire d'ailleurs que, parce qu'un

ouvrier est honnête et courageux, il sera moins désireux de voir son salaire s'élever. Son honnêteté, son courage, lui viennent surtout de ses vertus de famille, du profond sentiment de ses devoirs vis-à-vis des siens. Pour eux, il veut gagner tout ce que la justice lui permet de réclamer. Une longue expérience me permet de dire qu'il est d'autant plus pressant à cet égard qu'il se rend parfaitement compte de sa supériorité. Ses sollicitations près du patron ne sont ni bruyantes ni irrespectueuses, mais ne sont ni moins fermes ni moins bien raisonnées. Les patrons éclairés savent ce que valent de tels hommes.

Il est douloureux, mais parfaitement vrai, de devoir ajouter que ce n'est pas parmi eux qu'il faut chercher les favoris des ateliers. Quoique les surpayes qui leur sont accordées aient toujours une influence en hausse sur le reste des salaires, les camarades moins honnêtes, moins laborieux, de moins bonne conduite ne nourrissent généralement contre eux que des sentiments amers, profondément humiliés qu'ils sont de la fâcheuse comparaison qui en résulte contre eux. Leur orgueil ici va à l'encontre de leur intérêt, car ils n'ont pas de plus utile camarade que cet homme qui prêche d'exemple.

Telle est donc la base du salaire; je la crois inébranlable, et l'étude des *Budgets des ouvriers* au chapitre XI, nous montrera la pratique en plein accord avec ces prémices et ces conditions du salaire minimum.

Ce salaire, nécessaire pour la vie matérielle de de l'ouvrier, qui donne simplement sa force, suffit-il à l'homme intelligent, habile, droit, qui, avec sa force, fournit son adresse et son intelligence? Matériellement, sans doute ; pour la consommation usuelle, un homme vaut un autre homme ; mais l'intelligence, l'adresse ont leurs droits ; comment le salaire y satisfera-t-il? En s'élevant ; et qui garantit cet accroissement à l'ouvrier ? Les nécessités mêmes de l'industrie qui a d'autant plus besoin d'ouvriers habiles qu'elle perfectionne davantage ses méthodes et ses procédés. La capacité étant *demandée*, doit être plus payée. De là l'inégalité dans les salaires. Au salaire minimum s'ajoute une augmentation généralement progressive, qui permet à l'ouvrier une plus grande épargne, s'il garde ses habitudes de sobriété et d'économie, et l'amène à la propriété, au capital, à l'honneur et à la juste considération qui s'attache à une vie conduite avec une patiente énergie, un sentiment inaltéré du devoir.

On voit ce que devient le rêve si caressé de la démagogie, l'égalité dans le salaire. Rien de plus contraire à la nature humaine ; est-ce pour cela qu'on a songé, et que quelques retardataires songent encore à en faire une loi sociale ?

Éclaircissons tout ceci par quelques exemples.

Entrons dans un atelier de mécanique ; nous y voyons debout, devant leurs étaux, des ouvriers ajusteurs qui terminent des pièces de forge, et leur donnent la dimension exacte. Les uns sont à la journée et gagnent 3 fr. 50 ; deux sont à la tâche ; la pièce finie leur est payée 15 francs.

Les deux ouvriers à la tâche terminent dans leur mois — vingt-six jours de travail, — l'un, huit pièces, l'autre, sept. Ils ont donc à toucher 120 francs et

105 francs, et leurs journées passent de 3 fr. 50 à 4 fr. 60 et à 4 fr. 05.

Les ouvriers à la journée livrent, de leur côté, en moyenne, cinq pièces qui coûtent ainsi à l'atelier de 18 fr. 50 à 21 francs. Le travail à la tâche payé 15 francs, a donc été tout à la fois profitable au chef de l'industrie et à l'ouvrier.

Plus loin, nous trouvons une équipe de huit ouvriers qui viennent de terminer le montage d'une locomotive entreprise par eux à forfait. Leurs journées normales sont de 5 francs pour le chef d'équipe et de 4 fr. 25 pour les autres. L'on nous dit que leur entreprise porte leur journée à 1 franc de plus.

A côté d'eux un homme range les matières et balaye les débris; c'est un simple manœuvre, il est toujours à la journée et gagne 2 fr. 50. Nous demandons si cette modeste fonction est recherchée; on nous répond que la régularité et la douceur du travail la font vivement désirer par les hommes fatigués.

Voici donc, dans un même atelier, des journées de 2 fr. 50, 3 fr. 50, 4 fr. 25 et 5 francs. Par la tâche, elles se sont élevées, sauf la première, à 4 fr. 05, 4 fr. 60, 5 fr. 50 et 6 francs. Où est la cause de ces différences ? Dans l'adresse et dans l'énergie au travail de certains de ces ouvriers mieux doués que d'autres.

Ont-ils plus de besoins matériels que d'autres ? Assurément non. Ils sont plus habiles, partant plus utiles et plus rétribués.

C'est l'éternelle question de l'inégalité des situations; celle des salaires en dérive inévitablement.

Les *Études sur le régime des manufactures*[1] nous fournissent des exemples multiples de ces habitudes si logiques et si fécondes des grands ateliers. Je n'en prendrai que deux, dans l'étude sur la *houille* et le *fer*.

Il s'agit d'un marchandage fait dans les ateliers de Saint-Chamond, appartenant à MM. Pétin et Gaudet pour une cuirasse de frégate. « Le marché conclu, les ouvriers concertent eux-mêmes leur action, forment ce qu'on appelle une équipe, et s'y distribuent les rôles. Dans ces équipes, se réserve, à bas bruit et le plus simplement du monde, la proportion afférente à chaque ouvrier. Tous ces hommes se connaissent, ont pu se juger à l'œuvre ; chacun d'eux est taxé à sa valeur, avec une précision de coup d'œil à laquelle aucun patron n'atteindrait. Point d'égalité chimérique ; les ouvriers entre eux ne se payent pas de cette monnaie ; mais, au contraire, une justice très stricte, et qui a pour sanction le consentement des parties. » (Page 148.)

Il s'agit maintenant de l'établissement du Creuzot.

« Si pour chaque ouvrier il y a un tarif nominal, en fait, il est presque toujours rétribué selon ses

---

1. L'auteur de ces études, M. L. Reybaud, membre de l'Institut, et de l'amitié de qui j'ai pu jouir plus de cinquante ans, a reçu mission de l'*Académie des sciences morales et politiques*, de faire une enquête sur la grande industrie. Cette enquête a donné lieu à des rapports qui ont été lus par l'auteur à l'Académie, et réunis en quatre volumes sous ce titre : *La Soie, la Laine, le Coton, le Fer et la Houille.*

Ces études, fruit d'un rare talent d'observation, et parées d'un grand charme de style, sont du plus haut intérêt, et donnent la notion complète et exacte de la situation de la grande industrie de 1855 à 1870.

En chargeant M. Reybaud de cette mission, l'Académie savait ce qu'elle faisait ; elle s'y connaît, et M. Reybaud a amplement justifié sa confiance.

œuvres ; l'un gagne plus parce qu'il fait bien et habilement un travail difficile, l'autre parce qu'il fait plus vite un travail ordinaire. C'est à la forge surtout que ces catégories de rétribution ont l'application la plus fréquente. Il n'est pas rare de voir un ouvrier pudleur gagner 3 et 4 francs de plus que son voisin, car il est tenu compte à chacun, non seulement de la quantité produite, mais aussi de la qualité. »

Je pourrais multiplier beaucoup ces exemples ; ils suffisent pour montrer que l'inégalité des salaires est un appel constant du capital au talent et à la bonne conduite de l'ouvrier.

C'est donc bien à tort qu'à la suite de Turgot, des écrivains — je ne veux pas dire des économistes — ont dit que le salaire tendait toujours, sous l'effort des chefs d'industrie, à se niveler, et que ce niveau inévitable était la simple équivalence de la subsistance matérielle.

Il est vrai que Turgot l'a dit ; la sixième proposition de son *Essai sur la formation des richesses*[1] conclut en ces termes: « En tout genre de travail, il doit arriver et il arrive, en effet, que le salaire de l'ouvrier se borne à ce qui doit lui assurer sa subsistance. »

Mais l'économiste distingué, M. H. Dussard, qui a annoté les œuvres de Turgot, fait suivre cette proposition de cette note : « ce que Turgot semble annoncer ici comme une vérité économique, n'a nullement ce caractère », et dans les Réflexions qui précèdent l'*Essai* de Turgot, il dit expressément: « Le prix du travail

_____
1. *Œuvres de Turgot*, édition Guillaumin, t. I, page 3, liv. X.

laissé à la liberté ne se règle pas comme le prétend Turgot... »

Tout cela est parfaitement vrai, mais il faut ajouter aux remarques de M. Dussard, que la proposition de Turgot ne s'applique pas au travail libre; le travail, dans sa grande généralité, n'était pas libre, au moment où écrivait Turgot, en face des communautés industrielles qui abusaient de leurs privilèges pour exercer sur l'ouvrier une pression aussi dure qu'inintelligente; c'est la grande raison pour laquelle elles méritaient d'être profondément réformées, je ne dis pas: révolutionnées.

Du travail libre, il est facile de pronostiquer ce qu'aurait dit Turgot; il aurait parlé comme son contemporain et ami, Adam Smith.

En 1776, l'année même où Turgot obtenait la promulgation de ses édits, Adam Smith publiait ses *Recherches sur la richesse des nations*, et il disait : « Ce n'est pas l'étendue actuelle de la richesse nationale, mais c'est son accroissement continu qui donne lieu à la hausse des salaires [1]. »

Adam Smith n'est pas, comme Turgot, de la race des aigles; mais cet observateur, si sagace, et très souvent profond, avait, sur Turgot, cet avantage d'étudier et d'écrire dans un pays libre, et d'être témoin des efforts heureux de la grande industrie anglaise, dégagée des entraves qui, chez nous, paralysaient encore le travail. Il voyait la liberté susciter de plus en plus la production et la richesse dans son pays, et

1. Rossi formule cette loi comme il suit dans son traité d'Économie politique, t. III, 12ᵉ leçon : « En général, plus le revenu social augmente, plus aussi les salaires tendent à s'élever, parce que la demande de travail tend à s'augmenter. »

il en constatait les inévitables effets sur les salaires. Il a pu ainsi victorieusement contredire et dépasser Turgot; mais il ne faut pas oublier la différence des milieux où chacun d'eux étudiait les conditions sociales du salaire.

Depuis la seconde moitié du XVIIIe siècle, pour l'Angleterre, et depuis les premières années du siècle actuel pour la France, la liberté et la science ont créé la grande industrie, l'agriculture progressive, et assuré le développement constant de la richesse générale ; la hausse des salaires a été tout à la fois le résultat et la preuve de l'accroissement continu du capital national.

C'est un phénomène assez complexe que celui de l'effet produit sur les salaires par la liberté qui, dans les questions de travail, a un autre nom dont on a cherché à faire un épouvantail; ce nom, c'est la concurrence.

Il semble, en effet, qu'il y ait quelque chose de plausible à soutenir que la concurrence des fabricants entre eux doit réduire leurs prix de vente, par suite leurs bénéfices, et qu'il y a là, pour eux, une incitation perpétuelle à réduire les salaires; c'est si commode et si facile, disent les partisans de cette thèse.

Il semble aussi que les ouvriers doivent, par leur nombre se faire concurrence entre eux, et offrir aux patrons leurs services au rabais.

Une vue superficielle des conditions du travail peut conduire à ces déductions; une étude plus attentive montre qu'elles sont erronées, du moins pour un pays en croissance de richesse comme la France, et dans lequel la population croît moins vite que le capital national.

Quand le travail est abondant, que les procédés sont en progrès, quel est l'intérêt des chefs d'industrie ? Est-ce de réduire les salaires ? Non, c'est de les augmenter ; il n'y a pas pour eux d'autres moyens — l'expérience le leur dit tous les jours — de faire appel à l'habileté, à la capacité, à la persévérance et à l'honnêteté dans le travail. C'est à cette seule condition qu'ils peuvent former un personnel intelligent, trouver et poursuivre les améliorations des procédés au moyen desquelles s'obtiennent les abaissements de prix de revient, ou, ce qui est équivalent, la perfection plus grande des produits.

En résumé, la concurrence agit plus efficacement dans le sens de la hausse que de la baisse des salaires. Cela est absolument hors de doute pour quiconque est initié aux nécessités et aux combinaisons de la grande industrie.

Et qu'on remarque bien qu'il suffit, dans chaque branche d'industrie, que quelques hommes se rendent compte de ce que vaut le talent, l'habileté de main, la bonne conduite de l'ouvrier. Ce sont ces hommes, les plus intelligents de la profession, qui font la hausse dans les salaires de leurs ateliers ; de proche en proche en proche, toute la profession suit ; la concurrence ne permet pas de reculer.

Les considérations qui précèdent sur les effets de la concurrence, effets si différents de ceux qu'on est habitué à lui attribuer ; méritent d'arrêter un instant notre attention, surtout au point de vue de l'intérêt ouvrier, intérêt qui, comme on va le voir, est ici différent de celui du patron.

J'ai dit plus haut, avec tous les économistes, et

notamment avec Adam Smith et Rossi, qu'il y avait tendance générale à la hausse des salaires, dans les pays où les progrès de la richesse nationale étaient plus rapides que ceux de la population, et chez lesquels, en même temps, les procédés industriels étaient sensiblement en voie d'amélioration.

Où en sommes-nous, en France, sous ce double rapport? Pour le perfectionnement des procédés, nous nous tenons dans les premiers rangs ; pour la marche de la population, nous sommes à la dernière place. Le fait que la natalité en France est inférieure à celle de tous les autres peuples chrétiens n'est que trop connu et n'est malheusement pas contestable.

La conséquence ne l'est pas davantage ; la France est, dans toute la chrétienté, le pays où la hausse de sa main-d'œuvre est la plus sensible et la plus continue.

Et comme une natalité plus ou moins féconde est sans influence évidemment sur le capital, on voit que c'est avec raison que j'ai dit qu'il n'y avait pas parallélisme ici entre les intérêts du patronat et ceux du salariat, et que l'avantage est pour le dernier.

Mais voici le point où les deux intérêts vont se rencontrer et à leur égal détriment. La hausse de la main-d'œuvre qui est un bien tant qu'elle se renferme dans des limites raisonnables et pratiques, peut devenir désastreuse si elle dépasse ces limites. Les industries obligées à travailler avec des salaires supérieurs à ceux des nations voisines, voient bientôt se ralentir leurs exportations, et si ce premier avertissement n'est pas entendu, l'étranger augmente peu à peu ses importations, au détriment du travail national, au préjudice commun du patronat et du salariat. Des faits récents prouvent, surtout à l'industrie parisienne, que ce danger n'est pas imaginaire.

L'ouvrier français a eu jusqu'ici un autre avantage sur l'ouvrier étranger. Il était entendu (je parle ici de la grande industrie) qu'un salaire, une fois alloué, n'était plus susceptible de diminution et que les modifications ne se feraient qu'en hausse. Ceci est à l'honneur de nos mœurs et de notre caractère, et toutes les déclamations socialistes ne détruiront pas le fait dont la vérité n'est pas contestable. Mais un système tout contraire a prévalu chez nos principaux rivaux en industrie, les Anglais, les Belges, les Américains du Nord; dans ces pays, le taux du salaire se règle sur l'état du marché commercial. La hausse ou la baisse sont décidées par les syndicats des patrons, contestées ou acceptées par les syndicats d'ouvriers ; il y a souvent lutte, non sur le principe de la variation des salaires, principe qui est admis par les deux parties, mais sur le chiffre de l'augmentation ou de sa réduction, et l'opinion publique est toujours avec celle des parties qui semble être dans la vérité et la justice. Il n'est pas possible de croire que la France ne sera pas amenée bientôt à adopter ce système qui est logique et juste, il peut seul assurer l'avenir de notre grande industrie.

Quant à la petite industrie, les influences qui y règlent les salaires sont différentes.

Il s'agit ici d'ateliers restreints où le patron travaille le plus souvent avec ses ouvriers et comme eux. Les affaires généralement restreintes de ses ateliers ne permettent pas au patron de grands bénéfices, et, suivant le langage usuel, il est obligé de *serrer ses prix*.

Les ouvriers de la petite industrie, d'ailleurs témoins de la modestie de situation et d'allures du patron, sont moins disposés à se montrer exigeants vis-à-vis de lui.

On a même fait une remarque caractéristique, dont j'ai vu des exemples; les ouvriers qui se sont élevés au patronat par leur énergie, leur économie, leur habileté professionnelle, avaient entendu souvent déclamer contre l'égoïsme et la dureté des patrons et ne s'en étaient peut-être pas fait faute eux-mêmes; ils s'en étaient si bien convaincus, qu'une fois arrivés, beaucoup d'entre eux se croient tenus à faire preuve de ce qu'ils croient être l'attribut, peut-être la nécessité du patronat, et c'est parmi eux surtout qu'il faut chercher la dureté vis-à-vis de l'ouvrier. Il semblerait pourtant que ce serait de ces nouveaux patrons que devraient venir les bons exemples.

Quant à la moyenne industrie, elle offre un mélange des avantages et des inconvénients de la petite et de la grande industrie. Elle tend d'ailleurs de plus en plus à s'absorber dans celle-ci.

Nous venons de voir la situation particulière faite à l'ouvrier français par la lenteur de notre natalité; un fait contraire se produit en Allemagne sous l'influence d'une natalité cinq fois plus considérable que la nôtre. On attribue à ce très rapide accroissement de sa population la mauvaise situation de la classe ouvrière; les salaires allemands restent à peu près stationnaires, et même, dans la grande industrie, diffèrent sensiblement des nôtres. De là des plaintes très vives, qui fournissent des armes au socialisme contre lequel le

gouvernement prussien a dû s'armer de plus de sévérité que chez nous.

Quoique des hommes considérables dans le Parlement, M. Virchow entre autres, se soient faits les pro-
pagateurs de ces plaintes, je crois qu'elles ont été
exagérées et qu'en tout cas, il y a, dans la situation
actuelle, autre chose que l'influence de la trop forte
natalité.

Il ne faut pas oublier que la liberté du travail n'a été
donnée à l'Allemagne que depuis 1869 ; et bien que les
gouvernements allemands y aient apporté plus de
ménagements que nous ne l'avions fait en 1776, et en
1791, cette innovation, qui, peu d'années après, s'est
aggravée par la crise si profonde qu'a produite l'invasion de nos milliards et le fol orgueil du triomphe, n'a
pas pu manquer de jeter le travail allemand, autrichien,
hongrois, dans un désarroi considérable. De tels
ébranlements ne se calment pas en un jour.

Mais la liberté du travail commence à produire en
Allemagne le même effet qu'elle a eu chez nous. Le
travail s'améliore ; le goût, la forme, le desssin, l'habitude professionnelle y pénètrent sensiblement ; il y
a là une cause très probable de relèvement des salaires.

Ce qui me paraît certain et durable, c'est que, pour
bien longtemps, la main-d'œuvre restera, en Allemagne, sensiblement inférieure à la nôtre. Et que nos
voisins nous deviendront de plus en plus des concurrents très sérieux. L'accroissement constant de leurs
importations chez nous ne permet pas d'en douter.

Au nombre des griefs allégués contre le patronat par
les adversaires de l'organisation actuelle du travail, il
en est un qui n'a pas seulement un air de vraisemblance,

mais qui, dans certains cas, contient une part de vérité. Quoiqu'on le présente, selon l'usage, sous une forme exagérée et offensante, il est bon de l'examiner.

Il s'agit du pouvoir discrétionnaire du patron, qui peut congédier à sa guise un ouvrier qui lui déplaît ; celui-ci, dans l'impossibilité de trouver d'autre occupation, se soumet et vend son travail au rabais.

Remarquons d'abord qu'en face du droit du patron de congédier un ouvrier, se dresse le droit de l'ouvrier de quitter l'atelier à sa guise, même dans les occasions où il y est le plus nécessaire. Ces deux droits opposés ne sont soumis qu'à une condition, celle de se prévenir huit jours ou quinze jours d'avance suivant les usages locaux.

Lequel de ces droits, issus tous deux de la liberté du travail, est le plus contraire aux intérêts du travail ?

Quoi qu'il en soit, le grief socialiste est-il vrai ?

Je ne soutiendrai pas qu'il ne puisse s'en rencontrer quelques exemples dans la petite industrie, où quelques hommes durs et avides, n'ayant affaire qu'à un ou deux ouvriers, peuvent essayer d'abuser de leur situation. Je suis persuadé, en tout cas, que ces exemples doivent être très peu fréquents en France, où, du petit patron à l'ouvrier, existe généralement un bon sentiment de camaraderie. La concurrence d'ailleurs défend singulièrement ici l'ouvrier capable et de bonne conduite. Il y a bien peu de patrons qui ignorent combien ces hommes sont précieux.

Quant à la grande industrie, le grief est absolument mensonger. Ce n'est pas ainsi, ce ne peut pas être ainsi que les choses s'y passent. Les renvois d'ouvriers

par caprice, par abus, par tentative de baisse de
salaire, par voie détournée enfin, rencontreraient dans
les grands ateliers une résistance invincible. L'ouvrier qui aurait accepté un salaire au rabais y serait
immédiatement mis à l'index parmi ses camarades,
et la vie avec eux lui deviendrait bientôt insupportable. Quant au patron qui aurait commis cette lourde
faute, il perdrait toute autorité morale et se verrait
successivement abandonné de l'élite de ses ouvriers,
qui sauraient bientôt trouver de meilleurs chefs.

Il n'y a donc, pour la grande industrie, rien de vrai
dans le grief socialiste, et l'on peut tenir pour certain
que, dans la petite industrie, ce n'est que comme rare
exception que le grief peut être vrai. Pour la grande
industrie, voici ce que l'expérience apprend :

Le travail y est exposé à des oscillations considérables ; les débouchés semblent se fermer ; les demandes
s'arrêtent ; une crise survient sans qu'aucune prévision humaine l'ait annoncée. Dès lors, et à moins de
courir à la ruine, il faut restreindre la production ; on
diminue alors, pour l'ensemble des ouvriers, soit le
nombre de jours de travail par semaine, soit le nombre
d'heures par jour, et il n'est pas rare qu'on puisse
ainsi traverser la crise. Mais si elle continue et si elle
s'aggrave, il y a obligation de diminuer le nombre
même des ouvriers. Ici, il est bien certain qu'il y a
quelque chose de discrétionnaire dans la désignation
que le patron doit faire des ouvriers à congédier ;
mais qui peut faire cette désignation, si ce n'est lui ?
C'est un cas sérieux de responsabilité morale et je ne
connais pas de chefs d'industrie qui n'en aient le sentiment très net ; non seulement, d'ailleurs, il est de

leur devoir d'être justes, mais c'est encore leur intérêt bien compris ; aussi se sont-ils fait des règles à cet égard, et ils s'y montrent fidèles. Dans un renvoi d'ouvriers, on commence toujours par les mauvais ; puis on passe aux plus nouveaux ; les célibataires passent avant les hommes mariés et les hommes mariés avant les pères de famille. En un mot, en présence d'un mal nécessaire, on fait tout le possible pour l'atténuer : c'est l'intérêt du chef, c'est le devoir du chrétien.

Mais enfin, dans cette privation, même momentanée du salaire, il y a, pour un certain nombre d'hommes, perte, embarras, quelquefois souffrance ; il y a un mal réel, les partisans exclusifs de la liberté diront que ce mal, fruit de la liberté du travail, trouve son adoucissement dans la liberté elle-même, et elle seule, et qu'elle suffit pour tout remettre en ordre. C'est une erreur, car le mal est immédiat, et la liberté du travail, dans les moments de crise, ne donne ni facilement ni promptement du travail.

Nous entrons ici dans un ordre d'idées et de considérations qui doit trouver sa place dans d'autres parties de ce livre. Je m'arrête donc ici.

Nous pouvons aborder maintenant le détail du salaire et essayer de nous rendre compte du budget de l'ouvrier ; mais comme la femme et la fille peuvent y ajouter une certaine part, il importe de fixer d'abord nos idées sur le travail féminin et sur le concours qu'il apporte au budget de la famille.

CHAPITRE X

LE TRAVAIL DE LA FEMME

Il n'y a jamais d'opprobre dans le travail.
Il peut y en avoir dans l'oisiveté.
(HÉSIODE, *Œuvres et jours*.)

L'importance capitale du rôle de la femme dans la famille lui crée-t-elle la nécessité irrémissible de s'interdire tout travail intellectuel ou manuel, et d'appliquer exclusivement son esprit et ses forces aux soins du ménage, et à la surveillance des jeunes enfants? Cette loi, préconisée par quelques esprits absolus, n'est fondée ni sur la physiologie, ni sur la psychologie de la femme ; elle ne l'est pas davantage sur la morale ou sur la religion. Les cinq millions de Françaises[1], les trente-cinq à quarante millions d'Européennes qui travaillent, ne le prouvent-elles pas surabondamment?

La femme est la grâce et le charme du foyer, l'ordre et l'économie dans la maison, le conseil dans les

---

1. Ce nombre se compose comme suit : voir le chapitre xx :

Agriculture	2,211,818
Industrie	1,709,960
Commerce et transports	616,756
Professions libérales	303,360
Professions diverses	420,865
Total général	5,262,759

difficultés, la consolation dans les peines ; elle est l'éducatrice des enfants. S'ensuit-il qu'elle doive se refuser à prendre sa part dans les occupations et le travail de son mari, ou même, en cas d'insuffisance du budget de la famille, s'interdire l'honneur et le bonheur d'y apporter son contingent, fruit de son effort et de son dévouement personnels ?

En se refusant à subir de telles abstentions, la femme ne méconnaît pas les lois de sa nature aimante et dévouée ; elle s'y conforme : ce qu'il faut désirer pour elle, c'est que le travail ne dépasse pas ses forces, et que son cœur ne l'entraîne pas au delà des limites tracées par la nature et la raison.

Le travail féminin se présente sous des faces diverses et chacune d'elles mérite une mention spéciale.

Dans le commerce, dans l'industrie, dans l'agriculture, il y a de très fréquents exemples d'associations conjugales pour la conduite en commun des affaires de la maison. Ces associations existent non seulement dans la bourgeoisie, mais chez les ouvriers. Dans ce cas, elles constituent ce que l'on a plus particulièrement appelé le travail en famille, parce que les enfants s'y joignent souvent à leur mère pour aider le père.

Puis, il y a le travail en chambre, et enfin, le travail à l'atelier, hors du domicile conjugal ou paternel.

Examinons successivement ces divers modes de travail.

L'association bourgeoise du mari et de la femme, dans le commerce, la femme ayant souvent la signature sociale, et les droits et les obligations que lui confère alors le Code de commerce, est prépondérante à Lyon dans le travail de la soie ; on la rencontre dans presque toutes les villes; elle se répand de plus en plus à Paris; j'y ai connu beaucoup de ces aimables et honorables associations; je n'en citerai que quelques-unes de Paris.

Une grande maison de nouveautés a été longtemps dirigée par une association de ce genre, le mari se chargeant du dehors, la femme, de l'intérieur. Celle-ci, jolie, bonne musicienne, assez instruite et causant bien, était très accueillie dans le monde, quand les affaires lui permettaient d'y aller, et ne déparait pas les salons les plus distingués, où elle se montrait modeste et du meilleur goût. Dans son magasin, accueillante avec grâce et simplicité, d'une patience inaltérable, donnant discrètement, quand il lui était demandé, un conseil sur le choix des étoffes, elle avait formé ses demoiselles de comptoir à son exemple, et avait acquis en peu temps une très belle clientèle. Pour l'achat et le choix des étoffes, elle était du plus excellent conseil pour son mari. Il disait souvent que, dans le succès toujours croissant de la maison, la meilleure part revenait à sa femme.

Chose remarquable! son éducation ne l'avait nullement préparée à cet utile emploi de son temps; cette éducation avait été purement littéraire et musicale, ainsi que la donnent aux filles de la bourgeoisie les pensionnats de Paris; mais à peine mariée, informée de la part que prennent les dames lyonnaises aux affaires de leurs maris, elle avait demandé au sien de l'initier à son commerce, et elle avait apporté dans ses nouvelles occupations une ardeur et une intelligence qui ne se sont pas démenties.

Une des premières maisons de produits chimiques

et pharmaceutiques de Paris a été longtemps dirigée
de même, le mari s'occupant de la fabrique, la femme
dirigeant le magasin et la vente. Elle y avait été préparée par une forte éducation commerciale. Son père
et sa mère, négociants et associés, avaient voulu lui
assurer cette vie de travail à laquelle ils avaient dû le
bonheur et la richesse, et ils avaient parfaitement
réussi. Cette maison passait pour une des plus intel-
ligemment conduites de Paris.

Une très importante fabrique parisienne de formes
de chapeaux de femme a été longtemps dirigée par
le mari et la femme. Celle-ci possédait une faculté
d'invention si rare pour les nouveaux modèles qu'elle
était arrivée en peu de temps à commander la mode
à un et deux ans de distance. Son mari, sûr de son
goût et si osés que fussent ses nouveaux modèles, ne
craignait pas d'engager de grosses sommes dans leur
fabrication, et presque toujours avec succès. Cette
maison a fait une belle fortune.

Une des notables maisons parisiennes de soieries a
été successivement dirigée par quatre ménages associés qui ont tous agrandi les affaires. Les femmes y
avaient la signature sociale.

Je pourrais pousser plus loin cette énumération ;
mais n'est-il pas de notoriété que les maisons de lingerie, modes, couture, mercerie, blanchisserie, au
nombre de plus de dix mille dans Paris, sont conduites,
pour la presque totalité, par des femmes, propriétaires du fonds, et commerçantes, qu'elles soient
mariées, veuves ou filles, et conduisant leurs établissements avec intelligence et probité ? Les maris ont
généralement une occupation au dehors, soit dans les

ministères, soit dans les chemins de fer, soit dans les banques et grandes maisons de commerce ; mais, le soir et les dimanches, ils mettent les livres à jour, secours précieux et sûr qui contribue fortement à la bonne marche de la maison.

Partout, en province, l'organisation de ces industries est semblable à celle de Paris. Les femmes y font généralement preuve d'une ardeur soutenue au travail, d'ordre et d'économie. Leur vie est régulière et honorable, comme partout où le travail est sérieux.

Les enfants souffrent-ils de cette situation? Pour qui sait ce qu'il y a de puissance et de ressources dans le sentiment maternel, et aussi ce qu'il y a de travail possible, dans une journée commencée de bon matin, et bien réglée dans ses heures, il n'est pas douteux que la mère puisse suffire à tout, et concilier ses devoirs commerciaux avec les soins et la surveillance si nécessaires à la première enfance; plus tard, les petits externats, puis les grands offrent pour les garçons une ressource précieuse; à la rentrée du soir, le père et la mère combinent leurs efforts pour compléter la journée et ajouter l'éducation de famille à l'instruction acquise au dehors.

Les filles quittent moins leurs parents. Elles sont généralement élevées sous les yeux de leur mères. J'ai souvent vu des jeunes filles assises dans le magasin, soit au comptoir même, soit à une petite table qui leur était réservée, et y étudiant leurs leçons. J'ai eu occasion de voir l'une d'elles mettant au net les *cahiers-brouillons* de la vente. Il résulte sans doute de ce mode d'éducation une assez médiocre instruction littéraire, mais aussi une très forte et très pratique préparation

à la vie de travail et de commerce, et les habitudes
d'ordre et de régularité dues à l'exemple, cet instituteur
si doux et si pénétrant !

Dans le haut et moyen commerce, quelques années
de pensionnat complètent l'éducation des filles.

Le rôle des femmes dans l'agriculture est d'une
importance qui n'est pas assez connue. Les industries
accessoires de la ferme, à la tête desquelles elles sont :
la production du lait, des œufs, de la cire et du miel,
la fabrication du beurre et des fromages, donnent un
revenu annuel de plus d'un milliard et demi.

La terre peut être cultivée par ses propriétaires ;
elle peut l'être aussi par des fermiers. Dans les deux
cas, il s'établit entre le mari et la femme une division
toute naturelle de travail : au mari, les gros ouvrages,
avec ses valets de ferme ; à la femme, avec ses filles
de ferme, basse-courières et autres, l'administration
intérieure de la ferme, le ménage, la nourriture du
personnel, les soins du lait et de ses produits, l'engrais-
sement du bétail, la basse-cour, etc.

Nos femmes de l'agriculture ne prétendent pas sans
doute au monopole de l'habileté dans ce travail intérieur de la ferme ; très probablement même la très
grande majorité d'entre elles ignorent leur supériorité
à cet égard sur les femmes des autres nations ; mais
les faits les mieux avérés établissent cette supériorité
due à l'amour et à l'intelligence des détails, à l'ardeur
soutenue au travail, à l'économie, à la vigilance. Ces
qualités, ces vertus tiennent, en partie, à la race, en
partie à notre constitution sociale de la propriété. Plus
accessible, plus démocratisé que chez aucun autre peuple, notre sol, avec ses dix millions de propriétaires,

occupe ou fait vivre plus de la moitié de notre population. Sur ce nombre, plus de deux millions de Françaises travaillent, et font, des produits accessoires de la ferme, une des branches les plus intéressantes de la richesse nationale.

La Française de la culture, propriétaire ou fermière, est sans rivale en Europe. L'Angleterre elle-même, ce pays de l'agriculture intensive, est notre tributaire pour près de cent millions annuels de ces produits accessoires que ses riches fermières ne savent ou ne veulent pas créer[1].

L'ouvrière agricole est la digne auxiliaire de nos vaillantes et intelligentes fermières. D'une santé robuste, d'un tempérament de fer, mariées, veuves, ou filles, elles composent un personnel généralement dévoué, de fortes mœurs, et courageux au travail. Elles ne s'occupent pas seulement des produits intérieurs, mais pour la fenaison, la moisson, la culture de la vigne, elles sont, sauf l'usage de la faux ou de la houe, égales ou supérieures aux hommes.

Il ne faut pas avoir vécu longtemps de la vie des champs, pour reconnaître que la femme a sa place, non seulement utile, mais indispensable dans l'agri-

---

1. Les chiffres exacts sont pour 1878 :

	Francs.
Œufs	34 024 000
Fromages	983 000
Beurre frais et salé	61 281 000
	07 188 000

Tableau général du commerce de la France officiel, p. 277 et 278. Ces exportations avaient été :

	Francs.
En 1865, de	81 206 000
En 1869, de	89 815 000

Enquête agricole, Rapport général officiel, p. 211.

culture; lui interdire le travail agricole ne serait pas désastreux pour elle seulement, mais pour le pays entier.

Cette bonne travailleuse, comment élève-t-elle ses enfants? Quand elle est nourrice, assurément elle ne peut guère s'absenter de chez elle, et cependant celles qui sont actives et résolues trouvent encore à apporter une petite part au ménage. Dès que les enfants marchent, elles les ont autour d'elles, dans leurs travaux des champs, où ils font leur apprentissage, en même temps qu'ils acquièrent ces santés robustes et indifférentes aux intempéries qui font toujours l'étonnement du citadin. On a, au besoin, une voisine pour les garder; puis vient l'école, où se rendent les enfants des points les plus éloignés de la commune, se groupant par hameaux, et se prêtant, pour aller et venir, un mutuel secours. Bientôt l'enfant se mêle utilement aux travaux des champs; la garde des animaux est pour lui un passe-temps favori, et qui n'est pas sans profit pour le ménage. Il n'est pas rare de le voir armé d'une longue et mince baguette, conduisant fièrement des troupeaux de gros bétail, docile à la voix de cette frêle et vaillante créature. Ainsi se forme l'ouvrier des champs.

Les exemples d'association conjugale pour un même travail sont moins fréquents chez les ouvriers que dans la bourgeoisie. Cela tient à la nature même des choses. Le ménage et les enfants prennent souvent tout le temps et toute la force de la mère; obligée à une stricte économie, elle ne peut souvent qu'ajouter, avec son aiguille, quelques ressources au ménage que ses soins et sa vigilance peuvent d'ailleurs rendre digne et aimable. Faire en sorte que le mari qui rentre fatigué trouve du charme à se reposer près d'un foyer bien rangé, une table servie proprement, même s'il ne s'y trouve qu'une soupe qui peut toujours avoir été préparée avec attention, et lui être présentée bien chaude; habituer les enfants à recevoir le père avec respect et avec gaieté, les joues fraîches et lavées, les habits sans déchirures, ou raccommodés à la hâte, sauf à mieux faire pendant qu'ils dorment; montrer elle-même un visage calme et souriant, et cette sérénité de l'âme qui s'affirme par une tenue correcte, si simple qu'elle soit; détourner du foyer domestique les commérages et les médisances; rester inébranlablement fidèle à ses devoirs d'épouse et de mère; donner l'exemple de la pratique des devoirs religieux, tel est son devoir, telle est sa mission, et beaucoup la remplissent; il y a un grand nombre de bons ménages ouvriers.

Il n'est pas rare que, sous la patiente et douce influence de sa compagne, le mari ait perdu ses tendances à la dépense et à la dissipation; qu'il ait résolument secoué cette faiblesse, ce respect humain qui l'ont si souvent entraîné, à la suite de ses camarades, au café, au cabaret, à *l'assommoir;* que, ce premier pas fait, il soit devenu ponctuel à l'atelier, courageux au travail, serviable avec ses camarades, poli et ouvert avec le patron. Interrogez-le avec sympathie, et il n'hésitera pas à vous répondre que tout cela est l'œuvre de sa femme, de *la mère*, selon l'expression habituelle.

Mais une ombre menaçante pèse sur ce tableau, et il y a un triste revers à cette médaille.

Dans une partie de la population ouvrière, il devient fréquent que le mari méconnaisse les droits de la mère sur ses enfants, et surtout sur les garçons. Sauf les soins matériels, il lui interdit toute action, tout pouvoir sur eux; il la traite et les autorise ainsi à la traiter comme la servante attitrée de la maison. Dès lors le ménage est détruit; l'ordre et l'économie disparaissent avec le respect dû à l'épouse, à la mère; de là, les misères matérielles et morales qui attendent inévitablement les familles rebelles à l'une des premières lois chrétiennes.

Cet état de choses est bien connu de tous ceux qui s'occupent des ouvriers et de leur vie intérieure. M. l'abbé Roussel[1], avec qui j'ai eu l'honneur de m'en entretenir, ne l'a que trop souvent constaté dans sa longue et belle carrière de bienfaisance, et le considère comme une des causes les plus actives et les plus redoutables de la démoralisation qui se répand parmi les ouvriers, surtout parmi les jeunes.

Dans un certain nombre d'industries, l'ouvrier peut travailler à son domicile, y avoir une forge, un métier, un tour, des outils de bimbeloterie ou de sculpture sur bois, etc., se constituer ainsi entrepreneur à façon, recevoir d'un patron la matière première et la lui rapporter élaborée aux prix convenu.

Ce travail fait à domicile se prête presque toujours à la participation de la femme et des enfants, dont le concours devient ainsi précieux. Ce genre d'association existe notamment dans les Vosges et le Jura pour la tournerie, la bimbeloterie, les joujoux, les sculptures sur bois; dans les Ardennes pour la petite ferronnerie et la quincaillerie; il occupe une place prépon-

1. Fondateur et directeur de l'œuvre d'Auteuil pour l'éducation et l'apprentissage des enfants pauvres, orphelins ou abandonnés.

dérante à Lyon et dans la vallée du Rhône, pour la fabrication de la soie, et partout où le métier à tisser à bras subsiste encore concurremment avec les usines à vapeur [1].

Ce genre de travail porte le nom particulier de travail en famille, et ce nom suffit pour le rendre digne d'une attention et d'une sympathie particulières. Cette combinaison de forces unies et concourant au même but, dans un seul intérêt familial, la présence constante du père au milieu des siens sont évidemment des conditions favorables aux bonnes mœurs, à l'union et au bien-être de la famille. Aussi des écrivains très autorisés dans ces matières l'ont-ils préconisé comme l'idéal du travail industriel.

C'est une erreur, ou, du moins, une exagération.

On n'a pas perdu le souvenir des *Caves* de Lille, dont la description, donnée brièvement par M. Villermé, puis, avec détails, par Blanqui, l'économiste, produisit un effet de stupeur sur l'opinion.

Les tisserands de Lille avaient reconnu que le fil de coton, de lin ou de chanvre, conservait plus de douceur, plus de souplesse, et par conséquent plus de ténacité dans une atmosphère humide. Ils avaient eu ainsi l'idée de mettre leurs métiers dans les caves; puis ils y avaient transporté leur lit, leur mobilier, et la famille s'était trouvée finalement logée dans ces locaux

---

1. On rencontre fréquemment dans les villages, même peu importants, un ouvrier possesseur d'un métier pour la toile de chanvre ou de lin ; il tisse le fil qui lui est apporté par les femmes de la contrée, et qui est le produit de leurs mains. Dès qu'elles ont fini leur ménage, elles prennent et ne quittent plus leur quenouille, et filent soit chez elles, soit aux champs. Une femme alerte et habile produit tout le fil nécessaire pour le linge et la literie de la famille.

bas, humides, mal aérés, mal éclairés. L'atelier, le logement, la cuisine, tout était venu s'y entasser, et ces tristes refuges étaient bientôt devenus sordides. Leurs habitants y perdaient tout à la fois leur santé et leur moralité. On sait que la malpropreté est la plus envahissante des maladies, la plus corruptrice des souffrances. Les tisserands de Lille en ont fait l'épreuve. Il a fallu toutes les sévérités de la loi sur les logements insalubres pour les arracher à la dégradation où ils étaient tombés.

La France n'a pas été seule à donner ces malheureux exemples. Certaines villes de l'Allemagne présentent encore ces tristes spectacles. Dans les faubourgs de Londres, et notamment celui de Spital-fields, quartier des tisserands, des raisons analogues ont produit des effets semblables, pires encore. Toutes les perversions humaines semblaient s'y être réfugiées. L'esprit anglais n'admettant pas facilement l'intervention de la loi dans les questions privées, des sociétés charitables ont entrepris d'extirper cette plaie, l'une des hontes de l'Angleterre, et ont notablement modifié ce sinistre état de choses.

Il reste donc démontré que le travail en famille, malgré ses mérites particuliers et certains, n'a pas une puissance sans limites pour assurer le bien-être, la santé, la moralité de ceux qui le pratiquent. Il est très digne de respect et de sympathie, mais il ne faut y chercher ni l'idéal, ni la règle exclusive, ni la solution des problèmes du travail.

Le travail féminin à domicile, plus particulièrement appelé travail en chambre, est pratiqué :

1° Par les femmes de rentiers ou employés ayant un

petit revenu; elles cherchent, dans leur aiguille, le moyen d'augmenter le budget familial;

2° Par des femmes et filles d'ouvriers qui consacrent chez elles, à un travail manuel, tout le temps libre que leur laisse le ménage;

3° Par des femmes ou filles isolées.

La plus forte partie des travaux faits en chambre est payée à la tâche, ou à la pièce, et cela est dans la nature des choses, le temps employé ne pouvant être contrôlé par le patron.

Les prix sont généralement peu élevés. La raison en a été signalée, avec une grande autorité, dans la statistique de l'industrie parisienne, pour 1847-48, travail considérable dû à la Chambre de commerce de Paris, et plein d'enseignements utiles.

Les deux premières catégories de femmes travaillant à domicile comprennent, comme nous venons de le voir, celles qui, dans le désir assurément légitime et honorable d'assurer un complément au budget de la famille, prennent du travail, soit chez des marchands ou des confectionneurs, soit et surtout en lingerie, couture et broderie. Comme il ne s'agit pas absolument pour elles de l'existence, elles ne discutent pas, avec l'insistance du besoin, les prix qui leur sont offerts. C'est ainsi que des cours peu rémunérateurs s'établissent, et viennent peser sur la troisième catégorie d'ouvrières qui voit ainsi réduire les ressources qu'elle cherche dans son travail.

Les résultats de cette concurrence faite à des femmes par des femmes sont déplorables, et l'enquête de la Chambre de commerce de Paris les a constatés et vivement mis en lumière.

Les ouvrières en chambre, pressées par le besoin, et ne pouvant ou ne voulant pas toujours chercher de l'ouvrage dans les ateliers, tombent dans le désordre.

L'enquête parisienne constate que le nombre de ces femmes est grand, près de la moitié. Ces constatations ne résultent pas de procédés inquisitoriaux, mais de la simple comparaison, faite par les commissaires enquêteurs entre le métier, d'une part, et la toilette et le mobilier de l'autre. Ce genre d'appréciation qui, appliqué à un petit nombre de personnes, serait probablement inexact, devient l'égal de la certitude, quand il s'applique, comme ici, à plusieurs milliers de sujets.

Il y a là une grande difficulté économique et un grand mal moral. Le rapport du Ministre de la justice sur la criminalité, pour 1878, constate (p. xxxv) un fait vraiment douloureux. Sur 1390 suicides de femmes 1120 ont été accomplis par des femmes ou filles de moins de vingt et un ans ! A cet âge, à côté d'une grande vivacité d'impressions, on n'a pas encore sans doute toute son énergie morale, et on lutte avec peine contre un amour contrarié, contre l'abandon, contre la perspective de la misère. Mais pourquoi le nombre de ces suicides a-t-il passé, en cinq ans, et par une gradation ininterrompue de 60 à 120 ? Ce ne peut être que par le relâchement du sentiment religieux. Il y a là, pour tout le monde, matière à de sérieuses réflexions.

Economiquement, l'abondance du travail, et, à sa suite, de meilleurs prix de façon peuvent seuls modifier cette situation.

Au point de vue moral, la charité, la religion offrent des ressources, plus actives et plus efficaces, pour détourner du mal des natures molles ou passionnées qui ont trouvé dans le désordre de plus faciles moyens d'existence, et les distractions et les émotions qu'il procure. OEuvre laborieuse et pénible et qui réserve de grandes et nombreuses déceptions à ceux qui l'entreprennent; elle n'en a pas moins de vaillants ouvriers, hommes et femmes, femmes surtout.

N'est-il pas touchant de voir ces dernières chercher à réparer par un effort conscient de leu nature dévouée et ardente au bien, le mal fait inconsciemment à la pauvre ouvrière par la concurrence d'autres femmes ? C'est surtout dans les conditions élevées et parmi les riches que se rencontrent ces courageuses missionnaires de la charité, ces visiteuses de mansardes et de greniers, qui y portent des secours en vivres, en vêtements et en argent, et y ajoutent la bonne grâce qui en double le prix, la douceur et l'émotion qui délient les langues, obtiennent les confidences et ouvrent les cœurs ! Que de bien se fait de la sorte ! Et quand une honnête femme est ainsi venue se mêler au travail et aux peines d'autres femmes, avec quelle pure satisfaction ne peut-elle pas se dire qu'elle aussi, elle a travaillé, et du travail le plus sain et le plus fortifiant, celui qui produit le bien d'autrui !

Le nombre des femmes qui se dévouent de la sorte est très grand, bien plus grand qu'on ne le croit généralement.

Beaucoup d'hommes aussi concourent à cette œuvre, plus difficile pour eux, sous certains rapports, que pour les femmes. Ma bonne étoile m'en a fait connaître plusieurs, prêtres ou laïques; j'ai constaté

chez tous un trait commun, celui d'une espérance
presque obstinée de la possibilité du retour au bien ;
c'est là le secret de leur force de persuasion et de
leurs succès près des cœurs blessés profondément.
Leur bienveillance presque indestructible semble les
exposer à de nombreuses déceptions ; mais ils acquièrent rapidement l'expérience des ruses de la misère,
et la miséricorde n'exclut pas chez eux la perspicacité.

Un de ces hommes, M. G..., bien connu dans le
monde des affaires, bien connu aussi des pauvres et
surtout des travailleurs nécessiteux, hommes ou
femmes, auxquels il distribuait les magnifiques cha-
rités de la première maison de banque de Paris, m'a
souvent parlé de l'habileté extraordinaire avec laquelle
on essayait quelquefois de surprendre sa bonne foi.
Mais sa grande sagacité n'avait pas été longtemps
dupe. Du reste, il portait ce caractère particulier dans
sa mission : « Il ne faut pas, disait-il, s'attacher
exclusivement à la perfection ; les lis sans tache sont
rares dans toutes les conditions, » et il concluait par
ces mots d'un grand cœur et d'un esprit très fin :
« La charité doit être borgne. »

Rendons grâce, dans le fond de nos cœurs, à ces
missionnaires de la charité qui visitent et soulagent
les pauvres ouvrières, isolées, sans famille, sans conseils, et font le bien modestement, secrètement, sans
autre témoin que Dieu. Mais que dire de ces charlatans, de ces déclamateurs, qui, dans ces visites, ne
cherchent que leur propre glorification ? On bâtit un
roman ; on échafaude toute une thèse morale ou philosophique sur les combats du travail ; on montre une

infortunée luttant contre une organisation sociale implacable, et succombant à la peine ; on a bien soin d'ailleurs de décrire l'escalier sale et humide, la chambre obscure et démeublée, où l'on a trouvé l'héroïne ; on se persuade et l'on fait un effort discret pour que le public croie aussi qu'on a fait une bonne action ; la vérité est qu'on en a fait une détestable. Que l'une de ces pauvres filles, momentanément embarrassées, lise ces tableaux navrants ; que voulez-vous que devienne son courage ? Vous lui démontrez son impuissance pour la lutte ! Eh bien, elle va tout droit se jeter au bras du mal ! Qui en sera responsable devant Dieu, si ce n'est vous, Tartufes de la charité ?

Il nous reste à étudier le travail des femmes dans l'industrie ; c'est la partie la plus délicate du sujet qui nous occupe, celle qui a éveillé les plus légitimes préoccupations, qui a donné lieu à plus de discussions vives et souvent passionnées, et sur laquelle il existe le plus de doutes et de craintes. Essayons de l'analyser sans parti pris, et d'y discerner le bien et le mal.

L'apprentissage des jeunes filles dans l'industrie peut commencer après la première communion ; il n'a rien qui dépasse leurs forces, particulièrement dans l'industrie des textiles. On a reproché avec raison à ces ateliers leur mauvaise ventilation, leur atmosphère humide, et aussi le mélange des sexes, soit à l'entrée, soit à la sortie, soit dans l'atelier même ; aujourd'hui ces reproches ne sont plus fondés ; dans toutes les grandes usines, et dans la plupart des petites, la ventilation est bonne, l'atmosphère est saine ; la séparation des sexes est assurée par les règlements ; mais tout n'est pas fait par là.

L'atelier, malgré le silence qui y est prescrit pendant le travail, malgré les surveillances qui y sont exercées, n'est généralement pas un milieu favorable à l'éducation morale de la jeune fille. Dans ce pêle-mêle de bonnes et de mauvaises natures de tout âge, ayant une certaine liberté, le mal est visiblement plus facile que le bien ; d'ailleurs, l'éducation ménagère de la jeune fille est suspendue ; elle ne peut presque plus coudre, laver, repasser ; quelques leçons hâtives sont seules assurées à son instruction, et elle ne peut guère que garder ce qu'elle avait pu apprendre du programme élémentaire avant sa première communion.

L'atelier a donc, pour les jeunes filles, ses inconvénients et ses dangers ; elles n'y sont cependant que par la volonté de leurs parents. Quels sont les mobiles de ceux-ci ?

Un petit nombre trouve un sérieux avantage à former, de bonne heure, l'ouvrière au travail, et à lui en donner, jeune, les habitudes d'ordre et de discipline. Sa destinée, pensent-ils, est de gagner sa vie par le travail ; elle ne saurait trop tôt en faire l'apprentissage. Dans ce cas, il n'est pas douteux que les parents, mus par la seule pensée du bien de leur enfant, chercheront par leur exemple et leurs conseils vigilants à la maintenir dans les bons principes qu'ils lui ont donnés, et surtout dans ses sentiments religieux. Dès lors, le succès est à peu près assuré, et un bon et honnête sujet aura été donné au travail.

Mais, pour la plupart des parents, l'envoi des filles

aux ateliers n'a pour motif que le besoin. Ce besoin est peut-être réel ; peut-être aussi n'est-il dû qu'au désordre ou au peu de courage des parents. Pour la jeune fille, l'effet est le même ; il faut qu'elle aille contribuer à l'accroissement des ressources de sa famille. Si médiocre que soit, surtout au commencement, la part qu'elle apporte, cette part couvre et bientôt dépasse sa dépense personnelle, et le budget familial est soulagé.

Mais ici encore il y a des distinctions à faire.

Si les parents sont bons et de bonne conduite, c'est devant un besoin réel qu'ils ont envoyé leur fille au travail ; celle-ci s'en rend parfaitement compte, et, dès lors, éprouve ce sentiment si fortifiant : le bonheur d'être utile à son père et à sa mère. Il y a là, pour elle, un grand encouragement à bien faire, et à se défendre contre les périls de l'atelier.

S'ils sont mauvais... Hélas ! S'ils sont mauvais, il est à peu près certain que la jeune fille n'est pas plus mal, que, peut-être même, elle est mieux à l'atelier que chez ses parents ; elle y a moins de liberté et moins d'exemples affligeants et démoralisants.

Comment la femme mariée se décide-t-elle à se donner au travail de l'industrie et du grand atelier, où la discipline l'oblige à l'emploi de sa journée entière et à l'abandon de son ménage ? La première explication qui se présente, c'est que le ménage qui est ainsi abandonné n'a pas su se défendre lui-même ; que la misère, suite du désordre, y régnait avec toutes ses peines et toutes ses immoralités, et que la femme avait cessé d'espérer d'y ramener la paix et l'ordre.

J'ai montré plus haut de malheureuses femmes destituées par leurs maris de tous leurs droits de mère, méconnues, peut-être insultées par leurs enfants qui les voient sans défense, et ne comprennent pas qu'il y a là pour eux un double motif de les respecter. Blâmera-t-on ces femmes, ces mères, de chercher dans le travail un refuge, une aide, une protection? Ces exemples d'ailleurs sont rares tant que les enfants ont matériellement besoin de leur mère. Il en est bien peu qui désertent alors leur poste et qui laissent à d'autres le soin de leur jeune famille. Il y a, dans ces cas, des dévouements qui s'élèvent jusqu'à l'héroïsme : il y a des martyres de la maternité.

Dans combien de cas, d'ailleurs, la mère n'est-elle pas amenée à reconnaître que son travail seul peut assurer une nourriture substantielle aux siens? L'aimerait-on mieux s'abandonnant, elle et ses enfants, à la seule charge du père? Et si ce père n'a pas de conduite, s'il va dissiper une partie de son gain au cabaret, la mère n'est-elle pas en droit de demander au travail, pour elle et ses enfants en âge de travailler, les moyens d'existence que le père ne sait, ou ne veut, ou ne peut pas leur assurer? Refusera-t-on à la mère, qui voit le pain prêt à lui manquer chez elle, ce bonheur, assurément le plus noble, sinon le plus joyeux de tous, d'assurer ce pain à la maison? De tels exemples sont-ils pour affaiblir le sentiment de famille? Le nombre n'est pas grand de ces malheureux qui persistent dans leurs désordres, en face d'êtres de leur sang, plus faibles qu'eux, et cependant plus dévoués et plus courageux.

Il y a d'autres compensations encore à cette si triste situation du domicile conjugal délaissé, du foyer

domestique éteint pendant la journée entière. On a
écrit que, dans de pareilles conditions, la famille
n'existait plus. L'expérience apprend que l'esprit de
famille ne se détruit pas si vite ; que la nature
humaine ne se pervertit pas nécessairement pour être
privée de ses meilleurs appuis ; que le mariage, la
paternité, la maternité subsistent et résistent dans ces
conditions malheureuses ; elles trouvent leur point
d'appui, leur force de résistance dans l'exemple du
travail donné par le père et la mère à leurs enfants ;
leur jeune esprit en pénètre le sens et la moralité plus
tôt et plus profondément qu'on ne le croit. Ah ! sans
doute, les natures qui s'élèvent à cette école ne sont
ni fines, ni mièvres ; les formes sont rudes, l'esprit
pesant et Gavroche les étonne bien !

Mais, à leur tour, ils étonnent bien Gavroche quand
il les voit travailler à l'atelier et s'y rendre utiles à
leurs parents.

Et puis il y a le Dimanche et les Fêtes, et la journée
passée ensemble, et les petites joies que peut se permettre une famille dont tous les membres apportent
quelque chose à la bourse commune.

Il y a enfin de plus hautes considérations.

Si le mari a une mauvaise santé, comment la
famille vivra-t-elle, si ce n'est par le travail de la
femme et des enfants ? Dira-t-on que le travail en
chambre peut y suffire ? Mais il s'agirait alors de
sortir des ateliers plusieurs centaines de milliers de
femmes et de filles, et les prix de façons du travail
en chambre déjà trop faibles se réduiraient à rien. Le
seul résultat serait l'augmentation du nombre de ceux

qui souffrent. C'est la misère dans ce qu'elle a de plus poignant assurée à toute ces familles, et la misère n'est-elle pas l'hôte le plus dangereux et le plus corrupteur ?

Dans ces familles de travailleurs au dehors, quand ils se retrouvent le soir, ils sont sous la saine et vivifiante impression du devoir accompli. Si le foyer n'est pas chaud, les consciences sont tranquilles. N'est-ce rien ?

Je crois qu'on lira avec intérêt l'opinion d'une femme sur cette question. Je la trouve dans les *Études sur les Manufactures* de M. L. Reybaud.

En visitant les écoles libres de Manchester, toutes fondées au moyen de souscriptions particulières, il avait remarqué une institutrice dont la conversation révélait un esprit distingué : « Naturellement, dit-il, l'entretien se porta sur les avantages qu'il y aurait à soustraire les femmes au travail de la manufacture pour les rendre à leurs maisons. Elle ne sembla pas partager les préjugés qui règnent là-dessus... Elle ne niait pas les abus, quelque soin qu'on mette à les combattre ; elle demandait seulement qu'on vît les choses sous tous les aspects. Si le travail domestique était encore possible, il n'y aurait pas à hésiter ; c'est le plus sain pour les mœurs, celui qui offre le plus de garanties. Mais le choix n'est plus permis, et plus on va, moins il l'est ; la nécessité l'emporte. Dans cet état nouveau, laquelle est préférable, ou d'une absence simultanée en vue du travail, ou d'une séparation périodique qui tiendrait le mari occupé et laisserait la femme libre ? L'expérience mène à conclure que cette dernière combinaison n'est pas la meilleure. Pour quelques scandales publics, souvent amplifiés, il ne faut pas oublier ceux qui se cachent dans l'ombre et qui ne sont pas moins graves pour avoir moins d'éclat. Dans ce partage des conditions pour le même couple, il y a évidemment une ressource de moins et un danger de plus. Le contact entre les sexes peut engendrer de mauvaises mœurs ; mais ce qui les engendre plus infailliblement encore, c'est la misère combinée avec l'oisiveté. Il n'est pas vrai d'ailleurs que le logis soit désert, et que les enfants soient abandonnés quand le père et la mère s'absentent ; ils restent presque toujours sous la garde de vieux parents qui tiennent tout en ordre et préparent les aliments pour l'heure des rentrées. J'ai vingt fois vérifié le fait et je n'ai trouvé les portes fermées que dans des cas très rares et qui avaient une excuse légitime. Quand les vieux parents manquent, on s'aide entre voisins. Ce n'est pas une si grande affaire que de veiller sur quelques marmots, ou de ranger un modeste mobilier. Ce qui serait une grande affaire, ce serait de réduire les ressources de la maison des 12 ou 15 schellings que la femme gagne par semaine. Une amélioration de ce genre serait une ruine et ne serait pas une garantie ; aucune ne vaut un travail réglé, qui est le plus avantageux comme le plus sûr des préservatifs. »

Le travail des femmes dans l'industrie comporte donc du bien et du mal, très probablement plus de bien que de mal. Le nombre des ouvrières de l'industrie va toujours en augmentant, et atteint le chiffre de plus de dix-sept cent mille. Ce chiffre considérable paraît prouver sans réplique que le travail industriel ne traite pas mal ses ouvrières, et sait tenir leur salaire au niveau des besoins ; sinon, l'armée industrielle féminine verrait ses rangs s'éclaircir ; or, c'est le contraire qui arrive. Mais cette vue générale et satisfaisante ne doit pas faire oublier ni méconnaître les tristes situations que nous avons constatées. Elles constituent un problème vraiment dignes des préoccupations des hommes de cœur et des moralistes, dignes aussi des méditations de tous les chefs du travail, dignes enfin des réflexions et d'un sérieux retour sur eux-mêmes des chefs des familles ouvrières. Ces ménages délaissés de tous leurs membres pendant le jour, ces foyers où se chauffe à peine un peu de soupe le soir, donnent un avertissement dont l'honneur de l'industrie et l'esprit chrétien commandent de tenir grand compte.

Je crois que le défaut de courage et le désordre du père et quelquefois de la mère sont pour la plus forte part dans ce relâchement déplorable des liens de la famille. Mais, souvent aussi, une cause accidentelle a amené une perte d'argent qui n'a pu être réparée ; le déficit est devenu permanent ; le gouffre des dettes criardes s'est creusé. C'est alors qu'il faudrait des miracles de courage ; mais, dans toutes les conditions, ces miracles sont rares et surtout chez les ouvriers, dont l'horizon plus étroit leur laisse moins de temps et moins de chances pour la lutte.

J'ai été lié de grande amitié avec le chef d'une usine très importante, décédé aujourd'hui, et qui tenait tellement cachée sa main bienfaisante que je croirais manquer à sa mémoire en le nommant. Sachant ma passion pour les questions de travail, il s'est quelquefois laissé aller à des confidences. C'est par lui que j'ai su l'efficacité certaine de secours bien placés et venus à propos. C'était sa digne compagne qui en était la dispensatrice, « moyen sûr, disait-il, de les faire accepter. »

Je fus admis, un jour, à une consultation entre eux sur une proposition faite par elle. Elle avait constaté que, dans un ménage qui donnait à l'atelier le père, la mère et les deux jeunes apprenties, la femme épuisait ses forces à ranger le ménage le matin avant l'entrée au travail, et à faire la soupe et les lits, le soir, après la rentrée. Elle ne pouvait demander d'aide à son mari, que sa santé délicate obligeait à ménager ses forces, ni aux enfants qui avaient encore besoin de tout leur sommeil. Tout pesait donc sur la mère qui commençait à être vaincue par la fatigue. Il était question de lui permettre de n'arriver à l'atelier qu'une heure après la cloche d'entrée, pour que, dès le matin, les lits pussent être faits, la chambre balayée, et qu'un peu de couture fût possible ; puis, de sortir le soir une heure plus tôt que tout le monde, pour préparer le repas du soir, plus copieux et plus sain que ceux pris dans la journée au restaurant-cabaret. Le salaire devait être ostensiblement diminué d'un sixième pour éviter la jalousie, dans l'atelier, et la différence lui être remise secrètement par la patronne.

Bien des objections furent examinées et notamment celle de demandes analogues qui pourraient être faites avec des droits moins certains et avec le risque d'un trouble grave dans l'ensemble de l'atelier. Le chef, ému de cette éventualité, proposait un secours une fois donné. Sa femme insistait et tenait à sa combinaison,

y voyant, de plus, une expérience extrêmement intéressante à faire. Elle l'emporta, et l'expérience eut lieu
avec un plein succès, et sans réclamations gênantes
de la part des camarades.

De cette expérience réussie, il semblait qu'on pût
conclure que les mères de famille travaillant aux ateliers pourraient être affranchies d'une heure le matin
et d'une heure le soir. Mais, dans l'industrie dont il
s'agit, une mesure générale de ce genre était impra-
ticable, le travail des femmes marchant parallèlement
à celui des hommes.

L'idée mérite cependant d'être recueillie et encou-
ragée; elle sort d'un cœur de femme et je ne pouvais
pas mieux terminer ce chapitre.

J'ajouterai cependant quelques lignes extraites d'un
document officiel et qui me paraissent résumer parfaitement ce qui précède.

On sait que l'Assemblée nationale a ouvert en 1871
une grande enquête sur la situation du travail. J'ai eu
déjà occasion de citer le très important travail de la
commission d'enquête; elle avait dressé un question-
naire très bien conçu, et l'avait adressé partout où
elle pouvait espérer une réponse utile et vraie.

La XVII⁰ question s'exprimait comme suit :

« Les femmes trouvent-elles dans les établissements
de votre région industrielle ou dans les industries spéciales un travail qui leur permette de concourir aux
charges de famille ? »

Voici la réponse de la *Chambre de Commerce de
Paris*¹ :

----

1. *Enquête sur les conditions du travail, département de la Seine.*

« Les femmes apportent largement leur contingent de ressources, tant par les moyens de salaires qu'elles retirent des travaux divers auxquels elles se livrent, que par l'effet de leur *économie et de leur supériorité morale.* »

CHAPITRE XI

LE BUDGET DES OUVRIERS

> L'économie est la fille de la sobriété, la
> sœur de la prévoyance, la mère de la liberté.
> JOHNSON [1]

Dans le cadre étroit où je renferme cette étude, je
ne puis songer à donner le détail des salaires de toutes
les professions, et des ressources variées que chacune
d'elles peut offrir aux travailleurs. Ce serait recommencer l'œuvre de F. Le Play, œuvre qui, si considérable qu'elle soit, se borne cependant à soixante-treize
monographies, c'est-à-dire à une très petite partie seulement des industries qui s'exercent dans le monde [2].

[1]. Grand écrivain anglais au XVIIIe siècle. Il est né pauvre, a longtemps lutté et est arrivé à l'aisance par le travail. Aussi sa définition
de l'économie est-elle d'un homme qui connaissait la valeur de cette
vertu.

[2]. Pour les personnes qui se feront un devoir de lire les *Ouvriers
Européens*, et les *Ouvriers des deux Mondes*, comme de telles
œuvres méritent d'être lues, c'est-à-dire dans leur entier et dans
tous leurs détails, il ressortira cette conclusion, sinon nouvelle, du
moins très fortifiée par des faits admirablement étudiés et exposés,
que la tempérance, l'amour du travail et la bonne conduite contiennent tout le secret de la destinée de l'ouvrier, comme aussi, du
reste, de toute créature humaine, et qu'il n'y a pas de solution plus
sûre et plus complète de ce qu'on appelle la question sociale que cet
ensemble de vertus modestes et pratiques, pour tout travailleur,
patron ou ouvrier. Les théories que M. Le Play a données pour
couronnement à son œuvre si originale et d'une perspicacité si
lumineuse dans ses monographies ne contredisent pas cette conclusion, mais peut-être l'ont-elle un peu compromise en la mêlant avec

Mon but est tout différent d'ailleurs de celui de l'illustre auteur des *Ouvriers Européens* et des *Ouvriers des deux Mondes*; je n'ai aucune théorie nouvelle à proposer : aucun système à faire valoir. Pour le point de vue général auquel je me place, je puis recourir aux documents statistiques, très nombreux d'ailleurs, et très significatifs que nous possédons aujourd'hui et qui, par leur généralité même, éclairent d'un jour plus complet la question ouvrière.

Avant d'aborder les chiffres de la rémunération des travailleurs et de rechercher comment l'industrie traite ses coopérateurs, examinons comment l'État traite le soldat, ce modeste et utile fonctionnaire ; la France et son gouvernement ont toujours aimé l'armée ; l'on peut donc tenir pour certain que le régime établi pour le soldat est sain et suffisant.

Le soldat d'ailleurs est un travailleur, non de tous les jours, sans doute ; mais les jours d'action, quand il défend l'ordre, ou qu'il combat pour l'honneur et le salut du pays, il ne donne pas seulement sa vigueur musculaire ; il marche, et il le sait, au péril de sa vie.

La France a 400 000 de ces travailleurs sous les armes ; la réserve et l'armée territoriale y ajoutent 800 000 hommes, c'est en tout 1 200 000 hommes. Le nombre des travailleurs étant, comme nous le verrons au chapitre xxv, de près de seize millions d'hommes, c'est donc un travailleur sur treize que la vie militaire touche directement chaque année.

Comment la vie matérielle est-elle réglée pour le

le système de l'inégalité des partages et du privilège des aînés, système si peu conforme aux idées de notre temps.

soldat ? Il y a deux sortes de rations : la ration de paix, la ration de guerre.

La ration de paix se compose comme suit, par jour :

Nature des vivres.	Quantités.	Prix.	Sommes.
Pain	0ᵏ 750	0ᶠ 22	0ᶠ 1650
Biscuit	0 550	0 21	0 1155
Café	0 008	4 75	0 0380
Sucre	0 0105	1 55	0 0163
Ordinaire. — Soupe, viandes, légumes, etc.			0 2300
TOTAL PAR JOUR. . .			0ᶠ 5648

La ration de campagne ou de guerre se compose comme suit :

Nature des vivres.	Quantités.	Prix.	Sommes.
Pain	0ᵏ 750	0ᶠ 22	0ᶠ 1650
Biscuit	0 550	0 21	0 1155
Café	0 016	4 75	0 0760
Sucre	0 021	1 55	0 0325
Riz	0 080	0 45	0 0360
Viande ou lard. . . .	0 200	1 40	0 2800
Vin	0 250	0 25	0 0625
			0ᶠ 7675

Ces deux sortes de rations produisent la dépense annuelle suivante :

Temps de paix.	208ᶠ 05	
Temps de guerre.		281ᶠ 05

Il faut y ajouter :

Les vêtements réglementaires .	75 80	75 80
Le linge réglementaire	35 »	35 »
	318ᶠ 85	391ᶠ 85

Le régime de l'ouvrier civil célibataire diffère sans doute un peu de celui du soldat. L'effort musculaire qu'il doit s'imposer est un peu plus fort généralement que celui du soldat en station, et inférieur à celui du soldat en marche. De grandes variations dans le régime se produisent d'ailleurs d'une contrée à une autre contrée. Il y a cependant des types auxquels on peut se rapporter avec confiance.

Voici, par exemple, l'ordinaire, en 1858, 1863 et 1867[1] des cités ouvrières de Mulhouse qui sont des modèles sous tous les rapports :

DÉJEUNER

Un pain	0ʳ 05	} 0ʳ 10
Une soupe	0 05	

DINER

Une soupe	0ʳ 05	
Un pain	0 05	} 0ʳ 30
Viande	0 125	
Légumes	0 075	

SOUPER

C'EST-A-DIRE, DÎNER SANS SOUPE

(Viande convertie en pain) 0ʳ 25

VIN

Le 1/4 de litre 0ʳ 10
                                           ———
                                           0ʳ 75

On voit que c'est l'équivalent de la ration de guerre.

Ces chiffres qui remontent à vingt-cinq, vingt et seize ans doivent être modifiés pour l'ouvrier des grandes villes et de presque toutes les manufactures, mais ils expriment encore la vérité pour l'ensemble

---

1. Ces chiffres sont donnés par M. L. Breyband, dans ses *Études sur les manufactures* (le coton) ; ils ont été relevés par lui sur les règlements de la Société industrielle de Mulhouse. Cet chiffres sont reproduits dans l'enquête décennale faite par cette même Société en 1867.

des ouvriers agricoles, dont la dépense annuelle se
fixe comme suit :

Alimentation, 360 jours à 0 fr. 75. . . .	273ʳ 75
Pour les jeunes ouvriers agricoles, les vête- ments et le linge peuvent être réduits de 111 à 100 francs	100
Pour le loyer qui, la plupart du temps, est en famille.	20
Entretien, chauffage	20
Menues dépenses.	26 25
Total.	440ʳ 00

Une journée de 1 fr. 50 suffit donc au jeune ouvrier
agricole pour pourvoir aux nécessités de son budget.
Il y a même des journées inférieures à ce prix; mais
la moyenne générale des journées agricoles oscille
aujourd'hui entre 1 fr. 80 et 2 fr. 25.

A la journée ordinaire de l'ouvrier agricole, il faut
d'ailleurs ajouter la surpaye des journées de fenaison
et de moisson, surtout l'augmentation provenant des
prix de tâche, et enfin les douceurs que le jeune homme
trouve au foyer paternel.

Dira-t-on que c'est être trop exigeant, pour le jeune
homme, que de lui demander quelques années d'un
régime sobre, réglé, sain, tel que l'État l'offre au soldat pendant cinq années ? S'il n'est pas capable de se
les imposer, qu'il ne hausse jamais sa prétention au
delà du cercle étroit où l'enferment sa mollesse et son
manque de cœur. Il n'est pas fait pour s'élever dans
les rangs de l'armée industrielle et pour y conquérir le
moindre grade. Il aurait fait un mauvais soldat; il ne
fera jamais qu'un médiocre ouvrier et un pauvre
citoyen. On peut prédire à l'avance l'usage qu'il fera
de son bulletin de vote. Il est prédestiné aux bandes

démagogiques, et, par elles, à la misère. Une seule chose peut le sauver s'il a le bonheur d'être agréé par une femme vaillante et économe.

Passons maintenant aux ouvriers des villes, des mines et des manufactures.

Pour eux, le salaire est généralement et nécessairement plus élevé. Les vivres sont plus chers, non seulement dans les villes, mais dans les grandes agglomérations industrielles, et la lutte pour les procédés perfectionnés est bien plus ardente dans l'industrie que dans l'agriculture. Aussi, et parallèlement à une augmentation au prix des denrées qui n'est pas moins de 25 à 28 pour 100 depuis 1867 (sauf le pain dont le prix n'a pas varié), la hausse des salaires, depuis la même époque, est de 35 à 40 pour 100. Je donnerai même des exemples de hausse plus forte.

Le prix de 0 fr. 75 pour la nourriture par jour d'un ouvrier peut donc être aujourd'hui compté pour 1 franc et, comme il est admis par les statisticiens que le logement, le vêtement et les autres dépenses, entrent pour un tiers dans la dépense totale, c'est 1 fr. 50 par jour qu'il faut compter, soit, pour les 365 jours de l'année, 547 fr. 50. Pour couvrir cette dépense, il faut une journée de 1 fr. 825.

Il n'y a plus dans les manufactures et dans les villes, de journées de 1 fr. 825, sauf pour des enfants ou pour des vieillards ; mais ceux-ci ont d'autres ressources.

Mais l'ouvrier, se met en ménage et les enfants viennent. Qu'arrive-t-il alors du budget du père de famille ?

Ici encore, la statistique nous apprend que, dans le ménage ouvrier, la dépense de la femme est des deux tiers de celle du mari, et la dépense de l'enfant, moitié de celle de la mère. Admettons le cas le plus ordinaire, celui de deux enfants ; nous aurons :

```
Dépense du père  . . . . . . . . . . .      547' 50
   —     de la mère. . . . . . . . . .      375  »
   —     des deux enfants . . . . . . .     375  »
                                           ─────────
                       Total  . . . . .    1297' 50
```

Il faut une journée de 4 fr. 325 gagnée par le père, s'il a seul la charge du ménage ; mais si la journée de la femme est seulement 1 fr. 325, la journée du mari peut se réduire à 3 francs. Or, il y a, dans la grande industrie beaucoup de journées supérieures à 4 fr. 325, et il n'y en a pas d'inférieures à 3 francs.

Mais il y a des ménages où se trouvent plus de deux enfants. Par quel miracle le budget ouvrier peut-il y satisfaire ? Par l'énergie combinée du père et de la mère, puis des enfants à mesure qu'ils arrivent à l'âge de travail. Toutes les familles, il faut bien les reconnaître, n'offrent pas ce courage et ces vertus ; dès lors, le problème de leur existence change de face ; et c'est dans les deux parties suivantes de ce livre que nous l'examinerons.

Je veux cependant montrer un exemple de familles de cinq à huit personnes.

Je trouve cet exemple dans le rapport sur l'enquête décennale faite, en 1878, par une commission composée de trente-deux chefs des principales maisons de l'Alsace et notamment de Mulhouse. Le rapport a été inséré dans le *Bulletin de la Société industrielle* de Mulhouse, pour 1878.

Parmi les tableaux annexés au rapport, je trouve

le relevé détaillé des dépenses de nourriture de seize ménages ouvriers, composés de quatre-vingt-huit personnes, dont cinquante-six enfants, sur lesquels vingt ont de quinze à vingt-cinq ans.

Les dépenses sont divisées en cinq colonnes, savoir:

Le pain qui entre dans la dépense totale pour	31 p. 100.
La viande — — —	14 —
Le lait — — —	13 —
L'épicerie — — —	24 —
Les légumes et diverses dépenses —	16 —
	100 p. 100.

Le nombre des parties prenantes a été de quatre-vingt-huit, dont seize (les chefs de famille) à dépense entière, et soixante-douze à deux tiers de dépense équivalant à 48 à dépense entière, soit, en tout, 64 parties prenantes.

La dépense totale a été de 17 599ʳ 15

Pour soixante-quatre personnes, c'est une dépense annuelle de 275 francs, par jour, de 0 fr. 76. Il est évident que les pères de ces jeunes gens de 15 à 25 ans ont eu une part plus forte que les jeunes enfants ; et il est démontré aussi, par cet exemple, que les charges des familles ne s'accroissent pas en proportion directe du nombre des enfants.

Le rapport de l'enquête décennale constate que les prix des cités ouvrières de Mulhouse, sous la surveillance de la Société industrielle, est aujourd'hui de 1 franc ; je rappelle qu'en 1858 et 1867, il était de 0 fr. 75.

Ce prix de 1 franc se retrouve dans beaucoup de documents émanés de sources très différentes.

La Société alimentaire de Grenoble[1] fournit à ses sociétaires :

Le déjeuner pour.	25 centimes.
Le dîner, suivant que l'on prend une part ou deux de pain.	45 à 50
Le souper	25
	95 c. à 1 fr.

« On s'accomode fort bien de ce régime que 10 ou 20 centimes améliorent notablement. N'oublions pas que les aliments sont préparés avec un véritable soin, avec beaucoup plus de soin que dans la plupart des ménages[2]. »

En Suisse, où les institutions et les associations fondées en vue du bien-être de l'ouvrier sont très nombreuses, on cite notamment pour l'alimentation, les Fourneaux économiques de saint Gall, Wintherthur, Bâle, etc. La portion entière de soupe (3/4 de litre) se vend 10 centimes ; le demi-portion, 5 centimes ; une grande portion de légumes, 15 centimes ; une portion de pommes de terre, 10 centimes ; une portion de viande, 30 centimes. L'ouvrier jeune, ou l'homme fait, l'ouvrière femme ou fille, peuvent ainsi se composer une nourriture saine et suffisante pour 75 centimes à 1 fr. 10 ou 1 fr. 20.

A Zurich, la Société alimentaire fournit, pour huit francs par semaine, 1 fr. 13 par jour : le matin, le café au lait et une demi-livre de pain ; à midi et le soir, de la soupe, un plat de viande, et un plat de légume. Ce régime qui comprend deux plats de

1. Voir l'appendice G.
2. Audiganne, *Les ouvriers d'à présent*.

viande par jour est celui d'homme dans la force de l'âge.

Un tableau analogue à celui que nous avons analysé du rapport de l'enquête décennale de Mulhouse a été dressé pour l'Allemagne (Barmen, Elten, Aix-la-Chapelle, Dusseldorff, Chemnitz, Berlin, Dresde, Stuttgardt, Munich, Francfort) et donne le détail de la dépense hebdomadaire de deux ménages. (Le tableau en contient en réalité treize ; mais l'un des budgets n'est pas complet).

Ces familles comprennent quatre-vingt-quatre personnes, le père, la mère, vingt-quatre adultes, trente-six enfants.

Le total de la dépense hebdomadaire d'alimentation a été de 244 fr. 40, soit 34 fr. 91 par jour, soit par personne, 0 fr. 415.

La dépense totale hebdomadaire des douze familles, par la nourriture, le loyer, le linge et le vêtement, le culte et l'écolage, l'éclairage, le chauffage, l'impôt, les frais divers, s'est élevée à 360 fr. 85 ; la somme des salaires à 401 fr. 30. Deux des budgets présentent un léger déficit.

J'ai puisé ces divers renseignements sur la Suisse et l'Allemagne dans les beaux livres de M. Pierre Lavallée sur *les Classes ouvrières en Europe*.

Un document tout récent (24 avril 1880), émané de la Compagnie d'Orléans[1], donne les détails suivants sur les prix des réfectoires de la Compagnie, annexés à ses ateliers et situés dans l'intérieur de Paris et de l'octroi. On détaille un repas, comme il suit ;

---

1. Compagnie du chemin de fer d'Orléans, *Note sur les institutions ondées en faveur du personnel* ; voir l'appendice II.

deux repas semblables suffisent pour la journée :

Pain, la portion.	0ᶠ 05 à	0ᶠ 10
Vin (1/4 de litre).		0 17
Soupe (pain, 45 grammes, bouillon, 500 grammes).		0 10
Viande (bœuf sans légumes)		0 15
Légumes assaisonnés (1/4 de litre)		0 05
		0ᶠ 57

Ces chiffres confirment largement ceux qui précèdent
On sait de quel poids pèse l'octroi de Paris sur les
comestibles et boissons.

Pour rester exactement dans la vérité, il faut reconnaître que les prix d'alimentation que je viens de citer
sont, pour la majorité des ouvriers, un minimum. Dans
les *restaurants à portion* où vont la plupart d'entre eux,
ils ont à supporter la part de bénéfice de l'établissement ; ou s'ils obtiennent des prix semblables, ce ne
peut être qu'aux dépens de la qualité. Dans les ménages
ouvriers, une femme économe, et de quelque savoir-
faire, peut bien mieux atteindre ces prix, ou en approcher beaucoup.

Pour mieux fixer les idées sur ces questions des budgets ouvriers, questions si délicates, où l'on ne s'avance
qu'au milieu d'embûches de tout genre, où l'erreur et
l'exagération sont si faciles, j'emprunterai quelques
pages à l'auteur qui, selon moi, a le mieux étudié sous
ses divers aspects les problèmes du travail, à la fois
dans leurs généralités et dans leurs détails. Je veux
parler de L. Reybaud, l'ami qui nous a été enlevé, il
y a quelques années.

J'ai parlé ailleurs de ses *Études sur les manufactures*
faites par suite d'une mission que lui avait données
l'Académie des Sciences morales et politiques.

Souvent associé à ses travaux, et plusieurs fois à ses visites dans les ménages ouvriers, je l'ai toujours vu, par sa rondeur et sa franchise, par sa politesse simple et naturelle, obtenir l'attention et le respect des parents, les empressements souvent bruyants des enfants, et mettre, autour de lui, tout le monde à son aise ; il interrogeait avec égards, acceptait d'abord tous les renseignements et chiffres qu'on lui fournissait, puis y revenait dans un second entretien, et finissait, presque toujours, par arriver à une confiance entière, et à la vérité ; mais s'il lui restait un doute sur les chiffres qui lui étaient donnés, il ne les admettait pas, suivant son expression, à l'*honneur de sa collection*. Sa perspicacité n'était pas souvent mise en défaut.

Écoutons donc cet excellent homme, ce fin et sagace observateur, sans nous inquiéter d'ailleurs de ce que ses récits remontent un peu loin. Nous sommes sûrs qu'ils nous donneront la vérité d'hier. Pour avoir celle d'aujourd'hui, nous nous souviendrons que tout a haussé, le vivre, le vêtement, le loyer, etc., mais que le salaire a augmenté aussi, et dans une plus forte proportion. Le pain seul (chose grave, il s'agit du tiers de la dépense d'alimentation), le pain n'a pas haussé. Je parle des prix moyens observés sur plusieurs années.

J'emprunte le premier passage à la description des établissements métallurgiques si considérables dans l'industrie du fer, de Rive-de-Gier et de Saint-Chamond, dont les fondateurs, MM. Pétin et Gaudet, s'honoraient d'avoir commencé par être des ouvriers.

« D'une série de calculs qui m'ont été fournis ou dont j'ai recueilli moi-même les éléments, il résulte que, dans la vallée du Gier, la dépense de bouche est en moyenne de 40 centimes par tête et par jour. Il va sans dire qu'au sein de la famille, la distribution s'en fait très inégalement. Les travaux de force exigent une nourriture substantielle; il faut à l'homme de la viande et du vin; la femme et les enfants n'ont dès lors qu'une part bien réduite, du laitage, des farineux, un peu de charcuterie dans les grands jours. C'est qu'il faut compter strictement. Dans le ménage qui nous sert de type, un couple et deux enfants, voici 584 francs absorbés en vivres sur 800 francs (minimum de la recette annuelle[1]; il ne reste que 216 francs pour le loyer, l'entretien, le chauffage, l'école et les menus frais. Il y a insuffisance évidente; le loyer seul emporte une centaine de francs; la ruine serait au bout, si la femme ou les enfants n'apportaient à la masse leur contingent de recette. Il ne manque pas, dans les ateliers ou dans les champs, de travaux qui leur soient appropriés; ils y vont d'instinct, vaillamment, presque sans apprentissage. La résidence n'est bonne, ni pour les oisifs, ni pour les vagabonds. Les salaires de 800 francs sont d'ailleurs le lot des manœuvres et des débutants. Pour peu que l'ouvrier montre d'intelligence et d'habileté de main, sa paye s'élève: c'est 900 et 1 000 francs dans les plus modestes catégories, 1 100 et 1 200 et jusqu'à 1 500 francs pour les hommes de choix. Dès lors la gêne cesse dans le ménage, et les conseils à propager au sujet de l'épargne ne sont plus une dérision. »

1. L. Reybaud, *Le fer et la houille*, p. 250.
En 1871, les salaires moyens étaient de 1058 francs. Vuillemin, *Industrie houillère de la France.*

La même étude page 204 et 205 fournit les renseignements suivants, tirés des mines d'Anzin :

« On a vu que, dans une certaine période de la profession, l'épargne est possible pour l'ouvrier d'Anzin ; il serait aisé d'en administrer les preuves. La moyenne des salaires, qui peut être fixée à 3 francs par jour, donnerait pour 300 jours ouvrables 900 francs, et — si on y ajoute les suppléments donnés par la tâche — entre 1100 et 1200 francs pour un travail régulier. Les vivres ne sont pas chers ; voici les prix les plus usuels : le pain 20 centimes la livre, la viande 60 centimes, le beurre 1 fr. 95, le sel 12 centimes 1/2, les pommes de terre 9 francs les 100 kilogrammes, les haricots 40 centimes le litre de 830 grammes, le fromage 1 fr. 35 les 800 grammes, le lait 7 centimes 1/2 le demi-litre, la bière 20 centimes le litre. L'ordinaire est frugal, presque toujours une soupe maigre composée de légumes frais, pommes de terre, haricots et pain, le tout copieusement servi.

« Deux budgets fournis par un chef mineur donneront en quelques chiffres l'état des ressources et des dépenses des ménages. Le premier, composé du père, de la mère et des trois enfants, dont un de seize ans, employé aux travaux, porte comme dépense journalière de subsistance et d'entretien : pain, 1 fr. 20 ; viande, légumes, laitage, boissons et épicerie, 1 fr. 80 ; entretien et vêtements, 45 c. ; loyer (4 fr. 60 par mois), 15 c. — Total : 3 fr. 60 à la colonne des dépenses. — Le gain moyen de cette catégorie d'ouvriers est de 3 fr. 55 pour le père et 1 fr. 50 pour le fils. — Total : 5 fr. 05. Soit un excédent de 1 fr. 45 par jour. Dans le second de ces ménages composé, outre le père et la mère, de cinq enfants, dont deux travaillent, l'aîné ayant vingt ans, la dépense d'entretien et de nourriture comprend le détail suivant : pain, 1 fr. 60 ; viande, légumes, laitage, boisson et épicerie, 2 fr. 90 ; vêtement et entretien, 2 fr. ; loyer (6 fr. par mois), 20 c. — Total : 6 fr. 70. — La recette est de 3 fr. 55 pour le père, 3 fr. 55 pour le fils aîné, 1 fr. 50 pour le fils cadet. Total : 8 fr. 60. — Soit un excédent de 1 fr. 90 par jour. — Encore, dans ces deux budgets, le travail de la mère n'entre-t-il pas en ligne de compte, quoique, dans beaucoup de cas, elle soit utilement occupée[1]. »

J'emprunte également à M. Reybaud les renseignements suivants sur les prix du tissage mécanique à Rouen, Dieppe et le Havre (p. 395).

Dans l'arrondissement de Rouen et Dieppe, les journées d'hommes sont de 3 fr. 90, 2 fr. 50 et 2 francs.

Celles des femmes sont de 2 fr. 10, 1 fr. 05, 1 fr. 25.
Celles des enfants de 0 fr. 85 et 0 fr. 50.
La journée moyenne est de. 1f 85
La dépense moyenne est de. 1 51
IL RESTE PAR JOUR. 0f 34

Dans l'arrondissement du Havre, les journées d'homme sont de 4 fr. 30, 2 fr. 30, 2 francs.

Celles des femmes de 2 fr. 30 et 2 francs.
Celles des garçons et filles de 15 et 16 ans, 1 fr. 35 et 1 franc.
Celles des enfants, 0 fr. 60.
La journée moyenne est de. 1f 98
La dépense moyenne de 1 625
IL RESTE PAR JOUR. 0f 355

1. L'on trouvera, dans l'appendice I, des détails pleins d'intérêt et du même auteur, soit sur les salaires dans les forges de Champagne, soit sur le travail mixte et celui des femmes à la campagne. Je ne saurais trop recommander la lecture de ces documents précieux. C'est la vérité même, prise sur le fait avec autant de sagacité que d'exactitude.

L'économie annuelle peut donc être de 102 francs dans les deux premiers arrondissements, et de 106 fr. 50 dans le dernier.

L'auteur explique la différence de salaire entre les deux premiers et le troisième arrondissement par ce fait que les ouvriers de l'arrondissement du Havre sont plus habiles tisseurs, et sont plus forts physiquement.

Enfin, aux pages 401, 402 et 403, l'auteur donne, pour Rouen et ses faubourgs, les budgets suivants de l'ouvrière de dix-neuf à quarante-cinq ans, et de l'ouvrier de dix-neuf à cinquante ans.

OUVRIÈRES DE 19 A 45 ANS

NOURRITURE

Pain, 0 kg. 623 à 0 fr. 38	0ᶠ 24	
Fromage ou beurre	0 06	0ᶠ 60 par jour
Soupe, portion et boisson	0 30	ou par an. 210ᶠ »

VÊTEMENTS

2 paires de bas, 2 paires de chaussons.	3ᶠ 25	
2 chemises.	8 »	
2 mouchoirs de poche et 2 fichus. .	3 50	
2 bonnets et 2 bandeaux	4 50	
2 jupes ou cotillons	4 50	par an . . . 37ᶠ 25
1 déshabillé pour 2 ans, 12 fr.; par an.	6 »	
Sabots et souliers	4 50	
Poches et tabliers	3 »	

BLANCHISSAGE

1 paire de bas, 0 fr. 03; 1 chemise, 0 fr. 10; 1 mouchoir, 0 fr. 03; 1 bonnet, 0 fr. 10; 1 fichu, 0 fr. 03; 1/4 de jupon, 0 fr. 10. Total, 0 fr. 45 par semaine, soit par an.   23ᶠ 40

Logement, 24 francs; éclairage, 4 francs; chauffage: fagots, charbon, braise, 6 francs; médecin et médicaments, 10 francs.   44 »

TOTAL 323ᶠ 65

OUVRIERS DE 10 A 50 ANS

NOURRITURE

Pain, 1 kg. 125, à 0 fr. 38	0ᶠ 43	
Fromage ou beurre	0 10	1ᶠ06 par jour
Portion et soupe, chez le gargot. .	0 30	ou par an. 386ᶠ 90
Boisson.	0 23	

BLANCHISSAGE

1 paire de bas, par semaine. . . .	0ᶠ 05	
1 chemise.	0 15	0ᶠ 35 par se-
1 mouchoir.	0 05	maine; par
1 bonnet de coton, cravate et gilet.	0 10	an 18ᶠ 20

VÊTEMENTS

Bas.	1ᶠ 50	
1 mouchoir et 1 cravate	1 75	
Bonnets de coton	1 »	
2 chemises	8 »	
2 casquettes.	2 50	
2 paires sabots et 2 paires chaussons.	3 »	
1 veste et 1 pantalon pour 2 ans,		par an. . . 41ᶠ »
30 francs ; par an	15 »	
1 paire souliers pour 2 ans, 7 fr. 50 ;		
par an	3 75	
1 gilet	2 50	
Raccommodage	1 50	
1 peigne	0 50	

DÉPENSES QUI PEUVENT ÊTRE REGARDÉES COMME NÉCESSAIRES

Façons de barbe.	3ᶠ 50	
Tabac	3 »	par an. . . 10ᶠ 15
Eau-de-vie	3 65	

DÉPENSES INDISPENSABLES

Éclairage	4ᶠ »	
Chauffage : braise et charbon . .	10 »	par an. . . 15ᶠ »
Paille pour le lit	1 »	
Logement		40 »
Médecin et médicaments.		13 75
	TOTAL	525 »

Ces prix ont été établis d'après ceux des denrées

à Rouen, ville et banlieue ; on pourrait en déduire un dixième pour les ouvriers de la campagne, dans le département de la Seine-Inférieure.

D'après les prix de journées données plus haut pour les ouvriers de l'arrondissement de Rouen, les recettes annuelles des femmes sont de 630, de 495 et de 375 francs. Leurs économies annuelles peuvent donc être de 306 fr. 35, de 171 fr. 35 et de 51 fr. 35.

Pour les ouvriers dont les recettes annuelles sont de 1170, 750 et 600 francs, les économies annuelles peuvent être de 645, 225 et 75 francs. Et il importe de remarquer que la nourriture est plus substantielle que dans beaucoup de localités. L'ouvrier normand se rapproche sous ce rapport de l'ouvrier anglais ; mais il travaille fortement [1].

Pour achever d'éclairer la question que nous étudions ici, après avoir procédé par les généralités, puis par la méthode statistique habituelle, je donnerai un exemple de la méthode scientifique. J'appelle ainsi la méthode conçue et appliquée par M. Le Play, dans ses belles monographies ouvrières, et qui ont valu à leur auteur le grand prix de statistique.

Informé qu'un ouvrier mineur de Commentry, après une jeunesse qui n'annonçait pas en lui un ouvrier économe et zélé, s'était, depuis son mariage, constamment renfermé dans le cercle étroit de son devoir, avait élevé plusieurs enfants, et s'était créé un petit patrimoine, j'ai songé à appliquer, à l'étude de sa vie et des résultats obtenus, la méthode de M. Le Play. De nombreuses conversations ont été échangées avec lui et

____

1. Voir l'appendice.

avec sa femme ; la série de questions indiquées par la méthode Le Play leur a été posée ; toutes les vérifications nécessaires ont été faites, et de cet ensemble est sorti le travail que l'on trouvera à l'appendice K.

Je n'hésite pas à recommander la lecture de ce travail ; il contient un enseignement moral d'une grande valeur et j'en atteste la parfaite vérité. J'aurais pu trouver beaucoup d'autres exemples, parmi les mineurs de Commentry ; la difficulté n'était pas de constater, chez beaucoup d'entre eux, leur penchant à l'économie et leur rigide amour du devoir. La difficulté, c'était de les amener à dire la vérité sur eux-mêmes, à s'affranchir de leur méfiance habituelle et de cette manie, si commune parmi les ouvriers, de se dire pauvre. G. C... ne s'était pas livré d'abord sans hésitation ; mais quand il a compris que ce que nous cherchions en lui, c'était l'utilité de son exemple, il a mis à nous éclairer le plus louable et le plus intelligent empressement.

On pourrait croire aussi qu'en raison de sa bonne conduite, il aurait été favorisé sous le rapport du salaire, mais cela n'est pas possible dans son genre de travail.

Il est *piqueur au charbon*, et, à ce titre, conduit une galerie avec trois camarades associés avec lui. Il y a ainsi dans chaque chantier quinze, vingt brigades semblables, travaillant toutes à la tâche et à des prix connus de tous. De ces prix de tâche résultent des moyennes de journées, variables selon la force et l'habileté des brigades ; mais tout est connu, et s'il y a quelques inégalités, elles viennent d'un peu plus ou moins de difficultés du travail et non des règlements des chefs.

Voici, du reste, le tableau des salaires des diverses professions, dans la mine de Commentry depuis vingt ans :

	1855	1860	1865	1870	1875
Piqueurs au charbon.	3ᶠ 42	3ᶠ 53	3ᶠ 59	4ᶠ 14	4ᶠ 02
Boiseurs	2 92	3 53	3 55	4 11	4 65
Cantonniers et nettoyeurs . . .	2 15	2 47	2 62	2 95	3 41
Aides, encageurs, voituriers .	2 42	2 62	3 09	3 30	3 07
Receveurs, rouleurs	1 46	1 74	1 87	2 36	3 06
Trieurs (enfants ou vieillards).	1 44	1 37	1 11	1 99	1 98
Machinistes, chauffeurs . . .	1 88	2 15	2 80	3 42	3 66
Remblayeurs	2 36	2 31	2 85	3 35	3 78

Si l'on additionne la première et la dernière colonne verticale, l'une donne le chiffre de 18 fr. 05, et l'autre le chiffre de 28 fr. 33. L'augmentation est donc de 57 pour 100 en vingt ans.

A notre forge de Fourchambault, les salaires ont suivi la progression suivante, dans la même période :

	1855	1860	1865	1870	1875
Puddleurs, fer fini, maîtres .	6ᶠ 10	6ᶠ 16	7ᶠ 48	7ᶠ 43	8ᶠ 12
Lamineurs, gros train, chef.	7 30	7 07	9 22	9 55	10 05
Lamineurs, moyen train, —.	5 65	5 05	6 83	6 91	11 11
Lamineurs, petit train, —.	5 »	8 »	7 91	8 28	11 01
Chauffeurs au gros train, —.	5 »	5 50	5 05	5 97	5 80
Chauffeurs au moyen train, —.	5 25	5 »	4 60	5 14	5 32
Chauffeurs au petit train, —.	5 23	5 80	5 90	6 53	6 52

De 1855 à 1875, l'augmentation est 63 pour 100.

Tous les chiffres ci-dessus, extraits de nos livres, sont d'une exactitude absolue, et tous les salaires ont suivi une progression semblable, même ceux des manœuvres à la journée, dont les salaires ont passé de 1 fr. 75 à 2 fr. 75 ; augmentation, 55 pour 100.

J'emprunte enfin à l'enquête parlementaire dont

j'ai déjà parlé les renseignements importants recueillis sur les salaires. On les trouvera à l'appendice L.

D'après ce document, pendant la période de 1853 à 1875, les salaires des femmes ont augmenté à Paris de 31 pour 100, et, dans les départements, de 38 pour 100. La hausse est aujourd'hui de 40 et 45 pour 100.

Pour les hommes, et d'après le même document, l'augmentation a été, à Paris, de 31 pour 100, et, dans les départements, de 41 pour 100. La hausse est aujourd'hui de 45 à 50 pour 100. Je viens de montrer qu'elle s'était élevée dans certains cas à 57 et à 63 pour 100.

Que l'on compare les plus faibles de ces salaires avec les budgets que l'on a trouvés dans ce chapitre, et l'on reconnaîtra que, dans toute profession et dans toute localité, l'ouvrier et l'ouvrière qui ont de la conduite, qui sont sobres et économes, peuvent vivre sainement, se vêtir décemment et faire encore quelque économie. Du moment que les ouvriers arrivent aux salaires plus élevés, leur sort est dans leurs mains.

Je ne terminerai pas ce chapitre, où je n'ai eu d'autre pensée que de chercher et de dire la vérité ; sans parler d'un reproche bien inattendu qui m'a été adressé.

On a critiqué la sévérité de mes chiffres. Comment des chiffres vrais peuvent-ils être sévères, si ce n'est pour ceux qui cherchent à altérer ou à nier la vérité ? Mais a-t-on, du moins, prouvé l'inexactitude de ces chiffres ; c'était, ce me semble, l'essentiel, et on ne l'a pas même essayé.

Un écrivain très emporté dans les idées jacobines, a prétendu que le titre même du chapitre était une insulte au corps entier des travailleurs manuels, qu'il n'y avait pas de *budgets de l'ouvrier*, mais seulement des *budgets de misère*. Que répondre à de telles objurgations, si ce n'est que je n'ai pas été le premier à commettre ce grave délit, et que, parmi ceux qui s'en sont rendus coupables, je ne vois que des hommes de bien et de cœur.

Un mot encore pour qu'il ne reste pas de doute sur les sentiments et les tendances de cette *Étude*.

Depuis cinquante-huit ans, j'ai l'honneur d'être patron d'ateliers considérables. Je n'ai jamais touché aux journées, fortes ou faibles, que pour les augmenter.

CHAPITRE XII

LES COALITIONS ET LES GRÈVES
LES CHAMBRES SYNDICALES

Les coalitions ont établi un despotisme incroyable sur l'ensemble des ouvriers ; il n'en est pas de plus dur et de plus dégradant que celui qu'une partie des ouvriers exerce sur l'autre. Aucun gouvernement absolu ne fournit l'exemple d'une pareille sujétion.

DANIEL O' CONNELL, *Enquête parlementaire de 1838.*

Dans le langage usuel, les mots : coalitions et grèves, sont employés à peu près indifféremment et comme exprimant un même acte, un même fait. Cette confusion tient probablement à ce que, depuis 1791 jusqu'en 1864, notre législation a frappé l'un et l'autre fait de sa réprobation, et les a, quoique inégalement, condamnés tous deux.

Mais, avant comme après 1864, la langue juridique n'a jamais admis cette confusion ; elle a toujours vu, dans la coalition, l'entente, la délibération entre patrons, ou entre ouvriers, sur les intérêts de la profession et notamment sur les conditions du travail et le taux des salaires, et dans les grèves, l'arrêt concerté du travail, l'abandon général des ateliers, à jour dit, souvent avec violences, menaces et manœuvres frauduleuses.

La loi de 1791, le Code pénal, articles 414, 415 et 416, la loi de 1849 édictée par la seconde Constituante, avaient tenu pour blâmables et punissables aussi bien l'entente entre travailleurs pour la hausse ou la baisse des salaires, du moment qu'elle se traduisait en un fait public, fût-il même pacifique, que la conspiration réalisée, avec interdiction de certains ateliers, avec pression exercée sur les ouvriers paisibles, pour arriver à l'abandon total de l'atelier, et à la cessation du travail, quels que fussent les engagements pris par l'atelier.

La loi de 1864 a affranchi la coalition de toute pénalité et même la grève, si elle s'effectue sans pression et sans violences[1].

« Alors même, disait en terminant l'exposé des motifs, qu'elles sont exemptes de violences, les coalitions ont toujours des conséquences douloureuses pour les ouvriers, car la perte de salaires qui en est le résultat, est pour eux une perte toujours irréparable et sans compensation ; aussi notre espoir c'est que la loi qui vous est proposée, aura pour conséquence définitive de rendre les coalitions d'ouvriers plus rares.

« Elle les rendra plus rares d'abord, parce que, en cas de mauvais vouloir des patrons, le droit des ouvriers établi et reconnu suffira pour vaincre ce mauvais vouloir.

« Elle les rendra plus rares parce que les ouvriers rassurés et calmés par la reconnaissance de leur droit, cesseront d'apporter dans la discussion des questions de salaires, ce sentiment de défiance et d'irritation qui paralysait toute transaction. »

On avait beaucoup compté sur l'effet de cette loi.

1. Voyez le texte de la loi à l'appendice M.

Le rapporteur de la commission, M. É. Ollivier, exprimait des sentiments pareils.

« La nature bénigne des coalitions, en France, malgré la loi qui les interdit, rapprochées de la violence sauvage de celles qui ont eu lieu en Angleterre, dans les mêmes conditions, permet de présumer que les grèves françaises n'auront pas le même caractère de ténacité violente, de décision implacable, de cruauté qu'ont déployé les grèves anglaises dans les premiers temps de la liberté des coalitions. L'ouvrier français est moins concentré, dès lors moins violent que l'ouvrier anglais. Son intelligence vive et ouverte accueille plus vite une bonne raison. Il est beaucoup plus que l'Anglais disposé aux négociations et aux compromis, etc. »

Quelques années plus tard, les grèves ensanglantées de Firminy et d'Aubin venaient donner un démenti cruel à ces espérances, à ces illusions. Nous verrons tout à l'heure par un témoignage de la plus haute compétence, celui de la Chambre de commerce, si éclairée et si libérale, de Paris, que jamais les grèves n'ont été plus nombreuses, et n'ont plus troublé le travail que depuis 1864 ; nous trouverons dans ce rapport que, si les ouvriers français ne vont pas jusqu'à l'assassinat, dans les grèves, ils y apportent avec une ténacité que l'insuccès ne lasse pas, des prétentions et des exigences toujours renaissantes, absolument destructives de la liberté du travail, et des droits du capital et du commandement.

Mais avant d'entrer dans cet examen, il convient de ne pas laisser subsister d'idées erronées ou exagérées sur les grèves anglaises et sur l'esprit qui y préside depuis bien des années.

Il est très vrai que, dans ses coalitions, l'Angleterre a quelquefois donné au monde un spectacle effrayant, et s'était mise au ban de l'opinion. Des comités secrets s'étaient créés sur plusieurs points et avaient organisé la terreur et le meurtre; plus de sécurité pour les ouvriers réfractaires aux mots d'ordre des comités; c'étaient les pires pratiques de l'Irlande dans ses plus mauvais jours; les crimes de Sheffield avaient particulièrement soulevé l'opinion[1]. Mais ces excès sauvages n'ont eu qu'un temps. L'indignation publique en a fait justice.

Je ne veux pour preuve de la fin de ces crimes que deux récits de grèves anglaises, donnés par M. É. Ollivier lui-même dans son rapport au Corps législatif; il s'agit de deux grèves demeurées célèbres : l'une, celle de Preston, en 1853; l'autre, celle de Colne, en 1860 :

« Les ouvriers de Preston se coalisèrent, afin d'obtenir, dans toutes les manufactures, une augmentation de 10 pour 100; trente-deux patrons, quoique trouvant les prétentions des ouvriers excessives, y accédèrent; quatre seulement résistèrent. Pour les vaincre, les ouvriers eurent recours à des moyens de pression tels que les manufacturiers, qui avaient cédé, comprirent que la cause de leurs quatre confrères devenait la leur; ils retirèrent leurs concessions et, opposant à la coalition partielle des ouvriers une coalition générale, ils fermèrent leurs ateliers et 25,000 individus se trouvèrent sans travail. De ce jour commença entre les patrons et les ouvriers une lutte qui dura six mois. L'Angleterre entière y prit part : les ouvriers de toutes les villes vinrent en aide aux ouvriers, les districts secou-

---

1. On en trouvera le récit détaillé dans le livre de M. Courcelle-Seneuil : *Liberté et socialisme.*

rurent les industriels. De part et d'autre, on fit des efforts gigantesques. Les ouvriers surtout furent prodigieux d'activité et de résignation. Guidés par un chef intelligent, Georges Cowel, un des plus parfaits orateurs populaires qu'il y ait eu, ils employèrent toutes les ressources des luttes égales : les *meetings* succédaient aux *meetings ;* des délégués ardents circulaient dans le pays entier ; on les voyait partout, dans les voitures publiques, dans les foires, dans les réunions, la main tendue, les récits enflammés à la bouche. Sur les murs des villes les affiches les plus émouvantes arrêtaient les indifférents. « Un mois « s'est écoulé, disait l'une d'elles, depuis que trente mille « ouvriers sont sans ouvrage et réduits à vivre de la cha- « rité publique. Depuis ce temps, les pleurs versés par la « veuve aux pieds de l'oppresseur ont été recueillis dans « le vase de la justice de Dieu. Les cris de l'orphelin « affamé sont montés aussi haut que ceux des Juifs « esclaves en Egypte. Pour ces veuves, pour ces orphe- « lins, nous implorons votre pitié. » La poésie venait en aide à l'éloquence, et les larmes coulaient de tous les yeux, lorsqu'on chantait la complainte de la Mère qui a perdu sa fille : « Venez et consolez-moi dans ma douleur. « Je reste à gémir seule sur cette terre. Mon enfant chérie « m'est ravie, et je dois maintenant pleurer à jamais. Elle « était pour moi tout ce que je pouvais souhaiter. Si elle « m'avait été conservée, j'aurais été contente. Mais hélas ! « elle est morte martyre de la cause *du dix pour cent.* » — Tout fut inutile. Quand ils travaillaient, les ouvriers touchaient par semaine 12.000 à 13.000 livres sterling ; les cotisations, les quêtes, les secours extérieurs ne dépas- saient jamais 4.000 livres par semaine. Les épargnes s'épui- sèrent ; il fallut vendre les vêtements, les meubles, la faim arriva avec son hideux cortège. Alors commença le décou- ragement, la défiance ; les chefs furent d'abord moins obéis ; puis ce fut contre eux et non contre les patrons que la poésie populaire dirigea ses traits : « Cowel n'a pas la « pensée de reprendre jamais son travail, soit avec le « fuseau ou la navette, soit avec la pioche ou la bêche. Il

« appartient aujourd'hui à une bande d'hommes qui savent
« bien que la meilleure besogne est celle de l'orateur.
« Cowel a une langue dangereuse ; il nous a dit que nous
« aurions de plus beaux salaires ; mais Cowel nous a long-
« temps trompés, car cette lutte sans espérance ne finit
« pas. Nous mourons de faim ; mais qu'importe à nos
« délégués ? Réunis autour d'une table bien garnie, chaque
« jour, ils deviennent plus gras et nous devenons plus
« maigres. » Enfin, un jour parut sur les murs de la ville
une affiche signée par les directeurs de la coalition qui
disait : « Nous engageons les ouvriers à reprendre leur tra-
« vail jusqu'à une occasion plus opportune. » Seulement
les patrons avaient perdu approximativement 165.000 livres
sterling (4.125.000 fr.) et les ouvriers certainement
250.000 livres (6.250.000 fr.). Et quelques jours après on
lisait les lignes suivantes dans un journal de Preston :
« Les résultats de la terrible catastrophe que nous venons
« de traverser dépassent les plus sinistres prévisions. Nos
« rues sont encombrées de malheureux qui demandent
« vainement du travail ; leur place est prise par des
« ouvriers étrangers ou de nouvelles machines suppléent
« au défaut de bras. D'ici à longtemps, ils sont condamnés
« à rester sans occupation. Des milliers de familles ont
« enduré les plus sévères privations ; elles ont contracté
« des dettes qu'une génération ne parviendra pas à étein-
« dre, et quelque déplorable que soit l'état présent de
« notre ville, nous sommes convaincus que nous n'en
« sommes pas aux dernières conséquences de ce mouve-
« ment insensé. »

« La grève de Colne a eu lieu en 1860. Les demandes
des ouvriers étaient : une élévation de salaire, l'établissement d'un tarif uniforme sans aucun allègement en raison
de l'excédent de dépense imposée à certains patrons par
les désavantages de la localité ou du matériel employé,
enfin le droit reconnu aux officiers de l'*Union ouvrière*
(Trade's union) d'intervenir dans les débats entre maîtres
et ouvriers. Les maîtres refusèrent. Le 6 juin, quatre mille
métiers furent arrêtés et quinze cents ouvriers se trou-

vèrent sans travail. La lutte dura pendant cinquante semaines ; après quoi, les ouvriers vaincus durent se soumettre et subir, à la suite de misères de tous genres, les
conditions qu'au début ils avaient rejetées avec mépris.
Les pertes que cette grève leur avait occasionnées étaient
telles, qu'en supposant l'augmentation de salaire obtenue,
ce n'est qu'au bout de vingt-huit ans qu'ils eussent retrouvé
la position dont ils jouissaient avant la grève. »

On voit qu'il y a loin des crimes de Sheffied aux
souffrances résignées de Preston et de Colne ; l'Angleterre se retrouve ici avec le bien et le mal qui
constituent son originalité, originalité bien plus dis-
semblable de celle de la France que ne paraît l'avoir
pensé le rapporteur de la loi française.

Pour étudier et sonder à fond ces dissemblances, il
faut lire avec toute l'attention qu'il mérite le rapport
de la Chambre de commerce de Paris sur les effets de
la loi de 1864. Je le donne *in extenso* à l'appendice N.

Ce rapport si complet, où les faits sont exposés
avec tant de sobriété et de modération, forme un
document des plus instructifs et des plus sûrs. C'est,
pour ainsi dire, le répertoire de tout ce que des esprits
aigris et des cœurs ulcérés peuvent concevoir et vouloir contre les lois économiques du travail. Et c'est
une loi de liberté qui a servi de point de départ à
cette aggravation d'assauts contre la liberté !

Prohiber le travail des femmes ;

Proscrire la tâche et la remplacer par l'égalité du
salaire à la journée ;

Réserver aux ouvriers seuls le choix des contre-
maîtres ; annuler ainsi tout à la fois le patron et la
discipline ;

Réduire les bons ouvriers à quitter Paris et la France, et à porter à l'étranger leur talent, les secrets et les *tours de main* de la fabrication ;

Choisir, pour le moment de l'abandon de l'atelier, celui où il est le plus chargé de demandes, à livrer à jour fixe ;

Régler et limiter le nombre des apprentis ;

Proscrire ou dédaigner l'habileté dans le métier ;

Localiser les grèves ; procéder par interdictions partielles, pour venir à bout plus aisément de la résistance des patrons.

Ne sont-ce pas là autant de violations flagrantes de la liberté du travail et du droit ? et n'y a-t-il pas une perversion particulière à s'appuyer pour tant d'illégalités sur une loi de liberté ?

Aussi les Chambres syndicales de patrons, et la Chambre de commerce de Paris demandent-elles l'abrogation de cette loi.

Ce vœu peut-il être exaucé ? En fait, et dans le temps présent, rien de tel ne peut être espéré. Le parti qui nous gouverne, absolument asservi par ses besoins ou ses desseins électoraux, n'y consentira jamais. Mais si, s'élevant au-dessus des misères présentes, l'on peut concevoir l'espérance que la France méritera et obtiendra d'être gouvernée d'une manière plus digne d'elle, alors faudra-t-il abroger la loi de 1864 ?

Je n'hésite pas à répondre par la négative, et j'en donne la raison irréfutable selon moi. La loi de 1791, le Code pénal, la loi de 1849 avaient méconnu l'égalité entre les patrons et les ouvriers, et n'avaient tenu aucun compte de la nature des choses. Comment empêcher les patrons de s'entendre sur leurs intérêts communs ? Comment prouver juridiquement l'entente établie entre quelques chefs d'industrie ? Il y a là une impossibilité pratique évidente, et dès lors comment persister à interdire aux ouvriers ce qu'il est manifestement impossible d'interdire en fait aux patrons ? C'est s'exposer à faire dire que, dans notre société française, il y a deux poids et deux mesures, reproche particulièrement irritant pour des esprits français.

La loi de 1864 a donc obéi à une nécessité de toute évidence. L'entente toujours possible pour les patrons a dû être permise aux ouvriers. Dans l'impossibilité d'empêcher l'une, il a fallu permettre l'autre, et avec elles, les grèves s'opérant sans violences et sans pression.

Mais de ce qu'on subissait une nécessité inéluctable, fallait-il s'abandonner aux illusions où, comme nous l'avons vu, sont venus verser les auteurs et le rapporteur de la loi de 1864, et rassurer le législateur et l'opinion publique par une prétendue supériorité morale et intellectuelle de l'ouvrier français, comparé avec trop de complaisance et trop peu de vérité à l'ouvrier anglais. Le législateur mieux informé eût pris plus de précautions ; il eût employé des termes moins élastiques, mieux défini les délits, mieux gradué les peines, non pour l'usage de la liberté nouvelle, mais pour l'abus et l'excès ; et n'est-ce pas un abus odieux, et un excès intolérable que l'abandon concerté des ateliers à jour fixe sans souci des engagements pris[1] ? N'est-ce pas un abus odieux que l'interdiction

1. Il existe dans toute l'industrie française une coutume si géné-

du travail des femmes dans les ateliers de typographie de Paris? Et un pareil exemple, je devrais dire : un pareil scandale, est donné par une des professions les plus éclairées de Paris !

Mais pour édicter les peines méritées par de tels actes, il ne fallait pas être dans la disposition d'esprit qui a inspiré au rapporteur de la loi des phrases comme celle-ci : « Veut-on flatter l'ouvrier anglais? on lui dit qu'il a un cœur de lion; veut-on l'insulter? on lui dit qu'il a un cœur de chêne. Nos ouvriers ont un cœur d'homme. » Triste pavé de l'ours; mais, comme tous ces pavés, la faveur de ceux auxquels il était lancé ne lui aura sans doute pas manqué.

Triste pavé, dis-je, car il ne s'adresse pas seu-

ralement observée, qu'elle y a acquis force de loi ; cette coutume est celle de la quinzaine. Tout patron qui veut congédier un ouvrier, tout ouvrier qui veut quitter un patron, doivent respectivement se prévenir quinze jours à l'avance ; il n'est pas un juge de paix qui ne condamnerait à une amende celle des parties qui aurait contrevenu à cet usage, sauf, bien entendu, les raisons graves et prouvées pour le renvoi ou l'abandon immédiat de l'atelier.

Il y avait, pour les auteurs de la loi de 1864, un moyen bien simple de préparer la conciliation du patron et de l'ouvrier; c'était de consacrer cet usage par un article de la loi, et de déclarer répréhensible et punissable tout renvoi, tout abandon qui ne seraient pas précédés de la déclaration de quinzaine. Quiconque a quelque connaissance des mœurs industrielles, reconnaîtra que cette obligation préliminaire d'une convention entre le patron et l'ouvrier était un acheminement à une discussion utile. Cette disposition eût été comprise et bien accueillie de tous les travailleurs sensés, et eût donné à la loi de 1864 un caractère de prudence, de ménagements et d'impartialité qui lui manquent absolument.

Une autre précaution pouvait et devait être prise. Il arrive souvent que la grève est concertée (il serait plus vite fait de dire complotée) pour le moment où des travaux doivent être terminés, des livraisons faites à jour fixe. On espère ainsi, et avec raison, faire plus facilement capituler les patrons. L'exécution des engagements ainsi contractés par les entrepreneurs ou les fabricants devrait être ajournée d'autant de temps que durerait la grève et que le travail n'aurait pas repris son cours normal, et l'une des manœuvres les plus odieuses des grèves se trouverait ainsi paralysée.

lement à des ouvriers, mais à des électeurs, et c'est une différence considérable à noter entre l'ouvrier anglais et l'ouvrier français. Assurément rien n'autorise à refuser aux premiers ce cœur d'homme dont on veut faire un monopole pour les nôtres; mais ceux-ci ont un bulletin de vote que les autres n'ont pas.

Ils sont souverains; c'est ce qu'on dit tous les jours aux ouvriers français, et l'on ne manque pas d'ajouter, que s'ils ont cette puissance, ils la doivent à leur raison, à leurs lumières, à leur patriotisme. Voilà le trait essentiel omis, dans ses comparaisons, par le rapporteur au Corps législatif, et qui explique le caractère particulier des prétentions des grévistes français, ce dogmatisme et cet arbitraire, ces rêves d'organisation nouvelle, où l'on daigne admettre le capital, à condition qu'il soit désarmé de toute action, de toute direction, de tout contrôle, où les ouvriers seront maîtres et seuls maîtres, organisations rêvées par les flatteurs et les meneurs des ouvriers, aidés des enivrements politiques où on leur fait perdre leur intelligence, leur vaillance, leur honneur de travailleurs.

Telle est la vérité, sans illusion cette fois, et sans flatterie. Si je me sépare ici de la Chambre de commerce de Paris, si je ne pense pas, comme elle, que la loi de 1864 doive être abolie, ce n'est pas que je croie à la vertu bienfaisante de cette loi mal faite; elle n'a, à mes yeux, qu'un seul mérite, mais il est grand; elle efface une injustice; elle rétablit l'égalité entre les patrons et les ouvriers; ce qu'il faut aujourd'hui, c'est l'améliorer[1] et la compléter, non l'abolir. En insistant sur son abrogation, les patrons paraîtraient poursuivre un privilège, et le temps des privilèges est passé, à l'honneur de nos sociétés modernes.

Avec la loi de 1864 cependant, le travail, au milieu du gâchis politique où nous nous débattons, est sérieusement menacé ; la situation devient aiguë, et il ne manque pas de prophètes annonçant, à bref délai, la ruine de l'industrie.

Si l'industrie s'abandonne, il n'est pas douteux qu'elle est perdue ; mais s'abandonnera-t-elle ? Le patronat français ne trouvera-t-il pas en lui-même et dans la liberté, la force et la volonté de lutter contre ces excès de liberté ? La question vaut la peine d'être posée.

Où les grèves sont-elles particulièrement menaçantes et dangereuses ? C'est dans la grande et dans

---

1. C'est ce que vient de faire un arrêt récent de la Cour de cassation.

A la suite de la grève des ouvriers menuisiers de Paris, les patrons mis à l'*index* avaient intenté une action civile aux membres de la Commission exécutive qui avaient décrété l'*index*. Les membres de cette commission furent condamnés, pour atteinte à la liberté du travail, à quinze jours de prison.

La Cour de cassation a été appelée à statuer à son tour, et de sa décision, il résulte :

1° Que la mise à l'index d'un établissement par un groupe d'ouvriers, et par suite l'obstacle apporté à la reprise des travaux dans cet établissement, constitue le délit d'atteinte à la liberté du travail, prévu et puni par l'article 416 du Code pénal, parce que, en effet, pour que cet article soit applicable, il n'est nul besoin, à la différence de l'article 414, qu'il y ait eu emploi de la violence, de voies de fait, de menaces ou manœuvres frauduleuses, qui aggravent le délit et entraînent une répression plus sévère, mais qu'il suffit qu'il y ait eu des amendes, défenses, prescriptions ou interdictions prononcées par suite d'un plan concerté ;

2° Que le patron dont l'établissement a été ainsi mis à l'index, et qui a souffert un préjudice, a qualité pour poursuivre devant le tribunal de répression les auteurs du délit.

la moyenne industrie. Ce sont deux aspects différents de la question ; examinons chacun d'eux.

La grande industrie a, pour la résistance contre la grève, un avantage de situation très sérieux, c'est le petit nombre relatif de ses chefs ; l'entente est facile, les résolutions promptes et bien gardées et observées, condition très forte pour la négociation et pour la lutte. A cette force s'ajoutent les exemples d'union et de fermeté dans l'union des patrons anglais, dans leurs conflits avec leurs ouvriers, et il n'est pas douteux que ces fortes et efficaces leçons ne seront pas perdues pour notre grande industrie.

Mais il y a un revers à cette médaille.

Le traité de commerce de 1860 entre la France et l'Angleterre, en abaissant les tarifs de douane, a solidarisé les intérêts des deux nations plus qu'ils ne l'avaient été jusqu'alors. Leurs usages, leurs traditions de travail tendent à une ressemblance toujours croissante ; dans cette action réciproque de deux nations l'une sur l'autre, celle qui a le plus de chances d'imposer la loi et son exemple, c'est celle dont la production est la plus forte. Les habitudes de travail de l'Angleterre tendent donc visiblement à s'implanter chez nous. Or, depuis nombre d'années, l'Angleterre tient le prix du salaire pour essentiellement variable, l'élevant quand le prix du produit monte sur le marché, l'abaissant quand il descend, coutume qui, jusqu'ici, avait été inconnue à la France, inconnue et antipathique. Nous admettions tous, qu'un prix de salaire, une fois fixé, ne devait plus reculer, susceptible d'augmentation, mais non passible de rétrogradation. L'oscillation des salaires nous paraissait mauvaise en soi ; elle répugnait à nos idées sur le salaire, sur la fixité et la sécurité si nécessaires à l'ouvrier.

Dans ma première édition (1877), je constatais ces idées et ces usages de l'industrie française ; la grande Commission d'enquête sur les conditions du travail (rapporteur M. Ducarre) les constatait aussi. Aujourd'hui, il faut bien se rendre à l'évidence. Serrés de près par la concurrence anglaise, nous devons user des moyens qu'elle emploie pour vivre et résister elle-même. Déjà des baisses de salaires ont eu lieu ; elles ne sont pas nombreuses, et ne portent pas sur de gros chiffres. Les mœurs anglaises ne s'acclimateront que lentement chez nous ; mais la belle tradition française est entamée ; elle est destinée à plier devant l'instinct de conservation.

Cette nouveauté n'est pas la seule.

J'ai présent encore le sentiment profond de surprise éprouvé par la métallurgie française, lorsqu'en février 1860, elle apprit qu'une réunion de maîtres de forges de l'Écosse venait d'avoir lieu, à Glascow, et avait décidé la mise hors (*lock out*) de 87 hauts-fourneaux sur 118 existant dans cette région.

Les ouvriers fondeurs anglais, à la lecture du rapport du 5 janvier 1860, où était annoncée la nouvelle politique commerciale de l'Empire, avaient cru à un immense développement du travail de la fonte et du fer en Angleterre, et, se hâtant d'escompter leurs espérances, ils avaient demandé une augmentation (10 pour 100, je crois) de salaires.

Le moment était on ne peut plus mal choisi ; les prix de la fonte étaient avilis, et les stocks considérables. Les patrons se décidèrent à un *lock out* sans exemple encore dans l'Écosse, et les ouvriers eurent le bon esprit de ne pas persister. Peu de semaines après une vive reprise ayant eu lieu sur le marché des fontes, 110 fourneaux furent remis en feu.

Ces faits si graves ne nous avaient pas seulement surpris, mais vivement inquiétés. Être mis si brusquement en état de concurrence aiguë avec une industrie ayant des usages si différents des nôtres, et de pareilles énergies, c'était le cas de s'armer de courage et de ceindre ses reins. Pour toutes les grandes industries apparaissaient des perspectives assurément peu rassurantes ; elles ont bravement résisté cependant, et tout en sacrifiant quelque peu aux nouvelles méthodes, elles ont maintenu, dans tout ce qui était possible, leurs anciennes traditions, et surtout n'ont rien voulu retrancher de leur bienveillance et de leur justice habituelle vis-à-vis de leurs ouvriers.

En même temps, les partis se sont bien pris vis-à-vis des grèves qui pourront se produire : refus absolu de toute concession en présence d'une grève ; arrêt complet du travail, tant que les anciennes conditions de salaires et d'heures ne seront pas reprises ; là est le salut de la grande industrie ; pas un de ses chefs qui ne le sache.

Mais, hâtons-nous de le dire, de tels partis pris ne peuvent se défendre vis-à-vis de l'opinion publique, que si ceux qui les prennent et les réalisent à l'occasion, peuvent se rendre dans leur conscience, le témoignage de n'avoir jamais manqué à leurs devoirs vis-à-vis de leurs ouvriers ; de n'avoir jamais laissé endormir leur sollicitude et leur justice à leur égard, d'avoir été au-devant des augmentations de salaires possibles, d'être toujours restés, en un mot, de bons pères de famille, tout en sachant bien que leur famille industrielle n'est pas pour eux ce qu'ils sont pour elle. Mais on est si fort quand on se sent irréprochable[1].

L'industrie moyenne, celle des grandes villes, celle surtout de Paris, n'ont pas les mêmes moyens de résistance. Le nombre des patrons est considérable dans certaines professions, — près de trois mille ébénistes, quinze cents tailleurs, douze cents chapeliers, etc. — L'entente devient ainsi presque impossible ; les défaillances sont nombreuses, et une faible minorité fait presque toujours par ses concessions aux grévistes, la loi à la majorité, qui sait bien cependant qu'en cédant ainsi, elle marche à sa ruine.

Cet état de choses est de nature à susciter les plus légitimes préoccupations. Pour ceux qui voient avec crainte les grands développements de l'industrie parisienne dans ce siècle, il y a là, sans doute, matière à satisfaction ; mais pour ceux qui voient plus haut et plus loin, c'est un triste spectacle que celui d'une industrie qui court à sa perte, pour n'avoir pris de la liberté que ses abus et ses excès.

Quelques chiffres donneront l'idée du tort subi par l'industrie Parisienne depuis quelques années. Le tableau des exportations comparées de Paris, en 1876 et 1882, tableau qui comprend seulement les principales industries de Paris, révèle un affaiblissement de

---

1. Tout ce qui précède était écrit, depuis plus de trois mois, lorsqu'a eu lieu la grève de Commentry (juin 1881). J'en donne les détails à l'appendice O.

plus de cent millions, dans les affaires de Paris avec l'étranger.

EXPORTATION

	1882	1876
	Francs.	Francs.
Tabletterie, bimbeloterie. . . .	83 419 000	144 839 000
Modes et fleurs artificielles. . .	38 543 000	45 003 000
Meubles et ouvrages en bois . .	25 423 000	33 054 000
Confections (vêtements et lingerie)	74 595 000	94 793 000
Ouvrages en peau.	164 197 000	169 088 000
Orfèvrerie et bijouterie	64 963 000	65 707 000
Articles et ouvrages en métaux.	65 953 000	70 588 000
Armes.	2 840 000	5 116 000
	519 940 000	628 188 000

Peut-être la grandeur et l'imminence du mal réveilleront-elles l'énergie de la majorité des patrons, et les amèneront-elles à s'unir assez fortement pour résister aux grèves, devenues aujourd'hui de véritables invasions de barbares. Il faut le souhaiter ; la décadence de l'industrie parisienne serait un malheur national, en admettant, bien entendu, que le mauvais esprit des masses parisiennes ne soit pas incurable.

De bons esprits fondent, pour l'amélioration de la pensée et de l'action ouvrière, quelque espérance sur les syndicats professionnels, et croient y voir un germe de conciliation et de pacification. Examinons cette question.

On a vu, dans les chapitres précédents, que, par les progrès de la législation, les diverses formes nouvelles de sociétés industrielles et commerciales, anonymes, sans intervention du gouvernement, à responsabilité limitée, coopératives soit pour la production,

soit pour la consommation, etc., étaient devenues
légalement accessibles aux ouvriers comme aux patrons. Un progrès de plus a été sollicité, surtout,
d'abord, par les patrons. Ils ont demandé à établir
des chambres syndicales pour chaque profession
chambres destinées à former des centres de renseignements et étudiant les intérêts communs de la profession ou du métier.

Le gouvernement s'en est occupé, et la question
a été l'objet, en 1868, d'un rapport de M. Forcade
de la Roquette, un des bons ministres d'affaires de
l'Empire.

La conclusion de cette étude a été que l'on tolére-
rait la formation de chambres syndicales pour patrons
ou ouvriers, mais à titre d'expériences seulement et
sans abolir la loi de 1791 qui a détruit, dans leur
germe, toutes les associations pouvant, directement
ou indirectement, nous ramener aux corporations
fermées et privilégiées de l'ancien régime[1].

Cette solution qui ressemblait beaucoup au régime
adopté pour la presse, et qui mettait un nouveau
pouvoir discrétionnaire aux mains de l'Administration, ne pouvait pas survivre à l'Empire déchu, et,
dès 1871, les ouvriers et surtout leurs meneurs ont
réclamé la loi générale d'association. Mais les luttes

1. Voici la conclusion de ce rapport du 30 mars 1868 :
« En admettant les mêmes règles pour les ouvriers que pour les
patrons, l'Administration n'aura pas à intervenir dans la formation
des chambres syndicales. Elle ne serait amenée à les interdire que
si, contrairement aux principes posés par l'Assemblée constituante,
dans la loi du 17 juin 1791, les Chambres syndicales venaient à porter atteinte à la liberté du commerce et de l'industrie, ou si elles
s'éloignaient de leur but au point de devenir, à un degré quelconque
des réunions politiques non autorisées par la loi. »

religieuses rendirent cette loi de plus en plus difficile et, d'ajournement en ajournement, elle semblait devoir sombrer, lorsqu'à la fin de 1879, M. Dufaure a, en vertu de son initiative parlementaire, présenté au Sénat un projet de loi sur l'association, loi de sage liberté *pour tout le monde*.

Un moment consterné, le jacobinisme a imaginé, pour conjurer le danger, l'insolente et fallacieuse combinaison d'une loi qui ne réglerait que les intérêts des syndicats professionnels et donnerait ainsi satisfaction à de grandes masses électorales, avec l'espoir de ne pas porter le découragement ni l'irritation dans toutes les autres conditions laissées momentanément en dehors, et l'on est parvenu à pousser le gouvernement dans cette voie. Telle est l'origine de la loi sur les syndicats professionnels.

Voyons d'abord quelle est la situation actuelle de cette forme d'association dans le monde du travail ?

Les patrons ont, en ce moment (1881), cent trente-huit chambres syndicales, réunissant 15.000 adhérents ; de plus, il existe, pour ces chambres, plusieurs groupements : la *Chambre syndicale d'exportation*, l'*Union nationale du commerce et de l'industrie*, qui réunit 75 chambres, et le *Comité central des chambres syndicales*, qui en réunit 27. Ces unions ont un journal.

Ces associations de patrons rendent des services incontestables, et tous les gouvernements qui se sont succédé depuis 1870, ont tous reconnu ces services, et la correction de leurs actes industriels, commerciaux, administratifs, soigneusement mis en dehors de la politique.

Les syndicats ouvriers sont au nombre de 350 et réunisssent 60.000 adhérents. La faculté d'unir leurs syndicats leur a été jusqu'ici refusée, et les ouvriers ne peuvent attribuer ces refus qu'aux excès de langage des meneurs de la démagogie et des congrès ouvriers. La fédération des syndicats ouvriers y a été représentée comme la résurrection de l'Internationale et la revanche de la Commune.

Est-ce par suite de ces craintes que le gouvernement, en proposant le projet de loi sur les syndicats professionnels, n'y avait pas admis l'union des syndicats? L'exposé des motifs n'en parle pas. C'est la commission de la Chambre des députés, composée en grande partie, de membres de l'extrême gauche, qui a ajouté cette disposition, et en a obtenu le vote. C'est la revanche du jacobinisme contre la suppression de l'Internationale. Elle est incomplète sans doute, puisque la loi veut que les syndicats et leurs unions ne comprennent que des ouvriers et ne s'occupent que des intérêts communs du métier. Mais grâce à la généralité et à l'élasticité de ces termes, les habiles ne seront pas embarrassés de rattacher les plus irritantes questions de la politique, et les plus subversives revendications, aux intérêts communs de la profession.

Quant au sens profond, intime de la loi, il est d'une clarté absolue. L'article 1er est ainsi conçu, § 2 :

« Les articles 291, 292, 293, 294 du Code pénal, la loi du 10 avril 1834, et l'article 2 du décret des 25 mars et 2 avril 1852, ne sont pas applicables aux syndicats professionnels. »

Le silence de la loi sur les autres conditions sociales

ou associations est parfaitement concluant à leur égard. Elles restent soumises à toutes ces entraves légales.

Ainsi, si le Sénat adopte cette loi, notre pauvre et cher pays devra subir cet affront, assurément l'un des plus amers, d'une loi de liberté, qui est une loi d'exclusion, d'une loi d'égalité qui est une loi de privilège, d'une loi d'apaisement qui est une loi de lutte et de guerre.

Nota. — Le Sénat a clos ses séances avant d'avoir statué sur la loi des syndicats professionnels. La loi n'existe donc pas et n'est plus qu'un document pour la nouvelle législature. Je n'ai cependant rien voulu changer à ce qui précède, d'autant plus que les nouvelles élections ne permettent pas d'espérer, dans cette question, une atténuation dans le sens de la vraie liberté, mais autorisent à craindre une aggravation dans le sens jacobin.

APPENDICES

APPENDICE A

EXTRAIT DE L'AVANT-PROPOS
DE LA PREMIÈRE ÉDITION

C'est à la demande de plusieurs amis que je reproduis ici la dernière partie de l'avant-propos de la première édition.

. . . .

Il me reste à dire quelques mots sur la préférence que j'ai donnée dans cette *Étude* à un certai ordre d'arguments et de preuves.

Dans les questions sociales, on a presque toujours à sa disposition deux genres très différents de déductions, de preuves et d'arguments. La science et la métaphysique fournissent les uns; la simple logique, le bon sens, la nature, l'expérience, le cœur, fournissent les autres. Ces derniers sont les mieux appropriés au plus grand nombre de lecteurs. La simplicité, la réalité, le sentiment, ont seuls empire sur eux.

L'écrivain doit donc préalablement faire son choix entre les uns et les autres, et ce choix lui est nécessairement dicté par le genre de lecteurs qu'il recherche.

Pour cette *Étude*, j'ai eu particulièrement en vue deux classes de lecteurs très différentes l'une de l'autre :

Les hommes qui s'occupent de questions sociales ;

Les travailleurs de tout ordre.

Pour les premiers, l'argument dogmatique, la preuve scientifique étaient parfaitement admissibles ; mais quel est, parmi eux, celui qui n'a pas lu les maîtres en économie sociale ? Tout ce que mon livre doit à cette science n'eût été pour eux, présenté dogmatiquement, qu'une redite.

Quant aux autres, je ne pouvais pas hésiter ; le second ordre d'arguments est celui qui leur est familier. Quelle est, en effet, la nature des intelligences, quelles sont les habitudes d'esprit des hommes de travail et d'action, patrons, chefs, ouvriers ?

Ces intelligences ne sont pas métaphysiques ; ces habitudes d'esprit ne sont pas complexes. Leur caractéristique très sensible est la ligne droite, c'est-à-dire ce qui est simple et direct. Quand on s'adresse à eux, il faut donc aller droit au but, sans négliger absolument, sans doute, la forme littéraire, mais en se préoccupant surtout de la clarté.

Les longs développements, les argumentations finement travaillées, les allusions, les sous-entendus, ne sont pas du goût de ces hommes qui aiment une affirmation nette, soutenue d'une preuve bien directe, plus que des pages, même éloquentes, sans convictions et sans conclusions pratiques. Les meilleures preuves, pour eux, sont les faits, les exemples, l'histoire, et cela se comprend bien ; ces preuves impliquent, en effet, une autorité autre que celle de l'écrivain ; ce qui, en démocratie, n'est pas sans intérêt. Avec eux, d'ailleurs, on ferait sûrement fausse route en s'interdisant, de parti pris, les raisons de *sentiment*, faibles raisons, nous le savons tous, aux yeux de la science et de la métaphysique, mais fortes et excellentes raisons près de ces hommes qui, alors même qu'ils ont laissé égarer leur bon sens dans les rêves démagogiques, ont encore le cœur vivant, prêt à comprendre une parole honnête et convaincue, prêt à s'émouvoir devant une pensée juste et généreuse, prêt à s'échauffer au récit d'une belle action.

Je ne me fais aucune illusion d'ailleurs sur le nombre d'ouvriers dont cette *Étude* attirera l'attention. Pour la plupart, enveloppés dans cet asservissement de la pensée, qui forme aujourd'hui l'atmosphère du travail manuel, et le parti pris des ateliers contre l'organisation actuelle du travail, ils repousseront ce livre, dès les premières pages, comme entaché de sentiment religieux, ou dès qu'un journal radical leur aura dit que c'est une œuvre de cléricalisme.

Mais il en est parmi eux qui ne placent pas leur dignité d'homme et d'ouvrier dans de creuses déclamations, et qui s'offensent de l'esclavage de la pensée, venu des bas-fonds du travail et de la démagogie ; ils veulent juger par eux-mêmes, comparer, réfléchir et prendre leur parti, en pleine connaissance de cause. Pour ceux-là, pour être lu par eux, j'ai passionnément cherché la vérité, et, pour la leur faire comprendre, j'ai sans relâche cherché la clarté.

Il est enfin, parmi les travailleurs, une classe de lecteurs que j'ambitionne ardemment. Ce sont mes camarades de l'état-major industriel, et surtout mes jeunes camarades. Je dirai quelques mots de ces derniers.

Leur éducation professionnelle, leur instruction, purement technique en général, les préparent médiocrement aux questions sociales. Leur âge, d'ailleurs, les porte facilement à l'opposition, aux idées que l'on appelle *avancées*, et la science n'a pas souci de les retenir sur cette pente que quelques-uns descendent très vite, au grand dommage de leur avenir.

Mais les esprits honnêtes et élevés, qui sont nombreux parmi eux, ne tardent pas à comprendre et à sentir la discordance, la lutte qui s'établit et s'accentue en eux de plus en plus ; d'un côté, les idées dont ils se sont laissé peu à peu pénétrer et dont la conclusion logique est une révolution sociale ; de l'autre, leur profession qui est toute d'ordre, de discipline, de règle, de respect des droits acquis, de stabilité pour le travail, de sécurité pour les travailleurs[1]. Dès lors, la fièvre des questions sociales

1. La jeunesse connaît une autre genre de crise, plus aiguë encore, et plus douloureuse: la crise religieuse; saint Augustin, Jouffroy, d'autres modernes l'ont subie et décrite. Peu de jeunes

s'empare d'eux. Ils veulent connaître, ils veulent savoir.

Où est le droit ? Où est le devoir ? Les sociétés n'ont-elles vécu jusqu'à eux que d'injustice ? Sont-ils destinés à réparer les torts et les erreurs du genre humain ? L'expérience n'est-elle qu'un vain mot ; le sens commun n'est-il qu'une illusion ? Plus leur esprit est droit et honnête, plus ils sont troublés.

Mais par où commencer ? Quel guide choisir ?

La science pure de l'économie politique est belle, mais rigide ; d'ailleurs, seule elle ne suffit pas. Ces jeunes et sincères esprits qui commencent à pratiquer les hommes et les choses, qui débutent dans le commandement, qui n'ont pas charge d'âmes, comme le leur disent les rhéteurs dans leurs basses flatteries, mais qui ont charge de justice, d'obéissance et d'initiative, veulent autre chose que la science ; il leur faut les faits, la réalité, les enseignements de l'histoire.

C'est tout un plan de lectures à s'imposer, car il faut lire et lire beaucoup, mais en se méfiant constamment de soi et de ses impressions, en passant les notions nouvelles dont on enrichit son esprit, par le crible sévère et sûr de l'expérience et du sens commun, et surtout en restant fidèle à la plus pure honnêteté intellectuelle.

Pourquoi tairais-je que ces pensées m'ont constamment

gens, parmi ceux qui sont bien doués, ont échappé à cette dure et salutaire épreuve.

Il est fréquent qu'un jeune homme ait été élevé par une mère pieuse et par un père indifférent en matière de religion. Il a naturellement penché d'abord du côté de son père ; mais, s'il a le cœur bien placé et l'esprit bien ouvert, à mesure qu'il pénètre dans la vie, les exemples et les leçons de sa mère reprennent leurs droits, l'esprit de famille réagit avec force ; le monde l'initie à ses désenchantements ; le mal lui apparaît ; le vide de son âme se fait sentir ; c'est alors que la crise éclate : moment solennel, quelquefois décisif pour le reste de la vie. Heureux celui qui choisit la bonne voie ! il bénira ces heures de luttes et de souffrance morale. Chrétien par son retour volontaire et par tradition maternelle, il restera chrétien.

14 février 1877.

préoccupé dans l'élaboration de cette *Étude* ; que l'utilité dont elle pouvait être pour éclairer les premiers efforts de mes jeunes camarades, dans leur initiation aux sciences sociales, m'a été un encouragement toujours présent et m'a permis enfin de mener jusqu'au bout ce travail entrepris à un âge où l'on n'a plus toutes ses forces ?

APPENDICE B

STATISTIQUE CRIMINELLE

Les rapports du ministre de la Justice sur la criminalité
ont fourni les chiffres suivants, groupés par périodes
quinquennales, de 1826 à 1875 :

ANNÉES	PRÉVENUS	ACQUITTÉS	CONDAMNÉS	CONDAMNÉS à mort.	COMMUÉS	EXÉCUTÉS
1826 à 1830.	35,618	13,908	21,740	554	191	360
1831 à 1835.	37,333	15,834	21,499	327	173	154
1836 à 1840.	39,431	13,984	25,450	197	50	147
1841 à 1845.	35,521	11,568	23,953	240	62	178
1846 à 1850.	37,148	13,648	23,500	245	85	160
1851 à 1855.	35,520	10,095	23,425	282	132	150
1856 à 1860.	26,815	6,541	20,274	217	97	120
1861 à 1865.	22,752	5,579	17,173	108	45	63
1866 à 1870.	21,376	4,974	16,402	85	38	47
1871 à 1875.	23,361	5,584	19,777	145	71	74
Moyenne de la première période.	7,130	2,782	4,348	111	39	72
Moyenne des 50 années.	6,338	2,035	4,303	48	19	20
Moyenne de la période 1866-70	4,275	995	3,280	17	8	0
Moyenne de la dernière période.	5,072	1,117	3.955	20	14	15
Année 1878 [1]	4,222	902	3,320	28	21	5
Année 1879 [2]	4,327	979	3,388	23	19	4

Tous les chiffres de ce tableau sont intéressants, et prê-
teraient à des considérations utiles ; je me bornerai à démontrer qu'ils fournissent la preuve d'un progrès sensible dans
la moralité publique, et je la demanderai à une seule des

1 et 2. Ces chiffres sont extraits des deux derniers rapports
publiés, pour 1878 et 1879, par le ministère de la Justice.

colonnes du tableau, celles des condamnations, me bornant, sur la généralité des chiffres, à cette seule remarque, que la période de la moindre criminalité est celle de 1866 à 1870.

Le nombre des préventions ne prouve que les efforts des parquets pour la défense de la société, mais il ne prouve pas la réalité du crime. Cette preuve acquiert un degré de plus, quand l'instruction conclut au renvoi en justice, mais elle n'est démontrée que par le débat contradictoire et public de l'audience. La statistique nous montre que les acquittements s'élèvent au tiers des préventions ; c'est là la mesure ou des erreurs du parquet ou des faiblesses de la répression ; la mesure réelle de la criminalité est donnée par les condamnations.

Je ne parle pas des condamnations à mort ; l'esprit de système agit si efficacement sur leur nombre qu'on ne peut rien leur demander de décisif. Il y a, chez un certain nombre de jurés, parti pris contre la peine de mort ; d'autres craignent une erreur judiciaire et ne veulent pas y ajouter l'irréparable. De là le recours aux circonstances atténuantes que les jurés semblent de plus en plus rechercher, et qui, dans quelques cas, ont produit un effet de stupeur sur l'opinion. Il y a, on doit le reconnaître, dans le sentiment qui porte à l'admission des circonstances atténuantes, un symptôme sérieux de plus grande douceur dans les mœurs, et, par conséquent, de progrès moral ; mais le progrès s'arrête devant l'excès, et il y a excès quand la pénalité erre au gré de quelques individualités, et qu'elle devient ainsi fantasque et arbitraire. L'arbitraire dans la pénalité est une plaie sociale.

Quant aux commutations de la peine de mort, on n'y peut chercher d'autre indice que celui des dispositions personnelles du souverain ou du magistrat suprême, investi du droit de grâce. Ce droit, en lui-même, est inattaquable ; mais à condition de ne pas tomber dans l'excès et le parti pris. Il faut que ses motifs soient clairs et trouvent écho dans l'opinion. Dans les cas contraires, dans l cas, par exemple, de Moyaux, ce monstrueux assassin de sa jeune enfant, la commutation de la peine de mort qui lui a été accordée est allée directement contre son but ; au lieu d'un soulagement pour l'opinion, elle ne lui a été qu'un cauchemar.

La colonne des condamnations ne donne lieu à aucune observation de ce genre ; les renseignements qu'elle fournit ne prêtent à aucune illusion ; c'est donc bien elle qu'il faut consulter.

Mais les chiffres eux-mêmes ne donnent qu'une vérité relative. Le chiffre des condamnations est sans doute intéressant à connaître, mais, il n'a toute sa valeur que s'il est rapporté à la population. Ainsi, nous savons que la première période, 1826 à 1830, donne un chiffre moyen annuel de condamnations de 4.348, et la dernière, celle de 1871 à 1874, un chiffre moyen de 3.955 ; la différence en moins est de 393 ; c'est 9 p. 100 sur le premier chiffre et 10 p. 100 sur le second et ce n'est pas là un résultat indifférent ; mais ce résultat est trop faible. En effet, dans la première période, la population moyenne a été de 32 millions d'habitants, et de 36,5 dans la seconde ; donc, dans la première, il y a eu 135 condamnations par million d'habitants, et 108 dans la seconde. La différence est de 28 ; c'est 20 p. 100 sur le premier chiffre, et 25 sur le second ; le résultat est considérable, mais les criminalistes le contestent en partie en faisant remarquer que, vers 1850, on a abaissé certains crimes d'un degré en les faisant passer des cours d'assises à la police correctionnelle : c'est ce que l'on appelle la correctionnalisation.

Les délits correctionnels ont-ils, soit par les tendances de la population, soit par la mesure judiciaire dont nous venons de parler, suivi une marche contraire. Voici les chiffres :

Années.	Nombre des délits.	Nombre des délits par million d'habitants.
1874.	168 815	4 610
1875.	167 214	4 430
1876.	169 313	4 506
1877.	165 698	4 481
1878.	163 620	4 408
1879.	167 147	4 596

La moyenne de ces six chiffres est de 4.520, très voisines, par conséquent, du dernier. Il paraît donc bien établi que la situation correctionnelle reste stationnaire.

On trouvera à la série des diagrammes (n° 1), les résultats de la criminalité exprimés d'une manière saisissante, et qui fait clairement apparaître la diminution de la criminalité, depuis un demi-siècle. J'emprunte ce tableau au rapport général du garde des sceaux sur la justice criminelle, 1882. Le tableau serait plus vrai encore, si les diverses lignes y étaient corrigées suivant la population. Chacun pourra faire cette correction.

Un écrivain de talent, voulant, dans un intérêt de polémique politique, prouver que la moralité de notre temps est inférieure à celle du passé, a produit des chiffres desquels il résulterait que les crimes contre les personnes, et notamment les viols, avaient été plus nombreux en 1878 qu'en 1826. Le fait est vrai pour ce dernier, mais la conclusion n'est pas exacte.

J'ai sous les yeux les rapports officiels de ces deux années sur l'administration de la justice criminelle. L'ensemble des chiffres des préventions donne les résultats suivants :

	1826	1878
Crimes contre les personnes. . .	1 432	1 614
— — propriétés. . .	3 869	1 754
	5 301	3 368

Rapportés aux populations des deux époques, ces chiffres donnent par million d'habitants les résultats suivants :

	1826	1878
Crimes contre les personnes. . . .	45	43 5
— — propriétés. . . .	121	47 2
	166	90 7

Mais il ne suffit pas de ce rapprochement général du chiffre des préventions ; c'est surtout le chiffre des condamnations qu'il faut comparer.

Lés deux mêmes documents fournissent les résultats suivants qui sont vraiment dignes d'attention :

	1826	1878
Condamnations à mort	150	28
— aux travaux forcés à perpétuité.	281	145
— aux travaux forcés à temps . .	1 139	799
— à la réclusion	1 228	710
Totaux.	2 798	1 682

Ces chiffres rectifiés par la population, présentent les résultats suivants, toujours par million d'habitants :

1826. 8,8
1878. 4,6

Il ne subsiste donc aucun doute sur un adoucissement général des mœurs publiques. Le nombre des crimes contre les personnes est resté à peu près stationnaire, et celui des crimes contre les propriétés a notablement diminué.

Mais il reste vrai que le caractère des crimes contre les personnes a changé, et que, tandis que les meurtres, assassinats, empoisonnements sont moins nombreux, les avortements le sont plus, et les attentats à la pudeur, beaucoup plus. Or, ces derniers, quoique placés par la législation pénale à quelques degrés au-dessous du meurtre et de l'assassinat, sont, aux yeux de la morale, les plus odieux de tous, car ils comportent à la fois la violence, la lâcheté, la cruauté. Les attentats sur les enfants prouvent une dépravation absolue et c'est avec stupeur que l'on voit des jurys accorder à ces actes hideux le bénéfice des circonstances atténuantes. L'avenir d'un être innocent est irrémédiablement troublé, souvent perdu. En présence d'un tel forfait, les plus grandes sévérités ne seraient que justice, et peut-être mettraient-elles un terme à ces hontes de la civilisation.

La littérature réaliste, symptôme et cause tout à la fois de cette maladie des esprits, et dont le récent assassinat commis par Lemaître (mars 1881) a mis à nu les poisons cachés et violents, devrait être aussi beaucoup plus énergiquement poursuivie et frappée par la justice. Il ne suffit pas de condamner l'obscénité ignoble et de bas étage. L'obscénité, l'excitation à la débauche, au meurtre se rencontrent aussi, et avec plus de dangers, dans des pages étincelantes d'esprit, de verve, de style. Nos faiblesses morales nous cachent ce péril, et l'abîme se creuse. Il est temps encore de s'arrêter, mais il n'est que temps.

Dans cette œuvre de salut, la presse a de grands devoirs à remplir, vis-à-vis d'elle-même, et vis-à-vis du public.

APPENDICE C

LA CHINE CONTEMPORAINE

Nous avons vu, dans le chapitre v, comment nos livres saints comprennent et encouragent le travail. Où en sont à cet égard, les nations non chrétiennes? Nous avons assez de documents pour faire cette étude sur la nation la plus considérable de l'extrême Orient, sur la Chine, dont la population, évaluée à plus de trois cents millions d'habitants, dépasse ainsi celle de toutes les nations européennes.

La Chine a un livre sacré, le *Chou-King* [1]. Ce livre a été écrit par un savant, qui a été premier ministre, et qui vivait cinq cents ans après David, cinq cent cinquante ans avant Jésus-Christ. Il s'appelait Kong-fou-tseu, dont nous avons fait Confucius.

Le *Chou-King* est la réunion des traditions religieuses et morales de la Chine, et Confucius y fait parler, soit les divers souverains qui ont laissé des règles pour les peuples, soit les sages qui les ont conseillés. Dans toutes ces traditions, le souverain a le double caractère de pape et d'empereur. En voici un exemple :

> *« Peuples, ne suivez pas une voie écartée et inégale ;*
> *Imitez la doctrine et l'équité de votre roi.*
> *Dans tout ce que vous aimez,*
> *Conformez-vous à la conduite de votre roi.*

1. Dans le mot *Chou-King*, *Chou* signifie le livre, et *King*, doctrine certaine et immuable. Le *Chou-King* est donc le livre sacré de la Chine.

Dans ce que vous haïssez,
Conformez-vous à la conduite de votre roi.
Ne vous en écartez en aucune manière ;
Sa loi est juste et équitable,
Ne vous en écartez en aucune manière ;
La route que le Roi tient est égale et unie ;
Ne vous opposez pas à sa loi ; ne la violez pas.
La route du Roi est droite et vraie,
Conformez-vous à son exemple ;
Retournez à son pivot fixe.

« Ces préceptes sur le pivot, ou l'exemple du souverain, sont la règle immuable, et renferment de grandes instructions ; ils sont la doctrine même du Seigneur.

« Si tous les peuples prennent ces paroles pour la vraie doctrine qu'ils doivent connaître, et pour la règle de conduite qu'ils doivent suivre, afin de se rapprocher de la lumière du Fils du Ciel, ils diront : Le Ciel a, pour le peuple, l'amour d'un père et d'une mère, il est le maître du monde » (p. 124 à 126).

On voit que tout ici est ramené à l'empereur qui, pour la religion et la morale, est la seule loi vivante, comme pour la politique, le gouvernement et l'administration. On comprendra mieux maintenant les passages singuliers du *Chou-King* sur le travail ; ils se trouvent dans la partie du livre qui est relative à l'usage du vin :

« ... Les mandarins de tous les ordres, les *ouvriers* et les *artisans*, les grands et le peuple, *ceux qui demeuraient dans les villages*, faisaient tous leur devoir. Ils ne se livraient pas au vin, ne songeaient qu'à *servir leur prince*, à *publier ses vertus*, et à seconder les travaux de ceux qui occupaient les premières places, et, par là, ils ne *travaillaient* que pour *les intérêts* du souverain » (p. 170).

« Si parmi les habitants du pays de Mei (dit Vou-Vang), vous voyez des laboureurs qui se donnent beaucoup de fatigue, s'empressent de venir servir leur roi, leur père, leur mère ou leur aïeul, de même que si vous en voyez qui se soient beaucoup fatigués à attacher les bœufs à la charrue, ou à faire le commerce dans les pays éloignés, et qui, à leur retour, servent leur père et leur mère, les nourrissent et leur procurent de la joie ; lorsqu'ils feront, dans l'intérieur de la famille, des repas où rien ne manque, mais où tout se passe avec décence, dans ces sortes de cas, on peut permettre l'usage du vin » (p. 167)[1].

Ainsi l'asservissement est complet. A part l'idée morale du devoir vis-à-vis du père et de la mère, il n'y a rien, dans ces commandements, qu'autocratie et règlement somptuaires. Comment s'étonner de l'immobilité profonde où se pétrifie cette multitude asiatique ? Quel est l'ouvrier européen qui voudrait aller s'enchaîner sous de telles lois ? Ces lois d'ailleurs n'excluent pas le salaire, ni le capital, ni la concurrence, ni les oscillations du travail. Tout ce que l'ouvrier européen craint chez lui, existe en Chine, avec la liberté de moins, et pourquoi ? Parce que la charité n'y est pas, et qu'on a mis à sa place, comme seul moyen de contenir les masses, un code barbare, où la peine de mort se lit à chaque page, et s'applique à la moindre faute. La Chine se résume en deux mots : l'empereur et le bourreau.

Ceci demande quelques développements.

Je lis dans le très intéressant voyage de L. Russel Killough, *Seize mille lieues à travers l'Asie et l'Océanie*, le passage suivant sur Pékin (t. Ier, p. 145 et 146) :

« On voit, à Pékin, des spectacles hideux ; des mendiants tout nus qui n'ont plus qu'un jour à vivre, des cadavres même dans les rues, malgré les institutions charitables ; j'y ai vu, de mes propres yeux, les têtes encore fumantes d'un ministre et de ses trois complices décapités pour *un rien*, et cela, dans un carrefour, exposées dans des cages, pour l'édification de la foule... »

J'extrais de la *Chine contemporaine* de M. Lavallée

<hr>

1. Saint Paul aussi donne une prescription pour le vin. Le voici : « Ne continuez plus de ne boire que de l'eau, mais essayez d'un peu de vin, à cause de votre estomac et de vos fréquentes maladies. » (1re *Épître à Timothée*, chap. v, v. 23).

(p. 265 et 266), le passage suivant, que l'auteur emprunte lui-même au journal d'un correspondant du *Times*, M. Cooke :

« En parcourant la ville — de Canton — à l'aide de la boussole (car autrement, on se perdrait dans ce labyrinthe de rues tortueuses), M. Cooke arrive à une petite place qui fut signalée à son attention : c'était la place des exécutions capitales. Là, en deux ans, soixante et dix mille têtes avaient roulé sous le sabre des bourreaux chinois. C'était l'insurrection qui avait fourni à l'impitoyable justice du vice-roi ce nombre effrayant de victimes [1].

« En temps ordinaire, le nombre des exécutions à Canton est de quinze cents par an [2].

« Les Chinois ont une législation pénale des plus rigoureuses ; la vie a peu de prix à leurs yeux, et les châtiments les plus atroces infligés aux criminels n'éveillent en eux aucun sentiment de pitié. Parmi les collections de peintures sur papier riz que l'on vend à Canton, se trouve une série d'aquarelles représentant les divers supplices. Les scènes peintes dans cet album sont atroces. Elles sont malheureusement exactes. »

A quoi faut-il attribuer une telle situation et de pareilles mœurs ? A une seule cause : à l'absence de religion. L'indifférence absolue du Chinois en matière de religion, la dégradation profonde de ses clergés sont attestées par tous les voyageurs en Chine, missionnaires ou laïques. Je trouve ce passage dans le livre de M. Lavallée :

« Les habitants du Céleste-Empire n'ont pas d'autre foi que le culte des ancêtres dont il a été si souvent parlé. Ils honorent par surcroît, si cela leur plaît, Bouddha, Confucius, Lao-Tse ou Mahomet; ils observent, plus ou moins exactement, les pratiques superstitieuses que prescrit l'un ou l'autre de ces différents cultes; mais on ne remarque

---

1. L'insurrection des Tad-pings, sur laquelle la lumière n'est pas faite, mais qui n'est nullement catholique, comme l'ont dit quelques observateurs superficiels.

2. Siegfried, *Seize mois autour du monde*, p. 183.

pas, dans les cérémonies extérieures, la présence du sentiment religieux... » (p. 91).

« De même, dans les temples, cela fait froid à voir ! En dépit du nombre des adorateurs, la routine grossière, la cupidité des bonzes, vous diront que la pensée est absente, et que la matière seule est en jeu[1]. »

Quel enseignement pour le travailleur européen !

Cette nation, de beaucoup la plus nombreuse sur le globe, a les premiers ouvriers du monde. Nul, à l'étranger, ne l'emporte sur le Chinois en adresse et en ardeur au travail. Eh bien ! cette innombrable foule de travailleurs habiles se pétrifie, avec tous ses compatriotes, dans l'immobilité intellectuelle et morale. Le Chinois porte la nuit dans son âme, et n'est tenu dans le respect de l'autorité que par le glaive toujours prêt du bourreau[2].

1. M. Roger de Beauvoir, *Voyage autour du monde*, édition complète de Plon, 1871, p. 436.

M. Roger de Beauvoir donne, sur l'application de la peine de mort en Chine et sur ce que deviennent les têtes coupées, des détails affreux, et que je demande la permission de ne pas reproduire, sans blâmer d'ailleurs l'auteur de les avoir mentionnés. Le voyageur doit la vérité.

Voir aussi sur l'infanticide, les supplices, la misère, les pages 421, 427, 428, 430, 434, 446. C'est le comble de l'horreur.

2. S'il faut juger un système philosophique par ses résultats, celui du bouddhisme doit être condamné sévèrement ; mais le pire de ses effets est d'avoir tué l'esprit religieux proprement dit. Son cathéchisme nihiliste a détourné ses prosélytes de toute croyance. (G. Bousquet, *La Religion au Japon, Revue des Deux Mondes*, 15 mars 1876).

APPENDICE D

M. DE LAVELEYE
LA PROPRIÉTÉ ET SES FORMES PRIMITIVES

La pensée du livre de M. de Laveleye est celle-ci : la propriété individuelle, familiale, héréditaire est un mal pour l'humanité. Il y a lieu de chercher si la possession du sol ne pourrait pas revêtir d'autres formes qui, répartissant mieux la terre entre les hommes, les rapprocheraient davantage de l'égalité. Cette forme, l'auteur pense que c'est celle de la collectivité.

Cette conception de l'auteur repose, selon moi, sur deux erreurs : l'une historique, l'autre économique.

M. de Laveleye ne tient aucun compte des modifications que la constitution de la propriété romaine a subies sous l'action du christianisme ; pour lui, la propriété actuelle est encore, est toujours la propriété *quiritaire*.

Les détails que j'ai donnés à cet égard au chapitre III, ne laissent aucun doute sur l'erreur historique de M. de Laveleye.

L'erreur économique n'est pas moins manifeste. L'auteur semble n'admettre, et ne parle en effet que de la propriété foncière. Mais la propriété mobilière, qu'en fait-il ?

J'ai déjà montré que la plupart des conceptions de ce genre péchaient par ce côté essentiel, et qu'elles n'étaient pas seulement illogiques et entachées de violence, mais encore absolument impuissantes. Elles recourraient, sans effet notable, à la terreur et à la guillotine pour soumettre la propriété mobilière.

Je pourrais m'arrêter ici ; mais un livre de M. de Laveleye

mérito une plus longue discussion. Nous allons trouver d'ailleurs, dans le développement de sa pensée, les plus forts arguments de fait qui puissent lui être opposés.

L'auteur fait connaître les diverses formes qu'a revêtues la propriété dans l'antiquité; il montre des traces encore subsistantes de la propriété collective ou communale, dans la Grande-Russie[1], à Java, dans l'Inde, en Suisse, en Algérie, etc. A l'appui, l'auteur cite le *mir* russe[2], les villages (*dessa*) à Java, les *Allemenden* de la Suisse, les *Marke* germanique et néerlandaise, la propriété *melk*[3] en Algérie, etc.

Je ne veux pas élever ici de contestation historique.

J'admettrai que la collectivité a été l'état primitif de la possession de la terre, et cela se comprend; le premier régime agricole est le régime pastoral, et pour ce régime la collectivité peut avoir quelque avantage. C'est lorsque interviennent la charrue et l'emploi du fumier que la possession individuelle acquiert la supériorité.

Les prémisses de l'auteur admises, on doit faire remarquer qu'à l'appui de sa thèse, il pouvait invoquer l'exemple du peuple juif, dont les traditions ne sont jamais indifférentes.

A la prise de possession de Chanaan, Moïse fit le partage du territoire entre les tribus, à la charge par celles-ci de partager, à leur tour, les terres entre leurs familles. Cette mesure était indispensable; on le conçoit; mais Moïse ordonna de plus que le partage des terres se ferait à nouveau tous les cinquante ans; c'est ce qu'on appelait le le jubilé[4]. Il est remarquable qu'en même temps Moïse

---

1. C'est la partie centrale de la Russie; elle compte 22 millions d'habitants, Moscou est sa vraie capitale.

2. Le *mir* est la commune russe; le *mir* est propriétaire du sol et l'allotit périodiquement entre ses membres. Le *mir* est responsable de l'impôt vis-à-vis de l'Etat, et ç'a été une des causes principales du maintien de l'institution.

3. La propriété *melk* est communale, et la propriété *arch* est individuelle.

4. *Lévitique*, XXV, 10, 28, 39.

constitua l'esclavage, en donnant aux juifs, et à perpétuité[1], pour esclaves, les étrangers vaincus.

Sous Josué, à la suite de conquêtes importantes faites
par la nation juive, un nouveau partage eut lieu[2]. La
Bible ne mentionne aucun autre partage, et quelques his-
toriens pensent que, vers l'époque des Juges (1100 ans
environ avant Jésus-Christ), la coutume était tombée en
désuétude. Il est certain, en tout cas, qu'il n'y eut plus de
partage à compter du retour de Babylone.

Pourquoi les Juifs, si religieux observateurs de la loi,
ont-ils abandonné celle du partage périodique? C'est que
leur génie calculateur ne leur a pas laissé longtemps ignorer que la propriété temporaire de la terre était exclusive
de la bonne culture et du plus grand produit.

Cela leur était-il particulier? J'ouvre le livre de M. de
Laveleye, et j'y trouve, à propos du *mir* russe, le passage
suivant (p. 31) :

« Ce que le partage périodique empêche en grande
mesure, ce sont les améliorations permanentes et coûteuses
que le possesseur temporaire n'exécutera pas, puisqu'un
autre en recueillera les avantages. C'est sous ce rapport
que la communauté de village est évidemment inférieure
à la propriété individuelle. Seul, le propriétaire héréditaire s'imposera les sacrifices nécessaires pour améliorer définitivement une terre ingrate, et pour y fixer le
capital qu'exige la culture perfectionnée et intensive.
Dans toute l'Europe occidentale, on peut admirer les pro-
diges accomplis par la propriété privée, tandis qu'en
Russie, l'agriculture en est restée aux procédés d'il y a
deux mille ans. »

Mais l'infériorité du produit n'est pas le seul inconvénient de la communauté. Elle en a d'autres, et bien plus
graves, car ils touchent aux mœurs.

Dans le *dessa* de Java, par exemple :

« Chaque famille est gouvernée par un patriarche dont

1. *Lévitique*, XXV, 45.
2. *Josué*, XIII à XXI.

l'autorité est DESPOTIQUE » (p. 67). Dans le *mir* russe, même despotisme du chef, et avec quels abus !

« La différence d'âge qui existe fréquemment entre les membres de la famille arrête aussi l'accroissement de la population ; cette disproportion est le résultat du régime patriarcal de la famille. La main-d'œuvre est rare en Russie, et relativement très chère. Chaque famille a ainsi intérêt à trouver, parmi ses membres, le nombre des bras nécessaire pour faire valoir la part de terre qui lui revient. Le chef de la famille s'empresse donc de marier ses fils le plus tôt possible, afin que la jeune femme remplisse l'office d'une servante à qui il faudrait donner de forts gages. On marie ainsi de jeunes garçons de huit à dix ans à des filles de vingt-cinq et trente ans.

« Il résulte, de ces mariages mal assortis, deux conséquences très fâcheuses. D'abord la femme touche au déclin, quand le mari parvient à la force de l'âge. En second lieu, le chef de la famille néglige sa compagne surannée, et abuse de l'influence qu'il exerce sur la femme de son fils, trop jeune pour jouir de ses droits et les faire respecter. Il s'établit ainsi une promiscuité incestueuse... » (p. 35).

Nous étonnerons-nous qu'il en soit ainsi ? Du moment qu'il y a collectivité, il faut une direction, et, dans le régime patriarcal, elle appartient, sans conteste et sans contrôle, au chef de la famille ; mais un pouvoir non contestable et non contrôlé risque fort de devenir despotique, et du despotisme à l'immoralité il n'y a malheureusement pas loin.

M. de Laveleye, on le voit, fournit des arguments très forts et très variés contre la pensée qui a inspiré son livre ; mais ils prouvent, du moins, sa conviction et sa bonne foi. Les inconvénients économiques et moraux de la propriété collective ne lui échappent pas ; elle empoisonne, dans ses sources, l'esprit de famille ; appliquée aux nations civilisées, elle y produirait immédiatement la famine et toutes les horreurs qu'elle traîne à sa suite ; cela paraît être préférable, dans l'esprit de l'auteur, aux lois qui régissent

actuellement la propriété individuelle, familiale et héréditaire.

La thèse présentée par M. Laveleye n'est soutenable, ni
historiquement, ni économiquement, ni socialement. Le
livre d'ailleurs ne conclut pas. Il semble que l'auteur a simplement voulu appeler l'attention des penseurs sur la collectivité, pour leur en faire plus mûrement peser les avantages et les inconvénients.

J'ai entendu reprocher à M. de Laveleye la sympathie
qu'il témoigne, dans son livre, à M. Huet, auteur du *Christianisme social;* M. Huet s'intitule résolument dans ce
livre : *catholique socialiste,* et, très résolument aussi,
demande l'abolition de la propriété — immobilière — par
des mesures révolutionnaires dont il indique le détail. Je
n'ai pas cru, au chapitre : *De la propriété,* devoir mentionner et combattre les théories sociales et mystiques de
M. Huet; non pas que je conteste ses convictions, mais je
me permets de douter de son esprit de justice et de son
sentiment du droit et de la liberté.

Je ne veux demander qu'à M. de Laveleye lui-même la
preuve qu'il ne pactise pas avec les rêveries socialistes.

La *Revue des Deux Mondes* (1er septembre 1876) contient un article de M. de Laveleye sur le *Socialisme en
Allemagne.* Les grands théoriciens fondateurs du socialisme allemand, Weitling, Winkelblech, sous le pseudonyme de Marlo, Karl Marx y sont passés en revue avec une
vigueur sévère et une parfaite solidité de principes; Karl
Marx surtout, et son livre : *le Capital,* sont analysés à
fond; l'auteur est jugé pour ce qu'il est, un démagogue
nuageux et subtil, dont la seule arme est l'outrance en
tout et sur tout. Mais je n'ai pas ici pour but d'analyser le
sectaire allemand, et, si j'en ai parlé, c'est pour arriver à
la conclusion de l'article de M. de Laveleye. La voici :

« Combien le christianisme, même considéré seulement
au point de vue d'une réforme sociale, est supérieur à
tous ces systèmes, où manque tantôt l'appréciation juste
de la réalité, tantôt la véritable charité. Dans l'Évangile
règne partout une tendresse infinie pour les déshérités, en

même temps qu'un sentiment sublime de justice sociale. La vérité capitale qui ressort de tous les enseignements du Christ, c'est que nulle amélioration n'est possible, si l'on n'a pas d'abord rendu l'homme lui-même meilleur. La rénovation morale, voilà la source de tout progrès véritable. Ce n'est ni par la critique des doctrines économiques, quelque subtile qu'elle soit, ni par une forme nouvelle d'association, fût-ce le phalanstère ou la société coopérative, que l'on guérira les maux de la société actuelle ; c'est en répandant dans toutes les classes de la société plus de lumières et plus de moralité. C'est uniquement par des influences morales que le christianisme a brisé les chaînes de l'esclavage. Ainsi pourra cesser la misère. Il y aura sans doute toujours des pauvres parmi nous, parce qu'il y aura toujours des paresseux incorrigibles et que, comme dit saint Paul, celui qui ne travaille pas ne doit pas manger ; mais que les classes supérieures apprennent à mieux remplir leurs obligations ; que les ouvriers, plus moraux, plus instruits, moins esclaves des sens, arrivent à la propriété par le travail et l'épargne ; que la science continue à accroître la production de l'agriculture et de l'industrie, et le paupérisme, le dénuement disparaîtront, en tant qu'ils atteignent toute une catégorie de familles et qu'ils constituent une des plaies de notre ordre social. »

Je n'aurai garde de noter, dans ce passage, les nuances sur lesquelles j'aurais à faire des réserves ; ceux qui m'auront lu les reconnaîtront facilement ; je suis trop heureux de constater ce qui est essentiel. L'appel de M. de Laveleye à l'esprit chrétien, comme ressource suprême, c'est le fond même de mon *Étude*. Qu'importent donc les nuances ! Charité réciproque, justice égale pour tous, respect de tous les droits, ainsi le veut l'esprit chrétien, et celui qui le croit, et qui le dit, n'est pas un socialiste.

APPENDICE E

DE LA DÉMOCRATIE

Nos divisions intérieures sont si profondes, la politique a tellement troublé nos esprits que les mots principaux de la langue politique ont autant d'acceptions qu'il existe de partis ; l'écrivain qui les emploie doit dire comment il les entend, s'il veut que sa pensée ne soit pas mal interprétée.

Selon les uns, la démocratie est l'équivalent du radicalisme, de la démagogie ; toute opinion démocratique est nécessairement entachée de jacobinisme.

Selon d'autres, démocratie est synonyme de république et de suffrage universel : tout ce qui n'est pas l'un et l'autre n'est ni sensé, ni honnête, ni viable.

Dans ces deux opinions extrêmes, il ne s'agit ni des faits ni de l'histoire, ni de l'expérience. Ce sont des systèmes construits tout d'une pièce, des partis pris sur lesquels il n'y a pas à raisonner.

J'ouvre le Dictionnaire de Littré[1], et j'y trouve la rai-

---

1. Je ne partage ni les opinions religieuses ni les opinions philosophiques de M. Littré, non que je trouve qu'un athée ou un mutualiste ne puisse être un honnête homme ; M. Littré, d'autres encore, ont prouvé le contraire. Mais ces opinions sont éminemment anti-sociales, et c'est à ce titre qu'elles me semblent détestables.

Cela dit, il est impossible de ne pas rendre justice à la grande œuvre de ce travailleur infatigable, qui a voulu et su mettre dans son ouvrage, la qualité, la vertu sans laquelle un dictionnaire n'est qu'une compilation sans valeur. Cette vertu, c'est l'impartialité, et elle règne souverainement dans ce beau livre. Toutes les définitions y sont de la plus pure orthodoxie grammaticale ; ses exemples, et ils sont d'une abondance surprenante, sont empruntés de préférence à nos grands classiques. Bossuet surtout est fréquemment cité.

son de ces divergences ; le mot : Démocratie a réellement plusieurs sens ; mais la diversité de ces acceptions ne justifie pas l'abus que l'on en fait, ni l'usage exclusif et agressif que se permettent les partis. Voici les définitions du Dictionnaire :

« Gouvernement où le peuple exerce la souveraineté.

« Société libre et surtout égalitaire où l'élément populaire a l'influence prépondérante.

« État de société qui exclut toute aristocratie constituée, mais non la monarchie. C'est en ce sens que l'on dit que la France est une démocratie.

« Régime politique dans lequel on favorise ou prétend favoriser les intérêts des masses. »

On sait que Montesquieu a donné la vertu pour ressort au gouvernement populaire ou démocratique. Le Jacobinisme, qui se sentirait probablement trop gêné par cette définition, si elle avait le sens qu'ils lui attribuent, ont affecté d'y voir une naïveté sénile. Ils ont ainsi tout simplement prouvé qu'ils n'avaient pas lu Montesquieu.

Montesquieu a donné en effet au livre III, chapitre III, de l'*Esprit des lois*, cette maxime, et il l'a donnée dans cette partie du livre, suivant sa méthode invariable pour tout ce qui, chez lui, est dogmatique, sans commentaires ; mais il explique sa pensée au livre V, chapitres II et III, où on lit, chapitre II :

« La vertu, dans une République, est une chose bien simple, c'est l'amour de la République... »

Et au chapitre III :

« L'amour de la République, dans une démocratie, est celui de la démocratie ; l'amour de la démocratie, est celui de l'égalité. »

Veut-on connaître enfin la pensée de Montesquieu sur le gouvernement démocratique? Qu'on lise ce passage l'un des plus profonds, à mon sens, de l'*Esprit des Lois* qui en contient beaucoup de ce genre !

« La démocratie et l'aristocratie ne sont pas des états libres par leur nature ; la liberté politique ne se trouve que dans les gouvernements modérés. » (Liv. XI, chap. IV).

Le plus simple bon sens autorise à dire que le mot : démocratie, n'implique pas un système particulier d'institutions et de gouvernements ; certaines nations ont le tempérament démocratique, les mœurs démocratiques, le génie démocratique, sans être nécessairement monarchiques ou républicaines.

La France était démocratique quand Charles VII ne lui donnait que des ministres plébéiens[1] ; elle était démocratique sous le grand Roi, par ses parlements et sa littérature si grande et toute bourgeoise[2] ; elle l'était sous Louis XV par les encyclopédistes, les physiocrates et l'opinion publique ; elle l'était par les cahiers de 89, qui résumaient ceux de ses États généraux ; elle l'était, sous le premier empire comme sous le second ; sous le gouvernement de la Restauration, comme sous celui de Louis-Philippe ; elle l'est absolument par le Code civil.

La Belgique est assurément bien démocratique ; elle a cependant la monarchie et n'a pas le suffrage universel.

Les États-Unis ont été constitutionnellement en république, depuis la déclaration de l'indépendance et, pendant plus d'un demi-siècle, les États fondateurs n'ont eu que le suffrage restreint. Ils n'avaient encore que celui-là en 1831, cinquante-cinq ans après la fondation de la République ; c'est à cette époque que les États-Unis étaient visités par de Tocqueville, dont la belle œuvre ne doit pas être séparée de cette circonstance capitale[3].

La démocratie doit se définir : l'égalité de tous devant la loi, l'absence de classes et de privilèges ; l'admissibilité de tous aux emplois publics par le mérite ; la liberté de

1. Jacques Cœur, les frères Bureau, Juvénal, Cousinot, Barateau, Chevalier, Leboursier, étaient de la bourgeoisie, et Charles VII a reçu des contemporains le surnom de Bien-Servi.

2. Excepté le duc de La Rochefoucault, Fénelon et Mme de Sévigné ; mais Descartes, Pascal, Bossuet, Corneille, Racine, Massillon, La Bruyère, Boileau, Molière, La Fontaine, Fléchier, dans les lettres ; Gassendi, Fermat, les Cassini, dans les sciences ; Domat, dans le droit ; Puget, Coysevoix, Mansard, Lebrun, Perrault, Lesueur, Audran, dans les arts, étaient des roturiers.

3. *La Démocratie en Amérique*, t. I, note II.

conscience, de pensée, de travail, d'enseignement ; la participation, enfin de plus en plus grande, de la nation à la gestion de ses affaires à mesure que les lumières s'y répandent.

Toutes ces conditions peuvent se rencontrer sous un gouvernement monarchique modéré, aussi bien que sous un gouvernement républicain ; on peut toutes les renfermer dans la formule latine : *sub lege, libertas.*

Et il faut ajouter, avec Montesquieu, que les républiques ou les monarchies peuvent ne pas être modérées, et, par conséquent, ne pas donner la vraie liberté.

Il ne suffit donc pas aux novateurs, aux destructeurs de monarchies, de monter au Capitole pour avoir conquis la République ; il faut qu'ils prouvent encore que leur République respecte et assure la liberté. C'est une preuve que, de nos jours, on ne paraît ni soucieux, ni pressé de donner.

APPENDICE F

L'INTÉRÊT DE L'ARGENT

Je suis heureux de montrer que les opinions que j'ai exprimées au chapitre VIII, sur l'intérêt de l'argent, ont toujours été les miennes. En 1858, j'étais appelé à présider la première assemblée générale d'une banque que mes amis et moi venions de fonder à Montluçon ; le bénéfice s'élevait à 8 p. 100, et j'avais été prévenu que quelques scrupules s'élevaient à cet égard, et qu'on se demandait si un établissement financier pouvait moralement percevoir un bénéfice de plus de 6 p. 100, le surplus paraissant usuraire. Je m'en expliquai comme il suit :

« J'arrive aux scrupules qui se sont manifestés sur le taux des bénéfices de cette banque. Ces scrupules, messieurs, partent des sentiments les plus élevés, et, nous le disons en toute franchise, c'est un honneur pour la ville de Montluçon qu'ils s'y produisent librement. C'est librement aussi que nous les combattrons, et respectueusement.

« Non, messieurs, il n'y a rien qui ressemble à l'usure dans un bénéfice de 8 p. 100 réalisé par la banque.

« Quelle différence profonde, en effet, sépare l'usure du prêt d'argent, à conditions librement et honnêtement débattues ! Sur quoi spécule l'usure ? Sur l'ignorance, sur l'erreur, mais surtout, et c'est là son crime, sur la passion. L'usure agit dans l'ombre et le silence, sans règles précises, ni connues. Par cela seul qu'elle se cache, elle ne peut être abordée qu'avec honte, et c'est là sa puissance ; on ne discute pas librement quand on discute en rougissant.

« Quelle comparaison, même lointaine, peut-on établir entre ces basses et criminelles manœuvres et les opérations d'un établissement de crédit qui a des règles fixes, connues et contrôlées, et qui, de plus, a des concurrences connues aussi, contrôlées aussi ? Se cache-t-on pour entrer ici ? Ce qui s'y fait, est-ce un mystère, est-ce un monopole ? N'assimilons pas des choses qui diffèrent entre elles comme le jour diffère de la nuit.

« Les enseignements de l'année dernière ne sont-ils pas faits d'ailleurs pour achever d'ouvrir les yeux à ceux qui auraient pu conserver quelques doutes sur ce que c'est que le commerce de l'argent, le commerce honnête, bien entendu, le commerce tel qu'il se fait, dans des établissements bien constitués, honnêtement dirigés, sérieusement contrôlés.

« Nous vous rappelions tout à l'heure les énormes variations du taux de l'intérêt qui ont eu lieu, l'année dernière et cette année, non seulement dans la Banque d'Angleterre, mais dans la Banque de France, cet établissement public et privilégié de crédit d'un pays dans lequel la loi fixe une limite à l'intérêt de l'argent. La Banque cependant a récemment franchi ces barrières ; elle a élevé l'escompte à 10 p. 100 et, en le faisant, elle a rendu un service sur lequel personne ne s'est trompé [1].

« Pour peu qu'on y réfléchisse, il est impossible de se soustraire à la conclusion irrésistible d'un pareil fait ; l'argent, cet indispensable instrument de la production, varie dans sa valeur comme toutes les choses vendables et circulantes ; c'est ainsi qu'on peut dire, avec pleine raison, que l'argent est une marchandise. L'achat, la vente, le prêt de l'argent, sont un commerce comme tous les autres commerces. Comme à ceux-ci, vous avez le droit de lui demander une chose, c'est qu'il soit fait honnêtement ; mais reconnaissez en même temps que s'il est fait honnê-

---

1. Le taux de l'escompte de la Banque de France, en 1857, a passé par les phases suivantes : 5 1/2, 6 1/2, 7 1/2, 8, 9, 10, 9, 8, 7, 8, 7, 6, 5 pour 100.

tement, les bénéfices qu'il donne sont aussi respectables que ceux de tout autre commerce, de toute autre industrie.

« Cela ne veut pas dire que le commerce de l'argent doive être affranchi de toute réglementation propre à faire face à l'usure, sans restreindre les opérations libres et honnêtes. C'est, suivant les temps, une chose d'appréciation, délicate sans doute, indispensable pour longtemps encore, de la part du gouvernement. »

APPENDICE G

SOCIÉTÉ ALIMENTAIRE DE GRENOBLE

La *Société alimentaire* de Grenoble a été fondée par M. Taulier, maire de cette ville, puis doyen de la Faculté de droit.

M. Taulier a donné[1] des détails circonstanciés et pleins d'intérêt sur sa création ; mais on pourrait craindre de l'optimisme dans son récit. J'ai donc préféré m'adresser à un témoin notoirement désintéressé ; je l'ai trouvé dans M. Audiganne, dont je n'ai pas besoin de rappeler la grande compétence en économie sociale. Je lui emprunte le récit qu'on va lire[2] :

« Le rôle de la *Société alimentaire*, dont la création date de l'année 1851, est facile à définir : il consiste à donner aux associés le droit d'acheter des aliments préparés dans une cuisine commune, soit pour les emporter à domicile, soit pour les consommer dans les réfectoires attenant à l'établissement même. On ne paye pas ces aliments avec de l'argent, au moment où on les reçoit, mais avec des jetons acquis d'avance. Les sociétaires seuls sont admis à acheter ces jetons, qui se délivrent chaque jour. Le titre de sociétaire s'obtient très facilement ; il suffit de prendre une carte de 25 centimes pour ceux qui emportent les aliments à leur domicile, et 1 franc pour

---

1. L'ouvrage de M. Taulier, *Le Vrai livre du peuple*, fait connaître toutes les sociétés mutuelles et coopératives de Grenoble qui est très riche en sociétés de ce genre.

2. Audiganne, *Les Ouvriers d'à présent*, excellent ouvrage à tous les points de vue.

les autres, et qui est valable pour un an. Les jetons que les sociétaires ont le droit d'acheter, et qui se distinguent les uns des autres par leur forme, correspondent aux objets suivants : soupe, viande, légumes, vin, pain, dessert. Les rations, ou plutôt les jetons qui les représentent, étaient ainsi taxés au moment où nous visitions l'établissement, en 1860 : soupe, 1 litre, 10 centimes; viande 130 grammes ou 200 grammes de poisson, 20 centimes ; légumes, 10 centimes ; pain, 132 grammes environ, 5 centimes. Le quart de litre de vin, de même que le dessert, était à 10 centimes. Un sociétaire ne peut consommer plus d'un demi-litre de vin par repas. On fournit aux convives de l'intérieur, sans augmentation de prix, l'eau, le sel, le poivre, le vinaigre et, bien entendu, les assiettes, les fourchettes, etc.

« J'ai été frappé des conditions à la fois simples et confortables dans lesquelles la société est installée. Elle occupe le rez-de-chaussée d'un hôtel ouvrant sur une large cour, où la lumière et l'air pénètrent avec facilité. Ce sont là des avantages qu'on ne saurait assez apprécier quand on songe que la cité grenobloise, entourée de montagnes qui viennent, d'un côté, jusqu'aux bords de l'Isère, est en outre cernée de près par ses remparts. Deux guichets y sont établis pour la distribution des aliments : l'un communique directement avec les réfectoires ; l'autre, donnant sur la cour d'entrée, est destiné aux sociétaires qui emportent les vivres chez eux. De cette façon, le service se fait avec la plus grande rapidité et sans la moindre confusion, quoiqu'il y ait, à certaines heures, plusieurs centaines de convives réunis en même temps. Une propreté remarquable règne dans toutes les parties de l'établissement. Si l'on comparait, sous ce rapport, la cuisine de la *Société alimentaire* à celle de la plupart des restaurants de Paris, et je parle de ceux mêmes dont les prix sont élevés, l'avantage ne serait certes pas pour les maisons de la capitale. Les mets varient suffisamment chaque jour, et tous les aliments sont d'une très bonne qualité. Ainsi, quant à la manière dont l'établissement est tenu, on ne peut rendre qu'un témoignage des plus favorables.

« Sachons maintenant ce qu'il en coûte par jour à chaque sociétaire. D'après ce que nous avons pu voir, la dépense, pour le plus grand nombre, se réduit à environ 1 franc pour trois repas. A ce prix-là, le menu quotidien se compose généralement comme on va l'indiquer. Le sociétaire prend le matin une soupe grasse ou maigre, à son choix, un dessert et du pain. La soupe est abondante ; le dessert consiste le plus souvent en fromage ou en fruits cuits, en compotes ou marmelades. Ce premier repas revient à 25 centimes. Au dîner, figure un plat de viande, un plat de légumes ou bien un dessert et un quart de litre de vin, pour 45 ou 50 centimes, suivant qu'on prend une ou deux portions de pain. Enfin le souper comprend une soupe, un plat de légumes ou un dessert, ce qui donne avec le pain 25 centimes, comme pour le déjeuner. C'est donc 95 centimes ou 1 franc. On s'accommode fort bien de ce régime, que chacun modifie suivant son goût, et que 10 ou 20 centimes de plus améliorent notablement. N'oublions pas que les aliments sont préparés avec un véritable soin, avec beaucoup plus de soin que dans beaucoup de ménages.

« L'association est administrée par une commission de quinze membres nommés en assemblée générale. La comptabilité a toujours été tenue avec une régularité irréprochable. On fait, chaque soir, le relevé des jetons remis pendant le jour, qui ont été immédiatement versés dans une boîte divisée en six compartiments, répondant aux six genres de consommation. A la fin de chaque mois, le président de la commission administrative, après avoir vérifié les notes, délivre aux fournisseurs des mandats sur la caisse sociale. Durant la première année de son existence, c'est-à-dire en 1851, la Société avait placé 882,874 jetons ; en 1852, le nombre s'en est élevé à 951,483. Depuis lors, il a toujours dépassé le chiffre de 1 million ; en 1855, il était arrivé à 1,310,748. Le nombre des associés, pendant l'année 1857, montait à 590. Il avait été plus élevé à l'origine ; mais cela venait de l'inscription sur les listes de beaucoup d'associés honoraires appartenant aux classes aisées, et qui apportaient à l'œuvre naissante un concours dont elle a bientôt pu se passer, ce qui s'accorde infiniment mieux avec les idées actuelles. Aujourd'hui il n'y a qu'un très petit nombre d'associés honoraires ; leur action consiste seulement à acheter des jetons pour les distribuer à des familles nécessiteuses. Ce n'est plus là qu'un acte fort louable de charité privée.

« La Société se suffit entièrement à elle-même. Elle paye tous ses frais généraux, y compris son loyer. Au début, le conseil municipal avait mis gratuitement un local à sa disposition ; mais cette aide n'est plus nécessaire. Sur la proposition du maire d'alors, M. Frédéric Taulier, à qui on doit réellement la fondation de la *Société alimentaire*, une sorte de garantie avait été, en outre, accordée par la Ville. Si la tentative échouait, après un certain temps, la caisse municipale devait faire face au déficit, sauf à la Société à se dissoudre aussitôt après, ou à ne plus marcher désormais qu'à ses risques et périls. L'hypothèse ne s'est heureusement point réalisée. L'épreuve a pleinement réussi.

« La *Société* ne cherche pas à faire des bénéfices. Pour ne point perdre cependant, elle est obligée de laisser au gain une certaine marge. On forme une réserve de l'excédent des recettes sur les dépenses et on en consacre une partie à des œuvres philanthropiques. Ainsi, pendant le rigoureux hiver de 1853-54, une somme de 1000 francs avait été attribuée aux pauvres de Grenoble. « Voyez, « disait à cette occasion M. Taulier avec une justesse par- « faite, voyez quelle est la puissance de l'association sage- « ment conçue, sagement organisée. Vous n'êtes pas une « réunion de riches ; et cependant, grâce à votre commu- « nauté d'efforts, vous offrez le spectacle d'une pauvreté « relative secourant une pauvreté plus grande. »

« La *Société alimentaire* a été appelée *un vaste ménage*. L'expression est exacte. Dans cet établissement, chacun est chez soi, parce que chacun paye ; chacun aide son voisin, mais en recevant de ce dernier une aide égale.

Tout le monde donne et tout le monde reçoit. Le bien résulte du fait même de l'association.

« Telle qu'elle a été conçue, la *Société alimentaire* est une institution de prévoyance autant qu'une institution de secours réciproques : institution de prévoyance, puisqu'elle offre au consommateur la facilité de faire d'avance une provision de jetons ; — la prévoyance est si bien inhérente à cette facilité, qu'on voit aujourd'hui tel individu, qui se laissait aller jadis à dissiper, en dépenses au moins stériles, son salaire aussitôt qu'il le recevait, faire provision de jetons pour un certain laps de temps ; — institution de secours, car, grâce à l'union des moyens individuels, elle procure un allègement aux charges de chacun. Notons enfin que la société a dû son succès à la sagesse de ses statuts qui déterminent son objet avec une extrême netteté. On voulait faciliter aux hommes de travail leur alimentation quotidienne ; on a créé une *Société alimentaire*. Rien de plus. On a évité de compliquer l'entreprise en y rattachant des opérations qui en paraissaient essentiellement distinctes. De cette façon, se sont trouvées exclues, dès l'abord, des causes de dissidence, des germes de discorde qui auraient pu compromettre le présent et rendre la dissolution probable. Un mot résume notre pensée sur cette tentative avantageusement accomplie : on a su se borner. Ajoutons qu'on avait eu la hardiesse d'entreprendre. »

Je n'hésite pas à dire que c'est là une des meilleures créations et des plus utiles de notre temps. Elle n'est applicable que dans les villes, et surtout dans les villes industrielles, mais là elle peut faire beaucoup de bien. La conception est simple et pratique ; l'administration facile à conduire, à surveiller, à contrôler. Les personnes qui auraient la pensée d'en établir de semblables trouveront, *in extenso*, dans l'ouvrage de M. Taulier, les statuts de la Société et son règlement intérieur[1].

1. P. 262 à 273.

APPENDICE II

LES RÉFECTOIRES ET MAGASINS DE COMESTIBLES ET DE VÊTEMENTS DES COMPAGNIES DE CHEMINS DE FER D'ORLÉANS ET DU MIDI

Les Compagnies de chemins de fer, et en général toutes les grandes Compagnies industrielles ont, sans exception, voulu posséder, dans l'intérêt de leurs employés et ouvriers, les établissements de prévoyance et d'instruction, qui sont un des grands honneurs de notre temps : caisses de retraite, caisses de secours, écoles, apprentissages. Il n'est pas nécessaire de répéter ici ce que j'ai dit, dans le cours de cette Étude, sur ces excellentes institutions, sur la part importante qu'elles ajoutent aux émoluments et aux salaires, et, en un mot, sur le bien qu'elles font, sans aucun mélange de mal, si ce n'est celui de l'ingratitude qu'elles rencontrent quelquefois. Mais quel est le bien qui soit entièrement à l'abri de ce triste mal ?

Quelques Compagnies ont, en outre, des établissements d'un genre particulier et intéressant : des réfectoires, et des magasins de comestibles et de vêtements pour les employés et ouvriers. Ce sont aussi d'excellentes créations : parmi elles, je citerai notamment les réfectoires et magasins des Compagnies et du Midi ; ils m'ont paru exceptionnellement bien organisés, et dans le meilleur esprit.

Une notice de la Compagnie d'Orléans, en date du 20 mars 1880, s'exprime comme suit :

« Le réfectoire établi dans l'intérieur des bâtiments, à Paris, livre aux ouvriers ou employés, commissionnés ou non, les aliments nécessaires aux repas de chaque jour, à des conditions, des qualités et des prix impossibles à rencontrer chez les commerçants voisins des établissements.

« Les repas se prennent sur place ; mais on peut obtenir des aliments et les emporter à domicile.

« Le payement a lieu au moyen de jetons délivrés par le magasin des denrées, et dont la valeur inscrite au livret, comme celle des marchandises, est retenue en fin de mois.

« A tous les repas, on trouve de la soupe, du bouillon gras, du bœuf bouilli et des viandes diverses accommodées avec des légumes, des légumes frais ou secs, des œufs, du fromage, des confitures, en un mot tout ce qui, suivant la saison et le prix, peut être débité sans excéder le prix de 0 fr. 20.

« Le bouillon gras coûte 0 fr. 05 ; la soupe, 0 fr. 10 ; la portion de bœuf, 0 fr. 15 ; la portion de ragoût, 0 fr. 20 ; le prix des portions de charcuterie, poissons à l'huile, poissons frais ou salés, œufs, confitures, fromage, délivrés en quantités variables en raison de l'achat, ne dépasse jamais 0 fr. 15.

« Le prix du vin, également délivré dans l'établissement, dépend aussi de celui d'achat. Jusqu'ici il a varié entre 50 et 70 centimes le litre, y compris les droits d'octroi et d'entrée à Paris, qui sont de 0 fr. 2388 ; quelle que soit la quantité des aliments pris, il n'est jamais délivré plus d'un demi-litre par personne et par repas.

« Seuls, les hommes sont admis à prendre leur repas au réfectoire sur des tables garnies à l'avance de sel, poivre, assiettes, cuillers et fourchettes, verres, carafes à eau, etc.

« Les aliments sont délivrés dans des gamelles à doubles fonds, étamées comme celles du soldat. Le compartiment inférieur reçoit la soupe ; l'autre la viande et les légumes.

« La distribution est ainsi rendue plus prompte ; quatre cents personnes peuvent être fournies en dix-huit à vingt minutes.

« Pour emporter à domicile, les aliments sont délivrés aux consommateurs, dans des vases leur appartenant ; sous aucun prétexte, ceux du réfectoire ne sortent de l'établissement.

« La direction est confiée à des sœurs de la communauté des Filles de la charité, sœurs de Saint-Vincent-de-Paul. Elles délivrent aussi les aliments aux consommateurs ; les achats à la halle, en légumes frais, poissons, fruits, fromages, sont faits par leurs soins. Enfin les magasins des denrées leur fournit une grande partie des autres marchandises nécessaires à la cuisine.

« Le vin est acheté directement chez le producteur et provient généralement des provinces du Midi.

« La nourriture de l'ouvrier se compose généralement de soupe grasse et de bœuf bouilli ; aussi le plus grand soin est-il apporté dans la préparation des aliments ; la soupe se compose ainsi : 300 litres d'eau, 100 kilogrammes de viande et os, 20 kilogrammes de légumes.

« Que le repas soit pris sur place ou à domicile, il peut être du prix suivant par personne :

	Francs.
Pain, la portion	0,05 à 0,10
Vin (1/4 de litre).	0,15
Soupe (pain 25 gr., bouillon gras 500 gr.) .	0,10
Viande cuite, bœuf sans légumes	0,15
Légumes	0,05
Depuis le 1er mars 1880, la ration de vin a dû être augmentée de	0,02
TOTAL PAR REPAS	0,57

La même notice fournit les renseignements suivants sur les fournitures de denrées ou vêtements aux employés et ouvriers de la Compagnie, en 1879 :

	Francs.
Denrées	2 145 297,61
Vêtements.	1 048 085,20
TOTAL.	3 404 382,00

« On estime de 18 à 30 pour 100, soit de 600,000 francs à 1 million, l'économie annuelle procurée ainsi au personnel. »

La notice de la Compagnie du Midi, en date du 30 mars 1880, ressemble sur les points essentiels à celle qui précède ; j'en extrais cependant quelques chiffres intéressants :

« Du 18 avril 1865 jusqu'au 31 décembre 1878, il a été servi . . . . 1 500 346 repas, pour une somme de. . . . . 1 004 721 francs.

« Cette consommation se répartit comme suit : 871 532 repas d'ouvriers pris sur place ; 617 254 repas d'employés pris sur place ; 11 650 repas à domicile, c'est une moyenne de 300 repas par jour et de 200 francs de recettes.

« La dépense des repas varie suivant les consommateurs. Voici les menus les plus généralement demandés :

Employés.	Francs.	Ouvriers.	Francs.
Pain	0,05	Pain	0,10
Vin	0,15	Vin	0,15
Légumes	0,10	Potage	0,10
Ragoût ou bœuf. .	0,25	Ragoût ou bœuf. .	0,25
Café	0,15		
TOTAL. .	0.70	TOTAL. .	0,60

On trouve dans cette même notice que les ventes de denrées s'élèvent annuellement de 850 000 à 900 000 francs. La vente du vestiaire, en 1878, a été de 378 000 francs. Les économies varient de 25 à 40 pour 100.

Quelle conclusion pratique peut-on tirer de ce qui précède pour la vie de l'ouvrier de province ? Les grandes Compagnies ont, sans nul doute, pour leurs achats, un avantage important par leur demande directe aux lieux de production, par leur crédit, par le comptant ; mais leurs prix comprennent les octrois qui pèsent sur presque toutes les consommations, et aussi leurs frais spéciaux de magasins et de réfectoires ; car, si elles se font une loi de ne retirer aucun bénéfice de ces établissements, elles ne veulent pas qu'ils soient une charge.

La femme de l'ouvrier, si peu qu'elle soit intelligente et économe, — et généralement elle a ces deux mérites, —

peut donc obtenir des prix plus bas de 12 à 15 centimes que ceux dont nous venons d'étudier le détail, et arriver ainsi à 0 fr.375 par repas et 0 fr. 75 par jour, ainsi que le montrent l'ordinaire de Mulhouse et les divers détails donnés au chapitre IX.

APPENDICE I

M. L. REYBAUD SUR LES SALAIRES.

La monographie des forges de la Champagne[1] fournit l'étude intéressante que l'on va lire :

« Il m'a semblé curieux de vérifier sur quelques ménages par quels procédés un ouvrier, qui ne passe guère plus de trente ans pleins dans une usine, parvient à préparer non seulement son bien-être, mais souvent celui des siens. J'ai pris pour cela deux types : l'un, dans les salaires élevés, un puddleur; l'autre, dans les salaires modestes, un manœuvre. Le puddleur aura gagné dans son année, pour trois cents jours ouvrables, payables à 5 francs, 1 500 francs, Le manœuvre n'aura réuni, pour le même nombre de jours, payés à raison de 3 francs, que 900 francs. Que restera-t-il à l'un et à l'autre, pour l'épargne, quand la famille aura prélevé, sur ces sommes, sa subsistance et son entretien ? Dans les deux cas, l'ouvrier possède en propre une chaumière et un petit champ qui lui fournissent gratuitement, sauf une contribution de 6 à 10 francs, l'abri et quelques vivres. Le puddleur n'a que deux filles; le manœuvre a trois beaux et solides garçons. Les voici arrivés, l'un et l'autre, au moment où leurs forces commencent à décroître. Non seulement il y a faire leur compte, mais celui des journées écoulées jusqu'au moment où ils vont se démettre. Ce sera dans ces termes que le calcul s'engagera.

---

1. *Le Fer et la Houille*, p. 220 à 222.

« Dans le ménage du puddleur (quatre bouches), il aura
fallu, en moyenne, pour la subsistance, 40 centimes par
tête et par jour, 1 fr.60 ; pour l'entretien, 10 centimes,
soit 40 centimes ; pour l'école et les menus frais, 10 autres
centimes, soit 40 centimes ; pour argent de poche, 30 centimes, c'est le moins avec un puddleur ; impositions,
5 centimes, en tout 2 fr.75, soit pour l'année 1 003 fr. 75,
ce qui laisse au puddleur, sur 1,500 francs de recette, un
excédent annuel de 496 fr. 25. Voyons maintenant le
manœuvre. Il y a cinq bouches à nourrir ; mais dès que
les forces leur viennent, les enfants sont aux champs et
en tirent une portion de leurs vivres. Avec 30 centimes
par tête et par jour, le ménage pourvoit, tant bien que
mal, à leur subsistance ; total, 1 fr. 50. L'école est gratuite, et, avec 5 centimes par tête et par jour, on pourvoit
à l'entretien, soit 25 centimes Le total arrive à 1 fr.75 par
jour, et pour l'année à 638 fr. 75, ce qui laisse au manœuvre,
sur 900 francs de recette, un excédent de 261 fr. 25.

« La balance est jusqu'ici en faveur du puddleur, mais,
par un autre côté, les situations se rejoignent. Il y a deux
filles chez le puddleur, trois garçons chez le manœuvre.
Dans les premières années, filles ou garçons, peu importe,
c'est seulement, pour le moins avantagé des deux, une
bouche de plus à nourrir ; mais quand viennent les quatorze ou quinze ans, insensiblement les garçons se mettent
à la besogne et fournissent, jusqu'à l'âge de vingt et un
ans, un supplément de ressources qui n'est point à dédaigner ; mettons 1 fr. 25 par tête et par jour, ensemble
3 fr. 75, soit 1,125 francs pour l'année, et pour cinq ans,
5,625 francs. Ces garçons auront mis de côté et au delà de
quoi se faire remplacer, quand viendra le tirage au sort,
tandis que les filles du puddleur auront une dot naturellement dévolue sur l'épargne paternelle. Tout se passe donc
à souhait dans les deux situations que nous avons décrites
et qui finissent par se niveler. Les chiffres en sont de tout
point exacts et ont été recueillis dans une enquête où les
maires sont intervenus. Une conséquence est à tirer de
ces exemples, c'est que la vertu de l'épargne n'est pas

moindre dans les petits salaires que dans les grands, quand les circonstances s'y prêtent et que le génie de la prévoyance s'en mêle. On peut même en suivre ici les effets sur la seconde génération. Les trois garçons du manœuvre continueront l'œuvre de leur auteur, les gendres du puddleur, celle de leur beau-père ; ils ont en plus, pour eux-mêmes et pour leurs enfants, ce qu'une instruction plus complète ajoutera à leurs moyens d'acquérir ; c'est ainsi, pour l'avancement de nos communautés, que, désormais, les bonnes familles se forment ; l'esprit de conduite est, pour elles, la véritable noblesse du temps. »

Sur le travail mixte à la campagne, l'auteur trace, dans une autre de ses études, un tableau qui répond aux déclamations dont certains salaires sont l'objet par leur extrême modicité. L'explication est pleine d'intérêt et de vérité [1].

« Le prix du salaire urbain peut être évalué par jour, quoiqu'il y ait un peu d'éventuel dans le calcul ; pour le salaire rural, il est impossible de prendre la même base. Rien de moins déterminé ni de plus susceptible de variation que la journée du travail industriel, là où il ne relève que de la volonté, et où d'autres travaux l'interrompent. Quand on dit, par exemple, qu'une brodeuse gagne 50 à 60 centimes par jour, cela ne signifie pas qu'elle gagne, pour trois cents jours ouvrables, 150 et 180 francs par an. Elle y arriverait, si elle brodait constamment sans se détourner ni se distraire : mais ce n'est jamais le cas. La broderie ne vient qu'après le soin de la ferme, du bétail, du ménage, comme intermède et comme supplément. On y met la main quand on veut et on en tire ce que l'on peut. Une brodeuse, en moyenne, n'obtient guère, de son crochet, que 70 à 80 francs par an. Elle a reçu le tissu, le dessin, le coton à broder ; elle rendra l'ouvrage au bout de quatre, cinq, six mois, à son gré et sans échéance précise. A raison de cette latitude, elle regarde moins au prix des façons. Il en est à peu près de même pour les mousselines ; le

---

1. *Le Coton*, p. 145 à 147.

tisserand ne prend pas d'engagement fixe pour la livraison, et son compte est aussi malaisé à faire que celui de la brodeuse. C'est aussi à façon qu'il traite ; dans une journée pleine, l'homme gagnerait 1 fr. 50, la femme 1 franc et 1 fr. 25. Ces journées pleines sont rares dans le cours de l'année, et, quatre mois durant, le métier est mis à l'écart. Lorsqu'au milieu de ces alternatives, un tisserand d'unis arrive à tirer 200 francs de sa navette, il est satisfait de son lot. En effet, il n'est point à plaindre. Souvent sa maison lui appartient, son métier presque toujours. Tant que les travaux de la terre donnent, le tissage est délaissé ; il se ranime quand les mois pluvieux et sombres commencent. Alors tous les bras appartiennent au coton ; il est la providence de la chaumière. Le spectacle que présentent ces petits intérieurs est des plus sains et des plus satisfaisants ; point d'oisifs, point d'indolents ; ils feraient ombre dans cette activité. L'homme ourdit, les enfants font les canettes, la femme et les filles brodent. Toute ferme, toute métairie est en atelier ; l'étable même en sert, et il n'est pas rare d'y voir de grands garçons de vingt ans exerçant leurs doigts sur un tambour à broder après avoir remué la litière. L'exécution ne souffre pas de ce mélange d'occupations ; en général, elle reste propre et délicate. Aucune race n'a plus de dextérité ; pour le travail comme pour les mœurs, elle est des meilleures que l'on connaisse. »

Plus loin, on lit (p. 219 et 220) :

« On a vu qu'en Auvergne le salaire de l'ouvrière ne représente que 0 fr. 30 par jour. Dans les montagnes de la Saxe, il descend à 0 fr. 20 ; il est de 0 fr. 15 dans le Danemark ; en Irlande et en Écosse, il n'est pas beaucoup supérieur ; en Belgique, il est de 0 fr. 35. Tout cela, il est vrai, pour des sortes communes. Quand la qualité se relève, le salaire se relève également ; les ouvrières de choix obtiennent 0 fr. 75, 1 franc, et jusqu'à 1 fr. 25 par jour pour de grandes pièces. C'est, à peu d'exceptions près, l'extrême limite ; elle est le prix d'un grand apprentissage et d'une habileté particulière. On a de la peine à comprendre comment de si petites rétributions trouvent des bras qui s'en contentent. L'explication est dans la nature du travail. Par lui-même, il a un certain attrait ; il est propre, maniable, convient au salon comme à la mansarde, anime les couvents, n'exclut aucune occupation et peut être pris comme accessoire. Ici, on l'accepte comme un préservatif pour les mœurs ; là, on le regarde comme un supplément à des ressources plus sérieuses. Dans les montagnes, où est son siège principal, la vie est peu coûteuse, et tout centime a son prix. Il a donc de profondes racines dans les habitudes et dans les intérêts. De là, cette énergie qu'il apporte dans sa défense. Aux bobines qui s'agitent sous leurs engrenages, répondent des milliers de fuseaux que des doigts agiles mettent en mouvement. Depuis quarante ans, la partie est liée sans qu'aucun des adversaires ait perdu du terrain, et, d'après les apparences, elle se terminera par un partage d'attributions. »

APPENDICE K

MONOGRAPHIE D'UN OUVRIER MINEUR
DE COMMENTRY (ALLIER)

RENSEIGNEMENTS RECUEILLIS A LA FIN DE 1875

OBSERVATIONS PRÉLIMINAIRES

DÉFINISSANT LA CONDITION DES DIVERS MEMBRES
DE LA FAMILLE

1° ÉTAT DU SOL, DE L'INDUSTRIE ET DE LA POPULATION

La commune de Commentry, qu'habite l'ouvrier dont nous allons nous occuper, est le siège de deux grandes industries (mines et métallurgie), auxquelles le pays a dû un rapide développement.

Commentry comptait à peine 1000 habitants en 1840 ; aujourd'hui, la population agglomérée est de près de 10 000 habitants, et la campagne environnante se couvre de maisons ; la population totale dépasse 12 000 habitants.

La plupart des mineurs aiment le travail des champs et se logent hors de la ville. C'est le cas de G... C...

2° ÉTAT CIVIL DE LA FAMILLE

La famille comprend cinq personnes, savoir :

G... C..., né à C...	42 ans.	
M... M..., sa femme, née à L...	40 —	
A... C..., leur fils aîné	15 —	et demi.
M... C..., première fille	13 —	
A... C..., deuxième fille	10 —	

Le mariage a eu lieu en 1859. Trois autres enfants, dont deux jumeaux issus de cette union, sont morts peu de temps après leur naissance.

3° RELIGION, HABITUDES MORALES

La famille est catholique, et pratique simplement sa religion. Elle assiste assez régulièrement à la messe du dimanche; chacun dit ses prières du matin et du soir séparément; le père communie une fois l'an; la mère aux principales fêtes.

Tous les membres de la famille sont sobres, actifs, laborieux et extrêmement portés vers l'épargne. Ce goût est venu de la femme; avant son mariage, C... n'avait pas fait d'économies, et il se grisait quelquefois aux jours de paye, ce qui ne lui est pas arrivé depuis.

C... et sa femme, tous deux enfants d'ouvriers de la campagne, ont travaillé dès leur jeune âge. Le mari n'a reçu aucune instruction; la femme a appris un peu à lire; tout juste assez pour lire ses prières.

Ils font donner à leurs enfants l'instruction primaire, en les envoyant en classe jusqu'à l'âge de quinze ans, à l'école de la mine.

La famille C... jouit d'une excellente réputation. Le mari est un bon ouvrier, courageux, assidu, d'un caractère doux. Son plus grand plaisir consiste, lorsqu'il est sorti de la mine, à cultiver son jardin ou son champ. Dans les mauvais jours de l'hiver, pendant que sa femme coud et tricote, que les enfants font leurs devoirs d'écoliers, le mari arrange ses outils, répare les sabots, etc.

4° HYGIÈNE ET SERVICE DE SANTÉ

La famille C... jouit d'une bonne santé. Depuis plus de vingt ans, le père n'a pas été gravement malade; la mère a eu deux fièvres qui l'ont retenue au lit chaque fois un mois et demi à deux mois; ses couches ne l'ont pas trop fatiguée. Cependant elle n'est pas aussi forte qu'autrefois; le travail, les nourrissons l'ont un peu affaiblie.

Les soins médicaux et les remèdes leur sont fournis gratuitement par la compagnie de la mine.

Le logement, la nourriture, sont des plus simples ; c'est le strict nécessaire ; rien de confortable. Cependant C... soutient bien les travaux assez pénibles de sa profession, et consacre encore une partie de ses forces à des travaux étrangers à la mine.

5° RANG DE LA FAMILLE

Au commencement de leur mariage, C... et sa femme ne possédaient rien. C'était en 1859. Aujourd'hui, ils sont logés chez eux, et ils louent trois petits logements à des ouvriers.

Rien n'a été changé à leurs habitudes. La femme continue à fournir quelques journées de lessive quand elle peut.

Le fils aîné sait bien lire et écrire, et commence à travailler à la mine. Les filles apprennent à être de bonnes femmes d'ouvriers.

Le ménage C... est simple, frugal, comme aux premiers jours, et plus ardent à l'épargne que jamais.

Il jouit d'une parfaite considération, comme le plus grand nombre des ménages des mineurs de Commentry.

6° MOYENS D'EXISTENCE DE LA FAMILLE

Nous donnons plus loin la note des propriétés mobilières et immobilières de la famille C..., et le détail des outils et animaux qu'elle possède.

7° SUBVENTIONS

La femme et les enfants glanent au moment de la moisson, font paître les chèvres le long des chemins et ramassent du fumier sur la route.

8° TRAVAUX ET INDUSTRIES

Travaux de l'ouvrier. — C... est mineur ; il est occupé, dans les travaux souterrains de la mine de Commentry, à l'abatage du charbon depuis cinq heures du matin jusqu'à trois heures du soir.

Rentré chez lui, il cultive son jardin ou son champ.

Il a toujours récolté assez de légumes pour les besoins du ménage, et il en vend quelquefois.

Travaux de la femme. — La femme s'occupe du ménage ; elle répare et blanchit les vêtements de toute la famille.

Elle aide son mari à cultiver le jardin.

Elle élève un porc, deux chèvres, des poules et des lapins.

Le soir, elle file ou tricote.

A chacune de ses cinq couches, elle a pris un nourrisson étranger, au prix de 20 francs par mois ; ce nourrisson lui rapportait en outre environ 5 francs en subventions diverses.

Elle glane avec ses enfants au moment de la moisson.

Elle fournit quelques journées aux travaux des foins et des moissons.

Jusqu'ici, elle faisait des lavages de lessive ; mais elle y renonce parce qu'elle a plus à faire chez elle depuis que son fils travaille, et parce qu'elle est moins forte qu'autrefois.

Chaque semaine, elle va ramasser des matières charbonneuses, que la compagnie de la mine laisse trier aux femmes de ses ouvriers, et ces matières suffisent au chauffage de la maison.

C... n'a jamais voulu avoir de pensionnaires qui ne lui auraient pas permis de vivre aussi sobrement qu'il le désirait.

Travaux des enfants. — Le fils aîné travaille à la mine depuis quelques mois. Son salaire est versé entre les mains du père.

La fille aînée, à son retour de l'école, tricote des bas pour le public, soit dans la maison en hiver, soit dans les champs, en gardant les chèvres, en été. Depuis quelque temps, elle apprend à filer, sa sœur commence à tricoter. On mettra bientôt l'aînée en apprentissage pour lui apprendre à coudre.

Mode d'existence de la famille.

9° ALIMENTS ET REPAS

C... part pour la mine à quatre heures et demie du matin et ne revient qu'à trois heures et demie du soir. En se levant, il prend quelquefois un verre de vin; à huit heures et demie, on lui porte la soupe, qu'il mange chaude, dans son chantier; à onze heures et demie, il mange un morceau de pain et du fromage, ou du lard, ou des fruits. Dans la mine, il boit un demi-litre de vin.

Vers cinq heures du soir, on fait à la maison un repas commun, qui se compose d'une soupe au lard et de légumes, du vin pour les hommes seulement; la femme et les filles n'en boivent jamais.

Mais souvent le mari, pressé d'aller aux champs, n'attend point le retour de ses enfants; il dîne à la hâte et va travailler.

Les filles mangent la soupe avant d'aller en classe; l'école étant trop éloignée pour qu'elles puissent revenir à la maison entre deux classes, elles emportent du pain et du fromage pour dîner pendant la récréation.

On ne mange presque jamais de viande de boucherie à cause de son prix élevé. Huit ou dix fois par an, aux jours de grande fête, on achète une livre et demie de bœuf, dont on fait du bouillon.

10° HABITATION, MOBILIER, VÊTEMENTS

Dans les premières années de son mariage, C... habitait dans une chambre unique, carrée, de 5 m. 30 de côté et de 2 m. 30 de hauteur.

Aujourd'hui son logement se compose de deux pièces, l'une de 4 m. 60 sur 3 m. 50 et 2 m. 75 de hauteur, servant de cuisine et de chambre à coucher des parents; l'autre, de 3 m. 50 sur 2 mètres, renferme deux lits pour les enfants.

Il dispose en outre d'un appentis pour les animaux qu'on élève, d'un four à cuire le pain, d'une cave et d'un grenier.

La maison est sur un chemin. Derrière se trouve le jardin, qui a 1 000 mètres carrés, et le puits.

C... pourrait se loger beaucoup mieux dans les logements qui lui appartiennent ; mais il préfère être à l'étroit et louer ses autres chambres pour avoir un plus fort revenu. Il a des terrains à payer.

Acheter des terrains, tel est le seul désir, le seul luxe de la famille. Tout confortable est rigoureusement banni ; la propreté même du foyer est négligée ; cependant les meubles qui ont quelque valeur, le lit, l'armoire, l'horloge, sont bien soignés et reluisent.

La ménagère montre avec quelque orgueil son linge bien rangé dans l'armoire. C'est elle qui l'a filé.

11° RÉCRÉATIONS

Le soir, après souper, C... fume une pipe de tabac, puis s'en va travailler au jardin. Ce travail est sa grande distraction.

Le dimanche, après la messe du matin, il s'occupe encore de son jardin, excepté les jours de grande fête. Ces jours-là, pendant que la femme et les enfants sont à vêpres, il boit ordinairement quelques bouteilles, chez lui, avec les voisins.

Il va très rarement au cabaret ; cependant il subit quelquefois un usage ancien et encore répandu parmi les mineurs, qui se rendent par brigades (association de quatre ouvriers) au cabaret, le jour de la paye. La paye ayant lieu une fois par mois, à la fin de la journée, avant de rentrer chez eux, ils vont en ville, se font servir un plat de viande et du vin ; ils dépensent chacun de 20 à 30 sous.

Les frais de tabac et de cabaret de C... ne dépassent pas 5 francs par mois.

Histoire de la famille

12° PHASES PRINCIPALES DE L'EXISTENCE

Le père et le grand-père de G... C... étaient cultivateursmétayers dans les environs de Commentry; ils eurent beaucoup d'enfants et n'amassèrent rien.

En 1848, le père de C... quitta l'agriculture et vint s'établir à Commentry pour travailler à la mine. Il avait sept enfants, trois garçons et quatre filles; les deux fils aînés travaillèrent avec le père.

Aujourd'hui, le frère aîné de C... est mineur; il a quatre enfants, dont l'un est employé-comptable à la mine. Sachant lui-même un peu lire et écrire, il a soigné l'instruction de ses enfants. Il possède une maison et 2 400 mètres carrés de terrain.

Le second frère a contracté au service militaire une maladie dont il est mort, après avoir été longtemps à la charge de sa famille.

Deux des sœurs sont mortes avant de se marier.

La troisième est femme d'un mineur; elle a quatre enfants et a acquis une maison et un jardin.

La quatrième est aussi mariée à un mineur; elle a eu neuf enfants; sept sont vivants. Outre les charges d'une nombreuse famille, la maladie, le manque d'ordre de la femme et l'intempérance du mari ont fait de ce ménage un des plus malheureux du pays.

Les parents de la femme G... C... étaient meuniers aux environs de Montmarault. Ils ont eu cinq enfants. Il gardèrent avec eux leur fille Marie jusqu'à l'âge de quatorze ans; puis ils la louèrent comme domestique d'auberge, pendant quatre ans; elle resta ensuite cinq ans chez ses parents, et elle venait de se louer encore comme domestique d'hôtel lorsqu'elle se maria à l'âge de vingt-trois ans. Ses frères et ses sœurs sont dans la position d'ouvriers aisés.

Au moment de leur mariage, G... C... et Marie M... ne possédait rien que leurs vêtements et un lit. Ils empruntèrent 300 francs pour acheter quelques meubles.

Au bout de deux ans, ces 300 francs étaient remboursés et le jeune ménage avait 100 francs à placer.

Les premières économies de C... furent prêtées à des camarades, sans billets. Il n'a jamais eu à regretter d'avoir mis sa confiance en ses camarades, et plus tard, lorsqu'il eut besoin d'argent, il trouva à emprunter avec la plus grande facilité.

En 1866, sept ans après son mariage, C... achetait un terrain de 3 578 mètres carrés au prix de 1 030 francs qu'il payait comptant, et il se mettait aussitôt à faire construire une maison à deux logements d'ouvriers qui lui coûta 3 500 francs : cette somme fut empruntée à plusieurs camarades. Dans leur ardent désir d'être logés chez eux, beaucoup de mineurs n'hésitent pas à faire comme C... : ils bâtissent sans avoir aucune avance, pourvu que le terrain leur appartienne; quelques-uns n'attendent pas même d'avoir payé le terrain.

En 1871, l'emprunt de 3 500 francs était remboursé. Au commencement de 1875, C... disposait de 1 500 francs. Il bâtit deux nouveaux logements contigus au premier, qui lui coûtèrent 2 200 francs.

Dans le mois de juillet de la même année, une vente de terrains a lieu à peu de distance de chez lui ; il veut profiter de l'occasion, achète pour 3 000 francs, payables en quatre années, un champ de 4 800 mètres carrés, et paye le premier terme, le 11 novembre.

Aujourd'hui, il doit encore : aux maçons, 250 francs ; à la mine, un emprunt de 200 francs qu'il a fait pour payer le premier terme du prix de son champ, et les trois autres termes. Ces dettes le préoccupent sans l'inquiéter.

13° MOEURS ET INSTITUTIONS ASSURANT LE BIEN-ÊTRE PHYSIQUE ET MORAL DE LA FAMILLE

Les économies faites, les habitudes de travail et de sobriété de la famille C... la garantissent contre la misère.

Elle trouve, dans les établissements fondés et entretenus par la mine, une bonne instruction primaire et gratuite pour les enfants, et des secours médicaux et pharmaceutiques, gratuits aussi en cas de maladie. En cas de blessures, la Compagnie donne aussi des secours.

14° Nous pouvons maintenant faire l'inventaire de la famille C.... Nous verrons ensuite son budget.

ART 1er. — PROPRIÉTÉS IMMOBILIÈRES

Un corps de bâtiments comprenant quatre logements d'ouvriers, ayant coûté . . . .   6,000f »

Un jardin attenant à la maison, d'une superficie de 3,578 mètres carrés, pour l'usage des quatre logements, ayant coûté. . . . .   1,030 »

Quatre petites écuries attenant à la maison. . . .   400 »

Un puits à l'usage des quatre logements. . . . . .   100 »

Un champ de 4,800 mètres carrés, ayant coûté. . .   3,000 »

TOTAL. . . . .   10,530 »

ART. 2. — VALEURS MOBILIÈRES

Trois lits, dont un en noyer pour le père et la mère, et deux lits d'enfants, comprenant chacun une couche en plumes d'oie, une paillasse et les couvertures, estimés ensemble.   700f »

6 chaises. 8 50

1 armoire en noyer . . . .   80 »

1 horloge. . . . .   50 »

1 table. . . . .   10 »

1 arche, coffre pour le pain et la farine . .   16 »

1 placard . . . .   6 »

Malles et boîtes en bois . . . .   10 »

880f 50

Linge de ménage.

60 draps de lit en forte toile de chanvre, en grande partie filée par la mère . . . .   360f »

12 serviettes en toile. . . . .   18 »

2 nappes. . . . .   14 »

36 chemises de femme. . . . .   108 »

20 chemises d'homme . . . .   60 »

Chemises pour enfants. . . . .   10 »

15 torchons. . . . .   9 »

570 »

Ustensiles de cuisine.

2 marmites. . . . .   10f »

1 chaudron. . . . .   5 »

1 coquille . . . .   3 »

20 assiettes. . . . .   5 »

Plats, cuillers, fourchettes, couteaux . . .   15 »

Bouteilles en verre et en grès . . . .   3 »

12 verres. 2 50

Pots de grès 2 50

1 grille de foyer. . . . .   5 »

51 »

Ustensiles divers.

5 paillasses à faire le pain . . . .   5ᶠ »
1 cuvier en terre pour la lessive et saler le
   porc . . . .   10 »
1 crémaillère, 2 pelles, 1 pique-feu . . . .   3 »   23 »
1 glace . . . .   4 »
1 bénitier 0 30
1 salière et un pot à eau 0 70

Vêtements.

Vêtements du père . . . .   150ᶠ »
  —   de la mère . . . .   200 »   450 »
  —   des enfants . . . .   100 »

Animaux domestiques.

1° On achète chaque année un porc, 25 à 30 francs. —
  Il est nourri avec les débris des légumes et les petites
  pommes de terre ; il mange en outre pour 30 francs
  de farine d'orge. Lorsqu'on le tue, il pèse de 110 à
  120 kilogrammes et vaut de 100 à 110 francs. —
  Valeur moyenne . . . .   55 »
2° On élève de 4 à 5 poules, qui prennent leur nourri-
  ture où elles peuvent . . . .   6 »
3° On élève 12 à 15 lapins que l'on vent en partie. —
  Valeur moyenne . . . .   8 »
4° 2 chèvres, nourries, soit par l'herbe des chemins,
  soit par le glanage dans les prés. — Valeur . . . .   40 »

Matériel spécial des travaux industriels.

1° Outils pour la culture du champ et du jardin :
  2 bêches . . . .   5ᶠ »
  3 marrettes ou piochons . . . .   8 »   16 »
  1 râteau en fer 1 50
  1 goyard et 1 hachette 1 50
2° Outils de mineur :
  pioches dites pics . . . .   9ᶠ »
  2 pelles . . . .   3 »
  1 brouette . . . .   8 »
  1 scie . . . .   2 »   35 »
  1 herminette . . . .   3 »
  Divers outils de mine, en commun avec
    trois camarades de travail, évalués
    40 francs, soit un quart pour sa part . .   10 »

                  Total 2,143 50

L'inventaire de la famille C... se résume donc comme suit :

Propriétés immobilières. . . . .   10,530ᶠ »   }
—   mobilières . . . .   2,143 50   } 12,673ᶠ 50

Il est dû :

1° Sur l'acquisition du champ, une somme de 2,040 francs à payer en trois termes . . . . ,   2,040 »   }
2° Au maçon . . . .   250 »   }   2,490 »
3° Emprunt à la mine. . . . .   200 »   }

RESTE. 10,183 50

Le jardin qui a coûté. . . . .   1,030ᶠ »
Vaut aujourd'hui. . . . .   4,000 »
Il y a donc une plus-value de . . . . .   2,970 »   2,970 »

L'AVOIR RÉEL EST DE. 13,153 50

15° Nous pouvons maintenant passer au budget ; nous l'avons dressé avec le ménage C..... sur les produits de 1875.

BUDGET POUR 1876.	EN NATURE	EN ARGENT	NOTES
RECETTES			
1. Revenu des logements de la famille	100ᶠ »	»	»
Revenu des locations , ...	»	335ᶠ »	A
2. Produit du champ et du jardin, consommé dans la maison. .	209 60	»	B
3. Produit des animaux domestiques	129 40	22 »	C
4. Glanage.	35 20	»	D
5. Salaire du père, l'huile de la lampe déduite	»	1,385 65	E
6. Salaire du fils	»	675 »	»
7. Gain de la fille aînée	»	30 »	»
8. Matières pour le chauffage. .	50 »	»	F
	524 20	2,447 65	
	2,071ᶠ 85		

DÉPENSES	EN NATURE	EN ARGENT	NOTES
9. Nourriture de la famille. .	374ᶠ 20	664ᶠ 10	G
10. Valeur locative du logement de la famille	100 »	»	A
11. Chauffage par les matières ramassées.	50 »	»	F
12. Éclairage (la lampe du père).	»	»	»
13. Genêts pour la cuisson du pain	»	12 »	»
14. Vêtements, achat et entretien.	»	300 »	H
15. Savon	»	12 »	»
16. Récréation, livres d'école, aumônes	»	76 »	L
17. Impôts, assurances, entretien des logements.	»	58 25	M
18. Intérêts à payer	»	65 »	»
	524 20	1,187 35	
		1,711	

La recette est de. 2,971ᶠ 83
La dépense totale de. 1,711 55

L'économie pour 1876 pourra donc être de. . 1,260ᶠ 30

Note A

Les logements estimés 100 francs pour la famille, et 333 francs pour les trois locations, atteignent cette valeur par le droit à une part du jardin.

Note B

La part du jardin cultivée par la famille, et le champ qu'elle cultive seule, lui donnent annuellement les produits suivants :

Grain : 5 doubles décalitres à 3 fr. 20 . . . . 16ᶠ »
Pommes de terre pour la maison : 64 doubles décal. à 0ᶠ,75. 48 »
   — pour les animaux : 56   —   à 0ᶠ,60. 33 60
Raves . . . . 6 »

Choux-raves.	18ᶠ »
Poireaux . . . . , . .	6 »
Carottes	6 »
Haricots secs : 3 doubles décalitres à 5 francs	15 »
— verts.	15 »
Oignons et civettes.	11 »
Choux	15 »
Salade et oseille.	20 »
TOTAL.	209ᶠ 60

NOTE C

On achète tous les ans un jeune porc de 25 à 30 francs ; on l'élève avec les débris des légumes, les eaux de vaisselle, les petites pommes de terre, et enfin avec de la farine d'orge valant 30 francs ; quand on le tue, il vaut 110 francs ; il en a coûté 60 ; le bénéfice est de 50 francs, ci . . . .   50ᶠ »

Le produit des poules se consomme dans la maison.   12 »

Le produit net des lapins est de 15 francs, dont 5 francs se consomment dans la maison, et 10 francs proviennent de la vente. . . . .   15 »

Les chèvres produisent chacune deux litres de lait par jour et pendant quatre mois ; c'est donc 480 litres, qui, à 0 fr. 20, font . . . .   96 »

Produit des chevreaux vendus . . . .   12 »

185 »

Il faut en retrancher, pour les 56 doubles décalitres de pommes de terre donnés aux animaux, à 0 fr. 75 .   33 60

BÉNÉFICE NET. 151ᶠ 40

NOTE D

Le glanage fait par la femme et la fille aînée rapporte 11 doubles décalitres de grain (seigle et froment) à 3 fr. 20.   35ᶠ 20. On ne compte pas le glanage dans les prés.

NOTE E

SALAIRES

Le père travaille à la mine comme piqueur au charbon. Il est par conséquent et toujours à la tâche, associé avec trois camarades.

Sa part dans le produit des tâches en 1875 a été de . 1,835ᶠ 65

Il exploite lui-même son champ et la part de jardin qu'il s'est réservée. Il y emploie tout le temps dont il peut disposer, après le travail de la mine. Le produit de ce travail est compté dans le budget, en argent ou en nature.

La femme faisait des lessives; mais sa santé l'oblige à y renoncer.

Elle continue à glaner avec sa fille, ramasse les matières charbonneuses, entretient le linge et les habits, et soigne l'intérieur.

Le fils est encore à la journée, au prix de 2ᶠ,25; ci. 675 »
Il passera bientôt au travail à la tâche.

La fille aînée aide sa mère dans le glanage; elle file, coud et tricote à la maison. On estime son travail utile à 0 fr. 10 par jour; ci. . . . . 30 »
____
2,090ᶠ 65

Note F

On a dit plus haut que l'administration de la mine permettait aux ouvriers d'enlever les débris de charbon provenant du triage. Ces matières sont très combustibles et font un bon feu.

Note G

NOURRITURE DE LA FAMILLE

La famille consomme 75 doubles décalitres de seigle et froment, savoir :

	EN NATURE	EN ARGENT
Glanage : 11 doubles décalitres à 3 fr. 20.	35ᶠ 20	»
Récolte : 5 — — .	16 »	»
Achat : 55 — — .	»	188ᶠ 80
En outre, on achète 18 kilog. par mois de pain blanc, soit 216 kilog. par an à 0ᶠ,32.	»	69 10
Beurre : 12 kilog. à 2 francs	»	24 »
Graisse et lard du porc élevé	50 »	60 »
Viande de boucherie : 9 kilog. à 1 fr. 20.	»	10 80
Huile à manger	»	16 80
A reporter	101 20	369 50

	EN NATURE	EN ARGENT
Report	101 20	369 50
Lapins élevés	5 »	»
Lait et fromage des deux chèvres . . .	96 »	»
Œufs (produit des poules élevées). . .	12 »	»
Fromage acheté.	»	18 »
On consomme à peu près tous les légumes récoltés dans le champ et le jardin, dont le produit a été estimé à. . 209ᶠ 00		
A déduire :		
Grain . . . . 16ᶠ » ⎫		
Pommes de terre pour ⎬ 40 60		
les animaux . . . 33 00 ⎭		
Il reste en légumes . 160ᶠ »	160 »	»
Poires, pommes, noix, châtaignes, etc.	»	12 »
Sel et poivre	»	18 »
Vinaigre	»	4 20
Sucre, en cas de maladie.	»	2 40
Quatre pièces de vin par an	»	24 »
	374 20	664 10

DÉPENSE TOTALE. 1,038ᶠ 30

NOTE II

VÊTEMENT

Habillement du père.

Pour le dimanche :		Pour le travail :	
1 chapeau	8ᶠ »	1 chapeau en cuir . .	0ᶠ »
Bottes.	20 »	1 pantalon.	6 »
Chemises	5 »	1 veste toile	10 »
1 cravate	1 50	Sabots.	1 »
1 gilet.	12 »	1 gilet.	2 50
1 veste	45 »	1 chemise	3 »
1 pantalon.	25 »	Bas ou guêtres	2 50
1 paire de bas	2 50		
1 mouchoir	0 75		
1 caleçon	2 50		
	122 25		34 »

A reporter. 156ᶠ 25

Report. 156 25
Vêtements de la mère et des enfants
et entretien 143 75
            300^f »

Note L

RÉCRÉATIONS ET DIVERS

Dépenses du père au cabaret. . . . . 35^f »
— en tabac . . . . 15 »
Livres d'école et papier. . . . . 20 »
Aumônes, environ . . . . 0 »
            70^f »

Note M

IMPÔTS, ASSURANCES, ENTRETIEN DES BATIMENTS

Impôts et prestations. . . . . 24^f 25
Assurance contre l'incendie . . . . 4 »
Entretien des bâtiments . . . . 30 »
        Total. . . . . . 58^f 25

Enfin nous avons essayé, avec la famille C...., de recomposer ses budgets de 1860, 1865 et 1870, et nous avons trouvé les résultats suivants :

Année 1860.

Pas d'enfants.

Recettes. — Salaire du mari . . . . 1 020^f » } 1 104^f »
— Gain de la femme. . . . . . . 84 » }
Dépenses . . . . 700 »
  Économies. . . . . 404^f »

Année 1865.

Deux enfants.

Recettes. — Salaire du mari . . . . 1 320^f » }
— Salaire de la femme, elle est
nourrice. . . . . 240 » } 1 610^f »
— Intérêts de 1 000 francs prêtés. 50 » }
Dépenses . . . . 1 130 »
  Économies. . . . . 400^f »

Année 1870.

Trois enfants.

Recettes. — Salaire du mari . . . . 1 200ᶠ »)
     —   Gain de la femme . . . . . 72 » } 1 472ᶠ »
     —   Loyer de deux logements . . 200 »)
Dépenses. — Pour le ménage . . . . 1 100 »)
    ...   Intérêts de 1 800 francs em-   } 1 100 »
             pruntés . . . . 90 »)
             Économies. . . . . 282ᶠ »

L'année 1870 a été exceptionnellement mauvaise pour
la famille G. C.... Mais ses économies se sont sensiblement
accrues dans les années suivantes.

APPENDICE L

TABLEAUX DES SALAIRES DES DIVERSES PROFESSIONS

Ces documents intéressants sont empruntés au rapport de M. Ducarre sur l'enquête parlementaire ordonnée par l'Assemblée nationale, sur les conditions du travail. Le rapport a lui-même emprunté ses chiffres aux enquêtes antérieures de l'Administration publique, et aussi à celles de la Chambre de commerce de Paris. En les faisant siens, la Commission parlementaire leur a donné l'autorité d'une compétence exceptionnelle, car elle était composée d'hommes ayant la plus haute notoriété agricole, industrielle et commerciale.

Ces travaux, auxquels trois années de travail et de recherches ont été consacrées, forment donc une base très solide pour toutes les études que l'on voudra entreprendre sur les salaires de notre temps et des époques antérieures.

« La moyenne générale des salaires de soixante-deux corps d'états recensés par les maires peut être évaluée, pour les années 1853 et 1871, c'est-à-dire du commencement à la fin de la période impériale, ainsi qu'il suit :

ANNÉES	SALAIRE JOURNALIER D'UN OUVRIER					
	NOURRI			NON NOURRI		
	Salaire ordinaire.	Maximum.	Minimum.	Salaire ordinaire.	Maximum.	Minimum.
1853	0f 96	1f 23	0f 74	1f 89	2f 30	1f 53
1871	1 40	1 82	1 10	2 65	3 36	2 10
Accroissement absolu.	0 44	0 59	0 36	0 76	1 »	0 66
Accroissement p. 100 .	46	48	49	40	42	43

« D'après ce tableau, les salaires, pris dans leur ensemble, se sont accrus en 18 ans dans la proportion de 45 pour 100, c'est-à-dire d'un peu de moins de moitié et de plus des deux cinquièmes, ce qui équivaut à une augmentation de 2,45 pour 100 par an.

« Il est à croire que, sans les perturbations des années 1870 et 1871, cette augmentation aurait été plus marquée encore.

« Le salaire des ouvriers non nourris s'est maintenu à peu près au double de celui des ouvriers nourris.

SALAIRES des ouvriers non nourris de la grande industrie. — Textiles (p. 338).

FRANCE, MOINS PARIS

DÉSIGNATION DES MATIÈRES FILÉES OU TISSÉES	HOMMES Salaire ordinaire.	HOMMES Salaire maximum.	HOMMES Salaire minimum.
FILATURE			
Coton	2f 63	3f 96	2f 07
Laine	2 84	3 67	2 24
Soie	3 25	4 »	2 »
Chanvre et lin	2 80	3 59	2 12
Moyennes	2 90	3 80	2 10
TISSAGE			
Coton	2 63	3 46	2 04
Laine	2 42	3 03	2 »
Soie	2 72	4 30	2 11
Chanvre et lin	2 40	2 96	1 00
Moyennes	2 54	3 45	2 01

DÉSIGNATION DES MATIÈRES FILÉES OU TISSÉES	FEMMES Salaire ordinaire.	FEMMES Salaire maximum.	FEMMES Salaire minimum.
FILATURE			
Coton	1f 57	2f 18	1f 19
Laine	1 51	1 91	1 24
Soie	1 46	1 81	1 24
Chanvre et lin	1 56	2 05	1 27
Moyennes	1 52	2 »	1 23
TISSAGE			
Coton	1 76	2 35	1 35
Laine	1 57	2 03	1 23
Soie	2 »	2 83	1 50
Chanvre et lin	1 56	2 06	1 20
Moyennes	1 72	2 32	1 32

DÉSIGNATION DES MATIÈRES FILÉES OU TISSÉES	ENFANTS Salaire ordinaire.	ENFANTS Salaire maximum.	ENFANTS Salaire minimum.
FILATURE			
Coton	0f 95	1f 25	0f 58
Laine	0 78	1 07	0 62
Soie	0 76	0 87	0 63
Chanvre et lin	0 85	1 20	0 65
Moyennes	0 83	1 10	0 62
TISSAGE			
Coton	1 12	1 42	0 76
Laine	1 08	1 35	0 75
Soie	1 22	1 56	0 92
Chanvre et lin	0 90	1 10	0 82
Moyennes	1 08	1 38	0 81

NOTA. — A Paris, les tisseurs de laine pour châles reçoivent les salaires suivants :
Salaire ordinaire, 5 francs ; maximum, 6 fr. 50 ; minimum, 4 francs.

MOYENNE DES SALAIRES dans la petite industrie (p. 334).

PARIS

INDUSTRIES	SALAIRE JOURNALIER DE L'OUVRIER						Durée ordinaire de l'apprentissage. (mois)	Prix habituel de l'apprentissage payé au patron.
	NOURRI			NON NOURRI				
	Ordinaire.	Maximum.	Minimum.	Ordinaire.	Maximum.	Minimum.		
Bijoutiers-orfèvres.	» »	» »	» »	6f »	10f »	5f »		»
Blanchisseuses	1f »	1f 50	0f 75	3 »	5 »	2 50	48	»
Bouchers[1]	10 »	50 »	25 »	» »	» »	» »	24	Au pair
Boulangers	» »	» »	» »	6 60	10 60	2 40	»	»
Brodeuses	» »	» »	» »	3 »	4 »	2 50	»	»
Carrossiers	» »	» »	» »	3 »	4 »	2 50	48	Au pair
Charbonniers[2]	» »	» »	» »	5 50	7 »	5 »	48	»
Chapeliers	» »	» »	» »	» »	» »	» »	»	»
Charpentiers	» »	» »	» »	6 50	9 »	4 »	6	»
Charrons	» »	» »	» »	6 »	7 »	5 50	»	100 fr[3]
Corsetières	2 50	2 70	2 »	5 »	5 50	4 »	48	»
Couturières en rob.	» »	» »	» »	2 »	3 50	1 50	24	Au pair[4]
Couvreurs	» »	» »	» »	2 »	4 »	1 50	36	Id.
Culottières	» »	» »	» »	6 »	6 25	5 50	36	»
Dentellières	» »	» »	» »	4 »	6 »	3 »	24	»
Ébénistes	» »	» »	» »	3 »	4 50	2 »	48	»
Fleuristes[1] (hommes)	» »	» »	» »	5 »	5 50	4 50	48	»
Fleuristes (femmes)	50 »	100 »	25 »	5 »	8 »	4 »		»
Forgerons	» »	» »	» »	3 »	3 50	1 50	36	»
Giletières	» »	» »	» »	6 50	6 »	5 »	»	»
Imprimeurs	» »	» »	» »	3 »	4 »	2 »	24	»
Jardiniers	» »	» »	» »	6 »	6 50	6 50	36	»
Lingères	» »	» »	» »	4 50	4 50	3 »	»	»
Maçons	» »	» »	» »	2 »	3 50	1 50	24	»
Menuisiers	» »	» »	» »	5 »	5 50	4 25	24	»
Modistes[1]	60 »	150 »	25 »	5 »	5 50	4 50	24	200 à 600

1. Les fleuristes, les modistes, les perruquiers *nourris* sont payés exclusivement au mois. Les bouchers sont payés à la semaine.

2. Il n'y a d'autres ouvriers charbonniers à Paris que ceux, en petit nombre, qui font le charbon dit *de Paris*.

3. Payés à un ouvrier autorisé à faire un apprenti qui, de plus, travaille à son profit.

4. La désignation : *au pair*, signifie que les apprentis sont logés et nourris par le patron. Sauf les cas indiqués, il n'est point d'usage que les patrons demandent une indemnité aux parents.

En général, on fait peu d'apprentis à Paris. La plupart des ouvriers arrivent déjà ébauchés de la province.

SALAIRE JOURNALIER DE L'OUVRIER

INDUSTRIES	Nourri Ordinaire	Nourri Maximum	Nourri Minimum	Non nourri Ordinaire	Non nourri Maximum	Non nourri Minimum	Durée ordinaire de l'apprentissage (mois)	Prix habituel de l'apprentissage payé au patron
Piqueuses de bott.	» »	» »	» »	3f »	4f 50	2f »	12	»
Relieurs.	» »	» »	» »	5 50	6 »	5 »	36	»
Sculpteurs ornemanistes	» »	» »	» »	7 »	8 »	5 »	48	»
Selliers.	» »	» »	» »	4 50	5 »	2 50	48	»
Serruriers.	» »	» »	» »	4 50	6 »	4 »	36	»
Tailleurs d'habits.	» »	» »	» »	5 »	8 »	3 »	48	»
Tapissiers.	» »	» »	» »	5 »	7 »	4 »	48	»
Teinturiers.	» »	» »	» »	5 »	7 »	4 95	36	»
Terrassiers.	» »	» »	» »	4 »	4 »	3 50	»	»
Vidangeurs.	» »	» »	» »	5 50	7 »	4 »	»	»
Vitriers.	» »	» »	» »	5 50	5 50	5 »	»	»

MOYENNE DES SALAIRES de la petite industrie (p. 336).

VILLES CHEFS-LIEUX DE DÉPARTEMENTS

SALAIRE JOURNALIER DE L'OUVRIER

INDUSTRIES	Nourri Ordinaire	Nourri Maximum	Nourri Minimum	Non nourri Ordinaire	Non nourri Maximum	Non nourri Minimum	Durée ordinaire de l'apprentissage (mois)	Prix habituel de l'apprentissage payé au patron
Bijoutiers-orfèvres.	1f 89	2f 50	1f 35	3f 58	4f 88	2f 81	10	397f
Blanchisseuses	0 93	1 20	0 75	1 50	1 85	1 22	16	81
Bouchers	1 18	1 66	0 87	2 58	3 16	2 16	17	173
Boulangers	1 20	1 55	0 93	2 92	3 50	2 47	17	112
Brodeuses.	0 88	1 26	0 75	1 45	1 86	1 12	23	67
Carrossiers	1 57	2 11	1 36	3 16	4 20	2 47	32	230
Chapeliers	1 32	1 78	1 »	3 »	3 89	2 36	28	186
Charpentiers	1 04	2 48	1 51	3 34	4 01	2 83	27	173
Charrons.	1 28	1 63	1 02	2 94	3 60	2 10	31	171
Corsetières	0 86	1 31	0 74	1 42	1 88	1 12	20	86
Couturières en rob.	0 87	1 06	0 68	1 42	1 85	1 12	24	76
Culottières	0 85	1 10	0 67	1 45	1 83	1 12	20	72
Dentellières	1 20	1 62	1 03	1 71	2 35	1 21	22	84

| INDUSTRIES | SALAIRE JOURNALIER DE L'OUVRIER | | | | | | Durée ordinaire de l'apprentissage | Prix habituel de l'apprentissage payé au patron. |
| | NOURRI | | | NON NOURRI | | | | |
	Ordinaire.	Maximum.	Minimum.	Ordinaire.	Maximum.	Minimum.	MOIS	
Ébénistes	1'67	1'90	1'32	2'98	3'83	2'43	32	225f
Fleuristes.	1 12	1 53	0 83	1 70	2 28	1 36	24	104
Forgerons.	1 24	1 67	0 94	3 22	4 25	2 50	30	150
Giletières	0 88	1 15	0 73	1 51	2 01	1 25	21	85
Imprimeurs. . . .	1 78	2 39	1 40	3 26	4 64	2 50	33	240
Jardiniers.	1 47	1 91	1 13	2 47	3 06	2 02	22	132
Lingères	0 80	1 06	0 65	1 29	1 70	1 02	23	77
Maçons.	2 »	2 47	1 52	3 06	3 61	2 59	25	250
Menuisiers	1 49	1 89	1 21	2 86	3 55	2 41	36	140
Modistes	0 94	1 33	0 68	1 40	1 85	1 06	27	120
Piqueuses de bott.	1 12	1 62	0 31	1 46	2 02	1 10	16	72
Relieurs.	1 30	1 69	0 89	2 51	3 18	2 »	30	145
Scieurs de long . .	1 75	2 20	1 35	3 31	3 86	2 60	14	90
Selliers	1 32	1 63	1 05	2 87	3 73	2 35	31	211
Serruriers.	1 59	1 95	1 28	3 02	3 77	2 31	31	131
Tailleurs d'habits .	1 20	1 50	0 96	2 84	3 73	2 17	20	175
Tapissiers.	1 59	2 »	1 20	3 30	4 24	2 61	32	217
Teinturiers	1 28	1 74	1 08	2 65	3 36	2 17	27	247
Terrassiers	1 35	1 74	1 10	2 40	2 01	2 03	12	»
Vidangeurs. . . .	1 87	2 31	1 37	3 07	3 90	2 64	»	»
Vitriers.	1 50	1 87	1 10	2 89	3 49	2 57	22	414
Hommes	1 49	1 93	1 18	2 90	3 67	2 41	27	190
Femmes	0 96	1 30	0 71	1 48	1 95	1 17	21	84

On lira sans nul doute avec intérêt les principaux passages des conclusions de la Commission parlementaire de l'enquête sur le travail, dont le rapport nous a fourni les chiffres qui précèdent :

« Les lois de notre pays autorisent et protègent l'association commerciale et industrielle sous toutes ses formes; les sociétés de consommation et de production peuvent se constituer librement. Il en existe. Les rapports des délégués le reconnaissent; ils constatent même que, dans les sociétés ouvrières de production, les salaires sont moins élevés que chez les autres patrons.

« Pourquoi rester sur le terrain théorique et abstrait de

la revendication, quand on peut appliquer, réaliser librement le système dont on affirme la supériorité ?

« Les rapports des délégués répondent que l'essai est actuellement impossible, que les ouvriers ne sont pas convaincus de la valeur de la réforme et refusent de s'y associer. Pour les y amener, pour les convaincre, il faut, disent-ils, des réunions fréquentes, multipliées et une grande publicité.

« Le point de départ, le prélude forcé de la nouvelle organisation du travail est donc, à leur avis, la suppression préalable et complète de toutes les lois qui réglementent et limitent le droit de réunion, d'association et la liberté de la presse ; il faut aussi la suppression du cautionnement des journaux.

« Devions-nous passer sous silence le programme des délégations ouvrières à l'exposition de Vienne et leur définition du syndicat ?

« C'était l'avis de quelques déposants ; ils en donnaient pour raison qu'à Paris même, ce régime ne compte qu'un petit nombre de partisans (moins de 5 pour 100 de la population ouvrière). L'un d'eux ajoutait : « Pour arriver à « s'entendre avec les ouvriers, il ne faut pas contrarier « leurs idées. »

« C'est ainsi, en effet, qu'on agit avec les enfants et les incapables.

« Les ouvriers ne forment pas une caste dans la société française. Apprentis hier, ouvriers aujourd'hui, ils seront demain producteurs à leurs risques et périls ; ils sont, avant tout, citoyens français libres et responsables.

« C'est leur faire injure et les traiter en incapables, que de les flatter, en déguisant la vérité.

« Nous leur disons donc, sans hésiter, que le programme de la délégation ouvrière à l'exposition de Vienne, le seul qu'on oppose actuellement à la liberté du travail, serait désastreux pour eux s'il n'était heureusement irréalisable.

« La délégation de leurs droits individuels faite au profit de leur syndicat les ramènerait au servage. L'égalité de participation et l'abolition de l'intérêt du capital sont empruntées aux systèmes d'organisation du travail que nous avons analysés, et dont les ouvriers ont payé les coûteuses expériences.

« Les chiffres d'économies qu'on leur promet de réaliser, à l'aide de leurs épargnes, dans les sociétés de consommation et de production, sont fantastiques ; les plus audacieux faiseurs d'affaires hésiteraient à les soumettre à la crédulité de leurs actionnaires.

« On parle de réaliser *six milliards cinq cents millions* d'économies sur la consommation personnelle des travailleurs, aujourd'hui *exploités* par les détaillants, quand l'ensemble de la valeur ajoutée par le travail industriel aux matières premières manufacturées, en France, ne dépasse pas *cinq milliards*, dont la moitié, *deux milliards cinq cents millions*, est payée comme salaire aux ouvriers ! »

CONCLUSIONS

« En fin de compte, et en écartant les questions locales, votre Commission a trouvé face à face et en lutte constante la *réglementation* et la *liberté du travail*.

« Est-il possible de réglementer le travail sans arrêter immédiatement sciences, progrès, perfectionnements et découvertes ?

« Avec notre histoire industrielle de quinze siècles, votre commission répond : Non ; — et si par impossible on se résignait à le tenter, qui donc formulerait ces règlements ?

« Faudrait-il laisser ce soin à des collectivités, syndicats, corporations, communautés, ou maîtrises isolées ou fédérées entre elles ?

« Ce serait organiser un État dans l'État.

« Faut-il que l'État réglemente lui-même et assume, une fois de plus, les responsabilités sous lesquelles ont plié les Valois, Henri IV, Louis XVI, Colbert et la Convention ?

« Poser de pareilles questions, c'est les résoudre par la négative.

« La liberté du travail formulée par Turgot, décrétée par la grande Constituante, est la raison d'être de notre prospérité industrielle.

« Elle laisse à tous les citoyens français, ouvriers ou patrons, le soin de régler leurs rapports professionnels comme ils l'entendent.

« Elle interdit à toute collectivité, quels que soient son nom, sa forme ou son origine, de se substituer à leur initiative personnelle.

« Les lois actuelles n'interviennent que pour protéger et faire exécuter les conventions librement consenties par eux et entre eux.

« Perfectibles comme toutes les œuvres humaines, ces lois doivent être tenues au courant, au niveau du progrès et de la civilisation. Mais elles doivent respecter, avant tout et de la manière plus absolue :

« LA LIBERTÉ INDIVIDUELLE DU TRAVAIL. »

APPENDICE M

LOI DE 1864 SUR LES COALITIONS

ARTICLE PREMIER. — Les articles 414, 415 et 416 du Code pénal sont abrogés. Ils sont remplacés par les articles suivants :

ART. 414. — Sera puni d'un emprisonnement de six mois à trois ans et d'une amende de seize francs à trois mille francs, ou de l'une de ces deux peines seulement, quiconque, à l'aide de violences, voies de fait, menaces ou manœuvres frauduleuses, aura amené ou maintenu, tenté d'amener ou de maintenir une cessation concertée de travail, dans le but de forcer la hausse ou la baisse des salaires ou de porter atteinte au libre exercice de l'industrie ou du travail.

ART. 415. — Lorsque les faits punis par l'article précédent auront été commis par suite d'un plan concerté, les coupables pourront être mis, par l'arrêt ou le jugement, sous la surveillance de la haute police pendant deux ans au moins et cinq ans au plus.

ART. 416. — Seront punis d'un emprisonnement de six jours à trois mois et d'une amende de seize francs à trois cents francs, ou de l'une de ces deux peines seulement, tous ouvriers, patrons et entrepreneurs d'ouvrage qui, à l'aide d'amendes, défenses, proscriptions, interdictions prononcées par suite d'un plan concerté, auront porté atteinte au libre exercice de l'industrie ou du travail.

Art. 2. — Les articles 414, 415 et 416 ci-dessus sont applicables aux propriétaires et fermiers, ainsi qu'aux moissonneurs, domestiques et ouvriers de la campagne.

Les articles 19 et 20 du titre II de la loi du 28 septembre, 6 octobre 1791 sont abrogés.

APPENDICE N

RAPPORT DE LA CHAMBRE DE COMMERCE
DE PARIS SUR LES COALITIONS

1° Quelles ont été les principales coalitions, suivies ou non de grèves, qui se sont produites, soit dans la période de 1859 à 1864, soit depuis cette dernière jusqu'à ce jour?

De 1849 à 1864, on compte de graves coalitions suivies de grèves dans la chapellerie, la peinture et la vitrerie, la menuiserie, la marbrerie, la charpente, la carrosserie; parmi les mécaniciens, chaudronniers et fondeurs, et parmi les imprimeurs typographes. Nous signalerons des coalitions moins sérieuses dans la facture de pianos et dans l'ébénisterie pour instruments de musique.

Dans la *chapellerie* : fondation, dès 1819, de la première association corporative d'ouvriers : de cette époque date une coalition permanente dont les grèves n'ont été que des crises aiguës, des revendications en augmentation de salaire, auxquelles résistaient les chapeliers opprimés qui jamais ne montrèrent même l'intention de proposer des réductions. Cette première société de secours mutuels était formée en vue du chômage, soit qu'il provînt du manque de travail, soit qu'il résultât du *manquement au travail*. En 1848, fusion des quatre sociétés professionnelles créées successivement; puis, grève plus générale que les précédentes, qui coûta aux ouvriers chapeliers plus de 200 000 francs, bien qu'ils reçussent des subsides étrangers et fussent inscrits aux ateliers nationaux. En 1853, 1859, 1865, 1869, grèves nouvelles où viennent échouer les efforts tentés pour affranchir la chapellerie des entraves que le despotisme corporatif lui suscite.

Dans la *typographie*, formation, dès 1843, d'un comité d'ouvriers qui fonctionne d'abord sous prétexte de secours mutuels. Cette société fut, quelques années après, autorisée comme institution d'utilité publique ; elle devint un foyer de résistance et maintint les grèves à l'état permanent.

Parmi les *mécaniciens, fondeurs, chaudronniers*, fondation en 1863 d'une société dite *des Deux sous* (à cause du prix de la cotisation qui est de dix centimes par quinzaine) ; cette société, destinée à établir une caisse ayant pour objet de soutenir les grèves, est toujours en vigueur ; depuis cette époque, la coalisation a été permanente parmi les ouvriers mécaniciens, et de nombreuses menaces de grèves ont eu lieu. En novembre 1864, ils demandent une réduction de travail sans diminution de salaire. De plus, les *mouleurs en cuivre* réclament la nomination des chefs, présentée par les patrons, discutée et votée par les ouvriers pour l'adoption. En juin 1865, les tourneurs en cuivre, les robinetiers se mettent en grève et reprennent leurs travaux seulement deux mois plus tard. En 1870, les fondeurs en fer se mettent de nouveau en grève, formulant diverses prétentions dont nous rappellerons seulement les suivantes : « Suppression complète du travail aux pièces et du marchandage ; abolition des heures supplémentaires, ou consentement à ce que ces heures soient payées double ; nomination des chefs présentés par les patrons, discutée et votée par les ouvriers. Il y eut un arrêt de trois mois pleins dans le travail.

Comme le montrent les faits que nous venons de raconter, et comme le mettra mieux encore en lumière l'exposé qui va suivre, de 1864 jusqu'à ce jour, coalitions plus nombreuses, grèves à la fois prolongées et fréquentes dans les mêmes industries, et en outre parmi les *ouvriers en bronze*, les *tailleurs*, les *tapissiers*, les *imprimeurs sur étoffes*, et dans la *tabletterie* : les unes, avec demande de réduction du nombre des heures de travail, sans diminution de salaire ; les autres, avec demande d'augmentation de salaire. En octobre 1864, coalition des *ouvriers en bronze*, formation d'une association occulte qui se donne le nom de Crédit mutuel et de solidarité des ouvriers en bronze, et organisation d'une caisse de résistance qui devait contenir un fonds de réserve prêt à toutes éventualités. Tous étaient obligés d'être membres de la société, sous peine d'être conspués et chassés de l'atelier. Aux approches de l'Exposition universelle, en 1867, le comité excite les prétentions des ouvriers en organisant dans chaque atelier une résistance qui se transforme en coalition et en grèves. La prétention des ouvriers se manifeste sous la forme ci-après : 1° le droit de choisir le contre-maître en dehors du patron ; 2° le droit exclusif pour les ouvriers de reviser les anciens tarifs de main-d'œuvre et d'établir le prix des nouveaux modèles, toujours en dehors du concours du patron; 3° le droit d'expulser de l'atelier tout ouvrier qui aurait travaillé pendant la grève; 4° le droit d'interdire aux patrons la faculté de diminuer la journée d'un ouvrier, et, comme couronnement : 5° tous les ouvriers prenant l'engagement de quitter en masse l'atelier dans lequel une des satisfactions ci-dessus leur serait refusée. Les fabricants de bronze, ayant devant eux le grand événement de l'Exposition universelle et voulant éviter une suppression de travail, firent des efforts de toute nature et notamment un certain nombre de concessions d'un ordre pécuniaire. Malgré cet esprit de conciliation, il y eut une grève générale de huit semaines, et elle ne cessa que par suite de l'épuisement des ressources des ouvriers.

En 1855, grève des *tailleurs de pierres*, organisée et dirigée par les mauvais ouvriers qui imposaient leur volonté aux autres, au point de leur défendre l'entrée dans les chantiers de pierres, et demandaient la suppression du travail à la tâche; de là des rixes. Après un mois de chômage, reprise des travaux, suivant les anciennes conditions comme prix de journée et de tâche.

A la fin de 1866 et en 1867, grèves importantes des

ouvriers *peintres* et des ouvriers *menuisiers* motivées par les grands travaux en cours à cette époque, notamment ceux de l'Exposition universelle. Les entrepreneurs cèdent, étant engagés par marchés et vu l'urgence des travaux.

La Société des *ouvriers marchandeurs en menuiserie* paraissait poussée et soutenue par des meneurs étrangers, non seulement à la profession, mais à toute industrie. L'augmentation demandée dépassait 40 pour 100; la Société s'arrogeait le droit exclusif de reviser le règlement et prélevait à son profit la moitié du prix qu'elle ajoutait au règlement fait par l'entrepreneur : elle voulait aussi avoir le droit, chaque année, de modifier ce tarif en appelant, pour la forme, quelques entrepreneurs à assister à cette revision, et cela devait se faire chez eux et sous la présidence de l'un d'eux. Ces prétentions amenèrent la cessation du travail presque partout; une grande perturbation s'ensuivit; les ouvriers qui se dérangeaient déjà beaucoup perdirent à partir de ce moment deux ou trois jours par semaine et ne firent presque plus de journées complètes. Quand ils venaient travailler, il fallait leur faire le prêt, c'est-à-dire leur prêter de quoi manger, et, quand la paye arrivait, ils n'avaient généralement presque plus rien à recevoir. D'après les statuts de leur chambre syndicale, ils se croient le droit de mettre en interdit tout établissement dont ils penseraient avoir à se plaindre. Ils devaient se mettre en grève au mois de mars ou d'avril 1870, mais à cette époque, les travaux laissaient beaucoup à désirer, et ils n'ont pu mettre leur projet à exécution.

La *Société typographique*, qui fonctionne depuis 1845 sous prétexte de secours mutuels, et dont nous avons déjà parlé plus haut, prohibe, en 1866, le travail en conscience et propage le système de la commandite égalitaire établi rue Coq-Héron, qui favorise les incapables et annule les patrons. En 1868, nouveau tarif de composition typographique plus onéreux que celui de 1853, nouvelle grève générale. En 1870, la Chambre syndicale des compositeurs typographes décide qu'elle visitera l'atelier d'apprentis formé par un maître imprimeur, afin d'en limiter le nombre ; elle menace le patron de désorganiser ses ateliers, dans le cas où il ne se soumettrait pas. Cette injonction était-elle dictée par un sentiment réfléchi du bien et du juste ? Le patron dut cependant subir les exigences du comité, et l'influence comme les prétentions du comité ont toujours été croissantes.

Les *marbriers* font, en 1864, une tentative de grève plus sérieuse que celle de 1848. — Cette nouvelle tentative est dirigée par un comité occulte. En 1869, troisième tentative ayant pour but : 1° l'augmentation de 20 à 25 pour 100 sur les salaires et pour les journées de dix heures ; 2° l'abolition de tous les travaux à la tâche ; 3° la suppression de toutes les caisses de secours mutuels organisées dans les ateliers ; 4° la suppression absolue des heures supplémentaires ; 5° l'organisation, dans tous les ateliers, de syndics et de commissaires commandant, ordonnant, embauchant, débauchant à leur gré, fixant le prix de revient comme ils l'entendent, avec ordre de quitter tous les ateliers où ces conditions ne seraient pas acceptées, substituant ainsi l'autorité d'un comité occulte à celle des chefs d'établissement.

Sans nous arrêter plus longtemps au récit détaillé des grèves qui sont survenues, particulièrement depuis 1864, dans la plupart des industries parisiennes, nous pouvons dire que toutes ces industries, à peu près, ont eu à souffrir de grèves de même nature et se produisant avec les mêmes apparences. De plus amples développements n'ajouteraient ni à l'intérêt ni à la gravité des douloureux événements que nous venons d'exposer.

2° Quelles étaient les causes des grèves ?

Pour les uns, la cause des grèves était le désir d'un gain plus élevé en raison du renchérissement de tous les objets nécessaires à la vie, une aspiration générale au bien-être et, par suite, une demande d'augmentation de salaire.

Pour les autres, et ce sont les plus nombreux, les coalitions, qui ne se sont multipliées que depuis 1864, ont eu pour cause réelle une interprétation erronée de la loi du 25 mars 1864, et l'influence funeste des écrits de certains agitateurs qui poussaient la classe ouvrière au désordre.

On voit encore la cause de ces perturbations dans l'observation d'un mot d'ordre que nous trouvons formulé dans la décision du Congrès de l'Internationale, tenu à Genève du 3 au 8 septembre 1866 :

« Le Congrès de Genève décide que la réduction des heures de travail doit être le premier pas en vue de l'émancipation de l'ouvrier; qu'un travail de huit heures doit être considéré comme suffisant, et que le travail de nuit ne doit être permis qu'exceptionnellement par la loi. »

Ce qui indique que nous n'avons encore subi qu'une partie des grèves que nous avons à subir, si une modification à la législation n'y apporte pas un puissant remède.

3° Comment se sont-elles terminées ?

Toutes ces grèves, à peu d'exceptions près, se sont terminées à l'avantage des ouvriers par l'adhésion des patrons aux demandes des ouvriers; par des transactions après des suspensions prolongées de travail; chaque fois, par des augmentations du prix de la main-d'œuvre. Aujourd'hui la journée de l'ouvrier est réduite à dix heures.

En 1867, les maîtres tailleurs, devant une invitation de l'autorité, ont été forcés de rouvrir leurs ateliers avec augmentation sur le prix des façons. Depuis, ayant jugé que les grèves générales devenaient trop onéreuses pour eux devant les résistances qu'ils avaient rencontrées, les ouvriers tailleurs n'ont plus fait que des grèves partielles, mettant quelques maisons en interdit et soutenant les grévistes par les cotisations des ouvriers qui travaillent dans les autres maisons.

4° Conséquences au point de vue industriel. Quels effets ont-elles produit sur le taux des salaires ?

Les coalitions ont eu pour conséquence une grande hostilité entre patrons et ouvriers, une production moindre. L'ouvrier gagnant davantage a pris l'habitude de travailler moins, de sorte que sa qualité industrielle a été amoindrie comme production, sans que son aisance ait sensiblement augmenté.

Depuis que l'ouvrier a senti la force dont il pourrait faire usage à l'aide de la coalition soutenue par la solidarité d'un grand nombre d'industries, dont les ramifications aboutissent à un centre qui échappe à toute responsabilité, il ne songe guère à améliorer son sort en augmentant ou en perfectionnant ses qualités professionnelles.

Les jeunes gens qu'emploient les marchandeurs menuisiers gagnent maintenant en moyenne 5 francs par jour au lieu de 2 francs à 2 fr. 50 qu'ils gagnaient en 1848; ils travaillent beaucoup moins, ne veulent plus s'instruire, même pour leur travail; prétendent que c'est inutile puisque, s'ils travaillaient mieux, ils ne seraient pas payés plus cher. Ils passent au café le temps qu'ils employaient avant à s'instruire ou à dessiner. Il devient difficile d'obtenir de la part des ouvriers les veillées ou heures supplémentaires. On aime mieux faire une dépense en partie de plaisir que recevoir un supplément de salaire pour la veillée. Les bons ouvriers deviennent de plus en plus rares.

Les ouvriers de Paris attendent tout de l'association : ils rêvent moins de travail et une rétribution plus élevée; ils regardent le patron comme l'adversaire naturel de l'ouvrier. Le contremaître leur est suspect ; les ouvriers font la police dans l'atelier ; si l'un d'eux se fait remarquer par une habileté ou une activité trop grandes à leurs yeux, il est signalé au comité comme gâte-métier, et une pression occulte s'exerce autour de lui, jusqu'à ce qu'il sorte ou se soumette aux règles qui lui sont imposées. Les ouvriers prétendent régner dans l'atelier, faire la loi au patron; en un mot, le sens moral des ouvriers a été troublé par une fausse interprétation de la loi sur les coalitions qui a servi de base aux agissements de la Société internationale des travailleurs. — Les perturbations dont s'est ressentie l'industrie à la suite des grèves ont décidé beaucoup des meilleurs ouvriers et contremaîtres mécaniciens, chaudronniers, fondeurs, tapissiers, chapeliers, ébénistes, typographes, à accepter les offres de l'étranger, à quitter Paris et la France et à aller alimenter la concurrence de l'étranger contre nos industries.

Les expositions trop répétées ont porté à l'étranger nos modèles. Le meilleur marché de main-d'œuvre d'ouvriers moins expérimentés, mais bons imitateurs, a permis, notamment aux Anglais, aux Belges et aux Allemands, de fonder, dans certaines branches d'industrie, en particulier dans la tapisserie et l'ameublement, des maisons plus importantes que celles qui existent à Paris, et qui expédient en Amérique, en Italie, en Turquie plus que nous-mêmes. L'élévation continue de la main-d'œuvre conduirait à la décadence inévitable de nos produits industriels. Travaillant beaucoup pour l'exportation, les facteurs de pianos et les carrossiers, pour lutter avec les fabricants étrangers, ont dû supporter seuls ou à peu près l'élévation des prix de main-d'œuvre. Les industries dans lesquelles on veut allier la beauté au bon marché ont dû quelquefois employer des matériaux de moindre valeur.

Le chef de maison, pour éviter les grèves, doit tendre à faire des ouvriers habiles dans son industrie, et à en multiplier le nombre ; mais, comment y réussir, lorsque l'ouvrier est maître chez vous et qu'une société ouvrière, comme la Société typographique parisienne, prohibe le travail des femmes et vous oblige à limiter le nombre des apprentis.

Une coalition fixe ses prix, lorsque les ouvriers d'une même industrie, étant presque tous à la journée, peuvent facilement s'entendre sur l'augmentation proportionnelle à exiger des patrons, mais dans les industries où les salaires sont variables, une coalition éprouve de moins grandes facilités à réunir de nombreux adhérents. On comprend que les ouvriers les plus capables, gagnant les plus hauts salaires, se montrent peu empressés pour appuyer certaines tentatives de réforme, par exemple celle qui avait pour but d'arriver à la suppression du travail aux pièces et de le remplacer par le travail à la journée, à un prix uniforme pour tous. C'est en constatant l'habileté des uns et des autres et le fruit qu'ils ont su tirer de leur travail, que s'explique la différence de leurs opinions. — Malheureusement les apôtres de l'égalité sont toujours sûrs d'entraîner après eux ceux qui n'ont ni assez de courage ni assez de talent pour arriver à ce maximum. Sous l'égide de la loi du 25 mai 1864, les ouvriers ont pu constituer une force despotique qui les fait maîtres de l'atelier et qui ne tend à rien moins qu'à rendre toute entreprise industrielle, basée sur la main-d'œuvre, périlleuse au point de vue financier. Les industriels ne sont-ils pas constamment liés par des engagements vis-à-vis des tiers et obligés sous peine de dommages-intérêts de livrer les travaux aux jours indiqués par leurs marchés. Les ouvriers profitent presque toujours, pour se mettre en grève, des moments où les travaux demandent une grande urgence et où ils savent que leurs patrons sont engagés par des commandes importantes. Constamment, les entrepreneurs voient leurs calculs déjoués par des hausses subites de salaire ; ils se trouvent forcément placés dans l'alternative ou de travailler à des conditions ruineuses, ou de s'exposer à des dommages-intérêts en ne livrant pas le travail promis. L'arrêt des travaux par suite de grèves a occasionné pour les industriels, en un mot, une suite de faux frais improductifs ; il a empêché la réalisation d'engagements ou de marchés nombreux, et il est devenu, pour certains d'entre eux, une cause de gêne, de procès et de ruine.

Au point de vue administratif, n'est-ce pas une anomalie monstrueuse, n'est-ce pas le renversement de toute idée sociale qu'une société ouvrière se faisant maîtresse dans nos ateliers, portant atteinte à notre liberté intérieure, s'immisçant dans la direction de nos travaux, désorganisant, démembrant les ateliers ?

Il y a quelques années déjà, les Chambres syndicales des imprimeurs typographes, des entrepreneurs de maçonnerie et autres adressaient au Sénat et au Corps législatif une pétition dans laquelle ils montraient le patron désarmé par le fait de l'abrogation des articles 414 et suivants du Code pénal, et demandaient au Sénat de combler cette lacune légale. Ils invitaient le gouvernement à présenter une loi, laquelle, corollaire indispensable de celle du 25 mai 1864, aurait considéré les cas de grèves comme cas de force majeure, donnant lieu soit à une augmentation dans les prix stipulés, proportionnelle à celle subie par l'entrepreneur, soit à une résiliation des marchés, le tout soumis à l'appréciation des tribunaux de commerce. Cette pétition, sur laquelle nous n'avons pas à nous expliquer, n'eut pas de suite.

La liberté n'est pas violée seulement dans la personne des patrons ; l'association ouvrière ne la respecte pas davantage dans celle du travailleur auquel elle impose sa loi : si les intérêts des patrons sont en souffrance, les ouvriers y perdent davantage encore.

Nous arrivons au dernier point : Quel effet ont produit les grèves sur le taux des salaires ?

Le prix de la main-d'œuvre s'est toujours élevé sans jamais descendre; d'où il suit que les prix de construction, comme ceux de fabrication, ont dû subir à Paris une augmentation toujours croissante depuis vingt ans.

L'augmentation de la main-d'œuvre est :

Pour la peinture et la vitrerie, de	38 pour 100.
— la menuiserie.	40 —
— la marbrerie	40 —
— la charpente	30 —
— les mécaniciens, chaudronniers et fondeurs.	45 —
— la typographie	35 —
— la maçonnerie	30 —
— les bronzes	30 —

(De 1866 à 1872, 20 pour 100.)

Les Chambres syndicales auxquelles nous nous sommes

adressés ont fait suivre leurs réponses de considérations sur la loi du 25 mai 1864 et de vœux formulés d'une manière plus ou moins précise sur la législation qu'il conviendrait d'adopter pour remédier à la situation actuelle. La principale demande, qui semble se dégager de la plupart des opinions émises, tendrait à l'abrogation de la loi du 25 mai 1864 ; elle y est, sinon formellement exposée, du moins implicitement contenue.

La Chambre de commerce, se conformant à l'avis de la majorité des Chambres syndicales consultées, et s'inspirant ainsi du sentiment des intéressés, exprime, de son côté, le vœu que la loi du 25 mai 1864 soit abrogée. — Elle estime que cette mesure sera de nature à mettre fin aux funestes divisions qui s'élèvent entre les patrons et les ouvriers.

APPENDICE O

LA GRÈVE DE COMMENTRY

La grève des ouvriers mineurs de Commentry a eu ce caractère particulier qu'il ne s'y est agi, ni de salaires, ni d'heures de travail, ni de règlements d'atelier. C'est au nom de la fraternité et de la solidarité — ces mots si grands quand ils expriment un sentiment vrai, si creux et si ridicules quand ils servent au mensonge — que les ouvriers se sont laissé entraîner à quitter leurs travaux. Aussi, dès les premiers moments, entendait-on dire partout : c'est une grève politique ! C'était vrai, pour tous ceux du moins qui consentent à laisser la politique descendre aussi bas.

La grève n'a eu qu'une raison d'être : le désir du parti républicain socialiste, parti qui a triomphé à nos dernières élections municipales, d'affirmer son existence et son influence, et de s'assurer, par un succès qu'on croyait facile, le prestige qui lui manque absolument.

Quelques jours ont suffi pour montrer le néant de ces prétentions, et pour ramener au bon sens et à la vérité.

La grève de Commentry constitue donc un fait nouveau, et contient quelques enseignements utiles. C'est à ce titre que j'en exposerai les principaux actes.

De l'automne à l'hiver, — septembre 1880 à février 1881, — nous avions pu maintenir le nombre habituel de nos ouvriers, de 1 600 à 1 650. Quelques marchés importants restaient à conclure; mais nous y comptions pour le commencement de 1881. Ces prévisions ne s'étaient pas réalisées par suite d'exigences que nous n'avions pu accepter. A la fin de février, il devenait évident qu'il fallait restreindre l'exploitation; le nombre des ouvriers était alors de 1 630.

Ces sortes de nécessités s'imposent quelquefois dans l'industrie et l'on y pourvoit, soit par la réduction du nombre des jours de travail, soit par celle du nombre des ouvriers. Nous avions eu recours d'abord au premier moyen et, de mars à mai, nos 1 630 ouvriers n'avaient travaillé que cinq jours par semaine, mais ce n'était là qu'une solution temporaire. Nos calculs et l'étude attentive de chaque chantier nous montraient qu'en congédiant 135 ouvriers, nous pouvions rendre aux 1 500 autres le travail complet de six jours par semaine; nous ne pouvions donc pas hésiter.

Nous le pouvions d'autant moins qu'à la fin de mai, le travail est largement offert par la campagne et à des prix très élevés. Nous pouvions aussi offrir du travail dans notre fonderie de Montluçon, et à notre mine de Montvicq, toutes deux dans le voisinage de Commentry.

C'est dans ces termes qu'à la fin de mai, la quinzaine a été signifiée à 135 ouvriers, avec promesse d'une surpaie de 50 francs à chacun d'eux et d'une recommandation à nos directeurs de Montluçon et de Montvicq.

En même temps, il était déclaré que le travail complet à six jours par semaine serait repris à partir du 7 juin, après les fêtes de la Pentecôte.

Le 3 juin, une lettre nous était adressée, lettre anonyme, sous forme de sommation, où l'on annonçait que, si nous ne revenions pas sur notre détermination, personne ne se présenterait le 7 juin, au travail.

D'où venaient cette sommation et cette menace? La forme qu'on avait choisie n'était pas de celles qui peuvent faire espérer un bon accueil. Les auteurs n'en pouvaient pas douter un seul instant. Quel était donc leur but? Pour s'en rendre compte, il faut un peu retourner en arrière.

On sait que tous les conseils municipaux ont été renouvelés à la fin de 1880.

La municipalité de Commentry, dont les pouvoirs expiraient, était entièrement républicaine. Elle avait, dès 1871, évincé tous les conservateurs du conseil communal, et elle paraissait seule maîtresse du terrain politique.

On annonçait bien qu'à la prochaine élection municipale, elle ne réussirait pas sans combat à faire prévaloir le parti républicain; on parlait d'une lutte possible avec le parti socialiste, mais sans croire au succès de ce parti[1].

1. Ce parti avancé a pris le nom assez nouveau de collectiviste. Pourquoi ce nom, et qu'est-ce que le collectivisme? Un de leurs chefs, de Commentry, interrogé à cet égard, a répondu avec une grande fierté de regards et de gestes : « Un collectiviste, c'est moi. » Ceux qui ne trouveraient pas cette définition suffisamment claire y mettront assurément de la mauvaise volonté.

Voici, du reste, quelques passages de la profession de foi de ce parti :

« Au nom du parti républicain socialiste, — les citoyens… — considérant qu'ils voient avant tout, dans les élections municipales prochaines, comme en toute élection, une occasion de propager leurs idées et d'affirmer la nécessité de constituer, contre les forces réactionnaires et bourgeoises, le parti des travailleurs et de la République sociale; qu'en ce qui regarde la représentation municipale, cette question doit être résolue en vue des seuls intérêts du parti, de la Ville et de la République sociale.

« Décident :

« Que toute candidature réactionnaire, à quelque degré que ce soit : cléricale, bonapartiste, royaliste, républicaine opportuniste, bourgeoise, sera combattue, et au vote écartée par l'abstention;

« Que ceux-là seuls, parmi les candidats, auront leurs voix qui déclareront publiquement et sans réserves :

« Qu'ils sont républicains socialistes;

« Qu'ils soutiendront et représenteront au conseil municipal la politique et les intérêts du parti de la république sociale et des travailleurs;

« Programme politique :

« 1° Abolition générale de toutes les lois sur la presse, les réunions et les associations, surtout la loi contre l'Association internationale des travailleurs;…

« 2° Suppression du budget des cultes;

« 3° Armement général du peuple;

« 4° La commune maîtresse de son administration et de sa police, et de toutes les fonctions publiques rétribuées.

« Programme économique :

« 1° Réduction légale de la journée à 8 heures pour les adultes;…

« 2° Minimum légal des salaires déterminés chaque année, d'après le prix des denrées;

« 3° Égalité de salaires pour les travailleurs des deux sexes, remplissant les mêmes fonctions;…

« 4° Intervention des ouvriers dans les règlements spéciaux des ateliers;…

« 5° Abolition de tous les impôts indirects, et transformation de tous les impôts directs en un impôt progressif. »

Les résultats n'ont pas été conformes à ces prévisions, et les collectivistes l'ont emporté.

Au premier tour, ont passé un membre de l'ancienne municipalité, et deux collectivistes. Au ballotage, tout le reste de la liste d'opposition a passé, avec un maximum de 1 171 voix et un minimum de 1 122.

Or, il y a 3 618 électeurs inscrits à Commentry; ainsi l'opposition l'a emporté avec moins du tiers des voix des électeurs.

Devant un aussi maigre succès, le parti vainqueur devait sentir la nécessité de *faire quelque chose*, et de se donner des titres plus sérieux vis-à-vis de la population. On a cru trouver l'occasion cherchée par le renvoi des ouvriers mineurs, et c'est alors que la lettre du 3 juin nous a été adressée.

Où les auteurs de cette lettre avaient-ils pris leur mandat? S'ils avaient les pouvoirs réguliers de la majorité de nos ouvriers, pourquoi se cacher derrière l'anonyme, et comment, s'ils représentaient et exprimaient la pensée du plus grand nombre, quelques jours ont-il suffi pour ramener la totalité des ouvriers à leur travail, et pour montrer qu'une très faible minorité avait conçu et soulevé cette grève qui ne produisait aucun grief vraiment sérieux et, au nom de la fraternité et de la solidarité, proposait à 1 500 ouvriers de sacrifier un jour de travail à 135 camarades auxquels du travail était offert ailleurs?

Quoi qu'il en soit, le mardi 7 juin, des affiches étaient apposées, aux premières heures du jour, sur nos puits et divers chantiers. Quelques moments après, toutes ces affiches étaient enlevées par notre personnel et apportées à notre bureau.

Ces affiches, toutes anonymes, appelaient les ouvriers à répondre par une grève générale à l'acte de *vengeance* et de *barbarie* que nous commettions, et se répandaient, contre notre Société et contre moi, en ignobles injures.

Quelques heures plus tard, ces affiches étaient envoyées

par moi à M. le procureur de la République à Montluçon, et j'y joignais, tant au nom de ma Société, qu'au mien, une plainte régulière et une demande de poursuites immédiate contre les auteurs de ces actes coupables; mais M. le procureur de la République ne jugea pas devoir donner suite à ma plainte, pensant que les manœuvres, les insultes, les menaces dont je me plaignais étaient couvertes par la loi de 1864.

Si le magistrat auquel je m'adressais avec confiance ne s'est pas trompé dans son interprétation, quel est le but de la loi sur les grèves et quelle est son utilité? Mais je crois qu'il s'est trompé, et que la loi de 1864, malgré ses lacunes, n'a pas été si imprévoyante. C'est un point d'ailleurs qui s'éclaircira; une plainte régulièrement faite par d'honnêtes gens ne peut pas être écartée par une fin de non-recevoir.

Le mardi, malgré l'incident du matin, tous les ouvriers travaillèrent ; mais, dès le mercredi matin, des hommes et des femmes, apostés sur tous les chemins qui conduisent des villages voisins à la mine, empêchaient les ouvriers de passer. 500 seulement purent descendre. Pendant la nuit suivante, des menaces de mort furent dirigées contre eux. Le jeudi, le vendredi, le samedi, personne ne travailla.

Sur l'ordre des autorités, plusieurs brigades de gendarmerie, et quatre compagnies de la ligne étaient venues à Commentry, et y maintenaient l'ordre dans les rues de la ville et autour de nos puits dont les orifices étaient gardés ; mais leur action effective se bornait là. Les chemins aboutissant à la mine n'ont pas cessé d'être interceptés par les grévistes qui ont, pendant quatre jours, fait reculer, par leurs menaces, les ouvriers qui voulaient travailler. Je dois ajouter, dans l'intérêt de la vérité, que, sans la présence des troupes, le sang aurait probablement coulé, le samedi, à Commentry. On disait que nous devions être attaqués, et nous étions bien résolus à nous défendre; mais peut-être aussi les meneurs auraient-ils craint de montrer leur petit nombre.

Le dimanche (12 juin), l'avis suivant fut affiché sur la mine, par mon ordre :

« Les ouvriers mineurs de Commentry, qui ont quitté le travail inopinément, et sans donner leur quinzaine, seront réglés le 18 courant et *pour solde de tout travail fait par eux.*

« Les ouvriers, désireux de reprendre le travail, peuvent se présenter au bureau de la mine, à partir de demain, pour y *contracter de nouveaux engagements.* »

Le bruit s'était d'ailleurs répandu, dans Commentry, le dimanche, que, pour remplacer le coke nécessaire à nos hauts fourneaux de Montluçon, ordinairement entretenus par Commentry, nous avions fait télégraphiquement appel à nos amis du Nord, pour avoir du coke. Il avait été donné immédiatement satisfaction à notre demande ; les Compagnies des chemins de fer du Nord et d'Orléans nous avaient accordé un tour de faveur ; et nos grévistes avaient été prévenus aussitôt de l'arrivée de ces cokes ; c'était une grande déception pour les meneurs qui avaient bien compté nous faire capituler, en nous obligeant à fermer nos usines, faute de combustible.

L'effet de ces mesures et de nos affiches fut instantané. Dès le lundi matin, tous nos ouvriers se présentaient pour le travail ; les plus compromis se montraient les plus empressés, et feignaient de croire qu'il s'agissait d'un oubli complet et général. En les prévenant cependant qu'il y avait pour eux à contracter de nouveaux engagements, nous avions dit assez clairement que nous n'entendions pas agir aveuglément. Aussi, dès le dimanche, avions-nous dressé, avec grande attention, la liste des ouvriers qui nous paraissaient pouvoir être repris immédiatement, comme ne s'étant signalés par aucun acte répréhensible. Plus de 1 200 ouvriers furent ainsi autorisés à reprendre le travail. Les autres, au nombre de près de 300, furent invités à se présenter successivement au bureau pour s'expliquer sur les faits qui leur étaient imputés. A la suite de cet examen, 127 sont rentrés au travail. Un nombre à peu près égal sera repris dans quelques mois, s'ils nous apportent de bons certificats des chantiers où ils auront puêtre admis. Une soixantaine se trouvent exclus définitivement. Parmi eux, se trouvent quelques-uns de nos meilleurs ouvriers ; nous les regrettons très sincèrement ; mais ils se sont exclus eux-mêmes en abusant de l'influence que leur donnait leur habileté sur leurs camarades, pour les entraîner à des actes si contraires à leurs intérêts les plus évidents.

Telle a donc été la grève de Commentry ; née d'un tout autre intérêt que celui des ouvriers, elle n'a duré que le temps nécessaire pour leur faire apercevoir que les meneurs se moquaient d'eux ; ils n'ont pas voulu être plus longtemps dupes de mensonges qui dépassaient les limites de l'absurde.

On a essayé de leur faire croire que, si la mine restait quarante-huit heures sans être exploitée, le gouvernement avait le droit de retirer la concession et d'exploiter lui-même ; qu'ainsi, ils deviendraient les ouvriers de l'Administration, et comme fonctionnaires publics. A quelques-uns, on allait jusqu'à dire qu'en reprenant la concession, le gouvernement reprendrait aussi les bénéfices qu'elle avait donnés, et les leur distribueraient, et on leur montrait des calculs, d'où il résultait que la part de chacun d'eux serait de 7 000 francs.

De telles insanités pouvaient-elles faire longtemps illusion à des esprits même simples et ignorants ? Aujourd'hui, la plupart des ouvriers se demandent comment ils ont pu être trompés par de pareilles inventions et nous remercient de leur avoir ouvert les yeux.

Le conseil municipal de Commentry a cru devoir témoigner de sa sympathie pour les grévistes. Il a d'abord demandé, sans l'obtenir, l'éloignement des troupes ; puis, il a voté un emprunt extraordinaire de 25 000 francs pour les grévistes, et fait appel à tous les conseils municipaux de France pour venir en aide à ses protégés. Sa délibération a été annulée, et pas un conseil municipal, je crois, n'a répondu.

Je ne parle pas des démarches personnelles de plusieurs

de nos conseillers, pour encourager la grève. Ils ont peut-être cru être dans leur droit et dans leur devoir; c'est affaire à eux.

La presse jacobine a accusé M. le préfet de l'Allier et M. le sous-préfet de Montluçon de partialité vis-à-vis de la Société de la mine. Les discours tenus par ces deux fonctionnaires aux ouvriers, et que la presse a reproduits, se résument ainsi : « Les ouvriers ont le droit de se mettre en grève; mais ils doivent s'interdire toute violence; notre présence, et celle de la troupe, et de la gendarmerie, ont pour but d'assurer ces deux prescriptions de la loi de 1864. » Cette attitude est donc correcte; seulement, elle est restée absolument platonique et pas un acte d'intimidation n'a été empêché; ces actes ont été nombreux cependant; quatorze condamnations prononcées par le tribunal de Montluçon le prouvent assez.

Je manquerais à mon devoir si je ne rappelais pas ici que mes collaborateurs et tout le personnel ont fait, dans cette circonstance grave et inattendue, tout leur devoir sans hésitation ni faiblesse. Je dois une mention particulière à MM. Lemierre, Parisse, Planchard et Martinet, aux trois chefs mineurs Auclair, Baladier, Dubreuil, et enfin, à leur chef principal, M. Henri Fayol, ingénieur-directeur, dont l'énergie, la perspicacité, la modération ne se sont pas démenties un instant, et ont justifié ce que mon entière confiance en lui s'était promis de son concours et de son dévouement.

Je dois aussi un très vif témoignage de reconnaissance à notre ami, M. J. Aupetit-Durand, notre avocat à Montlu-çon, dont les bons conseils ne m'ont pas fait défaut un seul instant, et dont l'influence personnelle sur toute notre population s'est exercée avec succès pour le plus grand bien de nos ouvriers égarés.

Aussitôt la grève terminée, je suis venu à Paris, où j'avais hâte de rendre, à notre Conseil d'administration, un compte détaillé de mes actes. Ils ont reçu l'unanime et complète approbation du Conseil. Cette approbation a été consignée dans une lettre écrite, au nom du Conseil, par notre président, M. de la Rochette. Cette lettre a reçu une grande publicité et restera dans mes archives de famille comme un titre précieux.

Il y a quelques années, toutes les mines du bassin de Doyet, dans lequel se trouve notre mine de Montvicq, s'étaient mises en grève. Nos ouvriers de Montvicq s'étaient refusés à se joindre à leurs camarades. Les grévistes voulaient des augmentations de salaires. M. le sous-préfet de Montluçon, accouru sur les lieux, demanda aux ouvriers de formuler des demandes, leur promettant que, si elles étaient raisonnables, il les appuierait auprès de la Compagnie concessionnaire. La réponse des ouvriers fut : « Nous demandons à être traités comme nos camarades de Montvicq. »

Ainsi, c'était notre Société qui avait les salaires les plus élevés ; ainsi, nous pouvions nous rendre ce témoignage que nous n'étions devancés par personne, dans les bons traitements et les bons salaires, et j'ai le droit de répéter ici ce que j'ai dit, dans une pensée générale, à la fin du xxvie chapitre : « On peut, on doit être ferme quand on se sait irréprochable. »

Dans l'état actuel des esprits ouvriers, il faut être sûr d'être et d'avoir toujours été juste ; dès lors, on peut être inébranlable devant les grèves. C'est là, dans l'avenir, le salut de l'industrie ; qu'elle n'oublie jamais que l'énergie est la meilleure conseillère, et qu'elle sert doublement ainsi son intérêt, et celui des ouvriers.

TABLE DES MATIÈRES

DU PREMIER VOLUME

APPENDICES DU TOME I

www.ingramcontent.com/pod-product-compliance
Lightning Source LLC
LaVergne TN
LVHW020137030726
842520LV00001B/190